Das 18. Jahrhundert

Zeitalter der Aufklärung

Akademie Studienbücher

Literaturwissenschaft

Herausgegeben von
Iwan-Michelangelo D'Aprile

Iwan-Michelangelo D'Aprile, Winfried Siebers

Das 18. Jahrhundert

Zeitalter der Aufklärung

Akademie Verlag

Die Autoren:
Dr. Iwan-Michelangelo D'Aprile, Jg. 1968, lehrt an der Universität Potsdam, Herausgeber der Akademie Studienbücher – Literaturwissenschaft.
Dr. Winfried Siebers, Jg. 1957, lehrt u. a. an den Universitäten Potsdam und Wien.

Bibliografische Information der Deutschen Nationalbibliothek
Die Deutsche Nationalbibliothek verzeichnet diese Publikation in der Deutschen Nationalbibliografie; detaillierte bibliografische Daten sind im Internet über http://dnb.d-nb.de abrufbar.

ISBN 978-3-05-004364-7

© Akademie Verlag GmbH, Berlin 2008

www.akademie-studienbuch.de
www.akademie-verlag.de

Einband- und Innenlayout: milchhof : atelier, Hans Baltzer Berlin
Einbandgestaltung: Kerstin Protz, Berlin, unter Verwendung des *Stammbaums des menschlichen Wissens*, aus: Denis Diderot, *Prospekt der Encyclopédie* (1750)
Satz: Druckhaus „Thomas Müntzer" GmbH, Bad Langensalza
Druck und Bindung: agensketterl Druckerei GmbH, Mauerbach

Printed in Austria

Das 18. Jahrhundert
Zeitalter der Aufklärung

1 Epochenbegriff und Epochengrenzen

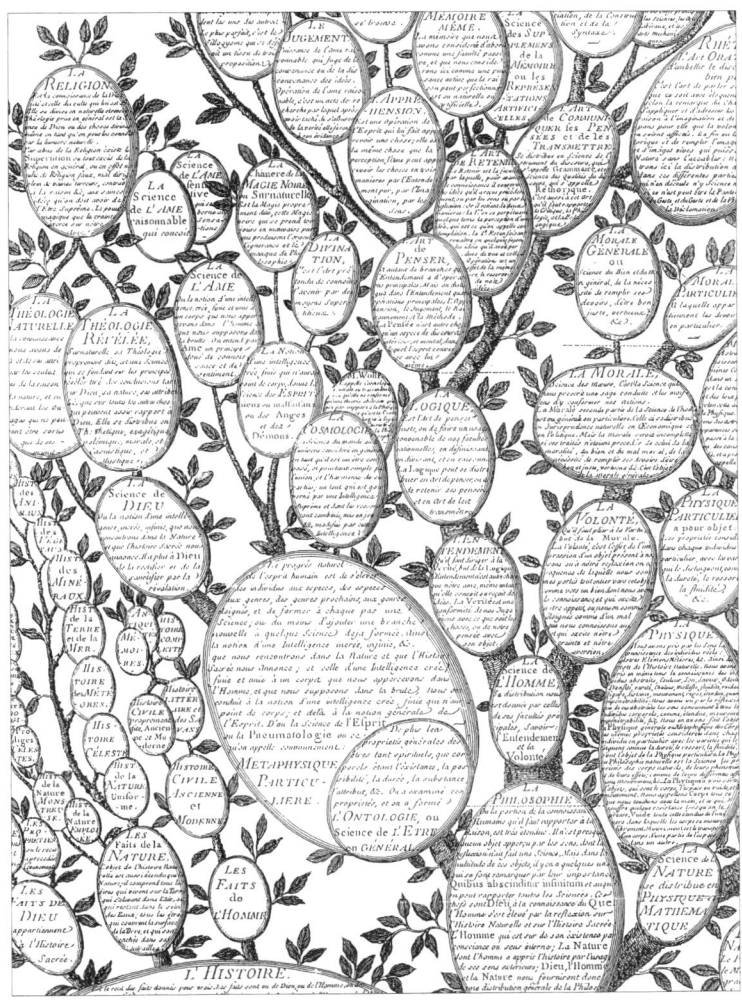

Abbildung 1: *Stammbaum des menschlichen Wissens* (Ausschnitt) aus: Denis Diderot, *Prospekt der Encyclopédie* (1750)

Im Stammbaum des menschlichen Wissens aus Denis Diderots „Prospekt der Encyclopédie" von 1750 ist der Anspruch auf eine neue Ordnung des Wissens veranschaulicht, der in der Epoche der Aufklärung erhoben wird. Vom großen Stamm der Philosophie als Oberbegriff aller Wissenschaften und Wissensformen verzweigen sich die unterschiedlichen Erkenntnisbereiche. Im Zentrum steht die Wissenschaft vom Menschen („La Science de l'Homme"), die im Aufklärungszeitalter zum Maß aller Dinge wird. Rechts zweigt der kräftige Nebenast der Naturwissenschaften ab. Wissenschaften, Künste und Technik sind nach Diderots einleitendem Kommentar die „drei Hauptgruppen", auf die sich „der ganze Stoff der Encyclopédie" zurückführen lässt (Diderot 2001b, S. 467). Einen deutlich dünneren Seitenarm bildet dagegen die Metaphysik, der sich an seinen Enden in die dürren und obskuren Zweige der Religion, einschließlich des Aberglaubens („Superstition"), der „schwarzen Magie" („La chimère de la Magie Noire") und der „Wissenschaften von den Engeln und Dämonen" („Sciences des Anges et des Démons") verzweigt.

Bäume des Wissens wurden schon im 16. und 17. Jahrhundert konzipiert. Nicht die Tatsache, dass alle Wissenschaften in einen systematischen Zusammenhang gebracht werden, ist das Kennzeichen der Aufklärung. Vielmehr stellt Ernst Cassirer in seinem grundlegenden Werk *Philosophie der Aufklärung* (1932) gerade die Absage an den Systemgeist und den kritischen und skeptischen Umgang mit überlieferten Wissensformen und Machtverhältnissen als charakteristisch für diese Epoche heraus. So wie im Schaubild die religionskritische Ausrichtung der *Enzyklopädie* deutlich wird, so wird dieser kritische Impuls auch innerhalb der Einträge des Lexikons beibehalten, etwa wenn die Artikel „Menschenfresser" („Anthropophage") und „Eucharistie", d. h. die christliche Vorstellung beim Abendmahl den Leib Christi aufzunehmen, durch Querverweise zueinander in Beziehung gesetzt werden.

Diderots *Enzyklopädie* gilt als das Grundbuch und Kernprojekt der europäischen Aufklärungsbewegung. Wie aber lässt sich die Epoche bestimmen? Welche Ausprägung hat diese Bewegung im deutschen Sprachraum? Und wo liegen die Grenzen der Aufklärung?

1.1 Das pragmatische und das europäische Jahrhundert
1.2 Phasen der Aufklärung
1.3 Debatten der Aufklärung

1.1 Das pragmatische und das europäische Jahrhundert

„Sie waren Literaten." (Darnton 1996, S. 5) Mit dieser knappen und eher beiläufigen Bemerkung macht der amerikanische Aufklärungsforscher Robert Darnton auf ein häufig übersehenes Charakteristikum der europäischen Aufklärung aufmerksam. Während die Aufklärung als das „philosophische Jahrhundert", als das „Zeitalter der Vernunft" gilt, werden die literarischen Errungenschaften dieser Epoche eher gering bewertet. Besonders die deutsche Aufklärung wurde lange Zeit als unliterarisch abqualifiziert, was vor allem einem reduzierten Aufklärungsbegriff geschuldet ist, der sich an der folgenden klassisch-romantischen „Blütezeit" der deutschen Literatur um 1800 und zu Beginn des 19. Jahrhunderts orientierte.

Unliterarische Aufklärung?

In seiner vieldiskutierten Neubestimmung des Aufklärungs-Begriffes *George Washingtons falsche Zähne – oder noch einmal: Was ist Aufklärung?* (1996) zeigt Darnton dagegen, dass diese Bewertung auf einer nicht angemessenen Trennung der Bereiche der Wissenschaften (für die im 18. Jahrhundert der Oberbegriff „Philosophie" steht) und der Literatur beruht. So wie der Literaturbegriff im 18. Jahrhundert nicht nur die „schöne Literatur", die *belles lettres*, im engeren Sinn umfasst, sondern sich letztlich auf die Gesamtheit der kommunizierten Texte bezieht, so äußert sich auch die Philosophie von Autoren wie Montesquieu, Voltaire, Denis Diderot oder Jean-Jacques Rousseau in den unterschiedlichsten literarischen Formen vom Dialog über die Fabel bis hin zum Aphorismus und zum Roman. Beides – Literatur und Philosophie – ist aufgehoben in einem umfassenden pragmatischen Kulturmodell, in dem alle literarischen Äußerungen auf die jeweilige gesellschaftliche Praxis bezogen werden. Darnton zeigt so, dass die Aufklärung sich nicht nur durch bestimmte Leitthemen wie Vernunft, Kritik, Öffentlichkeit, Säkularisierung, Verwissenschaftlichung oder durch einen spezifischen kritischen und skeptischen Denkstil definieren lässt, sondern ebenso durch einen neuen Typus des engagierten Intellektuellen.

Literatur und Wissenschaft

Darnton kann mit dieser Bestimmung anknüpfen an die Definitionen, die Diderot im Artikel „Eklektizismus" („eclectisme") in der *Enzyklopädie* gibt: Der „philosophe" oder Aufklärer ist nach Diderot ein eklektischer (von griechisch: auswählen) Denker, der nicht dogmatisch philosophische Systeme konstruiert, sondern der frei und kritisch mit den unterschiedlichsten Traditionen umgeht und sie den eigenen Bedürfnissen entsprechend auswählt, nutzt oder verwirft.

Leitbild „philosophe": Eklektizismus

Dazu bedient er sich verschiedener literarischer Formen und medialer Strategien. Der Eklektizismus des „philosophe" meint den Mut, selbstständig und autonom zu denken, ohne sich an Autoritäten zu orientieren. In den Worten Diderots:

> „Der Eklektiker ist ein Philosoph, der das Vorurteil, die Überlieferung, alles Althergebrachte, die allgemeine Zustimmung, die Autorität, ja alles, was die meisten Köpfe unterjocht, mit Füßen tritt und daher wagt, selbständig zu denken, [...] kein Ding anzuerkennen ohne das Zeugnis seiner Erfahrung und seiner Vernunft, und aus allen Philosophien, die er rücksichtslos und unvoreingenommen untersucht hat, eine besondere, ihm eigentümliche Hausphilosophie zu bilden. Ich sage eine besondere ‚Hausphilosophie‘, weil das Bestreben des Eklektikers dahin geht, weniger der Erzieher der Menschheit zu sein als ihr Schüler, weniger die anderen zu bessern als sich selbst, weniger die Wahrheit zu lehren als sie zu erkennen." (Diderot 2001a, S. 53)

Der Germanist Carsten Zelle hat in kritischer Auseinandersetzung mit Darnton darauf aufmerksam gemacht, dass sich dessen Definition nur bedingt auf die deutsche Situation im 18. Jahrhundert übertragen lässt, und die Spezifika der deutschen Aufklärung betont. Zelle nennt z. B. neben der konfessionell und regional unterschiedlichen Ausprägung der Aufklärung im deutschen Sprachraum auch deren stärkere theologische Bindung. Das, was häufig als deutsche Aufklärung insgesamt ausgegeben werde, sei lediglich die „nordwestdeutsch-protestantische" Spielart mit den Zentren Hamburg, Leipzig und Berlin, von der „süddeutsch-katholische" und „habsburgische Aufklärungen" unterschieden werden müssten (Zelle 1997, S. 163). In den letzten Jahren wurde daher neben der föderalen Dimension der Aufklärung (→ KAPITEL 2) zunehmend auch ihre jeweilige kulturräumliche Ausprägung etwa als calvinistische, pietistische, jüdische Aufklärung zum Gegenstand der Forschung gemacht.

Kulturräumliche Differenzierung

Allerdings wäre es verfehlt, diese Pluralität von Aufklärungsformen als nationale Eigenart anzusehen. Das 18. Jahrhundert ist ein vornationales und europäisches Jahrhundert und die kulturräumliche Vielfalt der Aufklärung selbst ein europaweites Phänomen (vgl. Oz-Salzberger 2000). Es bietet sich daher an, die Aufklärung als gesamteuropäische Bewegung zu betrachten, die in den 1680er-Jahren von England und den Niederlanden ihren Ausgang nimmt, seit dem frühen 18. Jahrhundert in Paris ihr Zentrum hat und sich dann in den unterschiedlichen europäischen Staaten ausdifferenziert. Mit der amerikanischen Unabhängigkeitserklärung (1776) und der Französi-

Einheit in der Vielfalt

schen Revolution (1789) finden die Ideen der Aufklärung ihre politische Realisierung.

Und auch Darntons Charakterisierung der Aufklärer als pragmatische Literaten und engagierte Intellektuelle trifft auf die deutschen Aufklärer von Johann Christoph Gottsched über Friedrich Nicolai und Gotthold Ephraim Lessing bis hin zu Christoph Martin Wieland, Georg Christoph Lichtenberg, Georg Forster, Karl Philipp Moritz oder Friedrich Schiller in gleichem Maße zu wie auf die Autoren der französischen Aufklärung. Sowohl der pragmatische Literaturbegriff der Aufklärung als auch ihre Europäizität sprechen dafür, die Erforschung der Epoche immer auch interdisziplinär und komparatistisch anzulegen, will man den Gegenstand nicht von vornherein unzulässig verkürzen.

Interdisziplinär und komparatistisch

1.2 Phasen der Aufklärung

Wie Reformationszeit oder „Barock" (vgl. zu diesen Begriffen → ASB KELLER) ist die Aufklärung Teil der Makroepoche Frühe Neuzeit, die von ca. 1500–1800 reicht und deren Beginn vor allem durch die Medienrevolution in Folge der Erfindung des Buchdrucks und die Erweiterung des kulturgeografischen Horizonts durch die Entdeckung der ‚Neuen Welt' markiert ist. Die wesentlichen Grundtendenzen der Frühen Neuzeit wie Konfessionalisierung und Säkularisierung, Staatsbildung oder Alphabetisierung bleiben auch für das 18. Jahrhundert gültig und sind lediglich einem beschleunigten Wandel unterworfen (vgl. Schulze 2002). Zugleich weist die Aufklärung mit Ideen wie dem demokratischen Verfassungsstaat, den allgemeinen Menschenrechten und der Verbesserung der Lebensverhältnisse durch Wissenschaft und Technik in die Moderne. Der Historiker Reinhart Koselleck hat daher von einer „Sattelzeit" gesprochen, die gleichsam mit einem Bein in der Frühen Neuzeit und mit dem anderen in der Moderne lokalisiert sei (Koselleck 1972, S. XV).

Aufklärung als frühneuzeitliche Epoche

Verhält sich die Aufklärung zur Makroepoche Frühe Neuzeit als eine Teilepoche, so lassen sich innerhalb der Aufklärung selbst wiederum bestimmte zeitliche Phasen und Perioden unterscheiden. Alle neueren literaturgeschichtlichen Darstellungen gliedern die Epoche der deutschen Aufklärung zumindest in drei Phasen, die – je nach Forschungsinteresse – eher nach institutionengeschichtlichen oder philosophiegeschichtlichen Kategorien charakterisiert werden:

Phase	Charakterisierung	
	Institutionengeschichtlich (vgl. Borgstedt 2004, S. 9)	Philosophiegeschichtlich (vgl. Alt 2007, S. 7f.)
Frühaufklärung (1680–1740)	gelehrt-wissenschaftlich	rationalistisch
Hochaufklärung und Empfindsamkeit (1740–1770)	staatlich-praktisch	empiristisch
Spätaufklärung inkl. Sturm und Drang (1770–1800)	literarisch-öffentlich	kritizistisch

Übersicht: Phasen der Aufklärung

Abbildung 2: Phasen der Aufklärung und ihre Charakterisierung

In einer sich steigernden Abfolge gliedert der Historiker Franklin Kopitzsch die Phasen der Aufklärung von einer zunächst gelehrten Strömung zu einer umfassenden Reformbewegung:

> „Die Aufklärung entfaltet sich in Deutschland mit beträchtlichen zeitlichen und regionalen Differenzierungen vom ausgehenden 17. bis ins frühe 19. Jahrhundert von einer zunächst literarisch-wissenschaftlichen Richtung zu einer starken literarisch-publizistischen Strömung und schließlich zu einer umfassenden Reformbewegung." (Kopitzsch 1983, S. 3)

Rolf Grimminger, dessen sozialgeschichtlich orientierte Einführung in die Epoche von 1980 noch heute als grundlegend gelten kann, unterscheidet darüber hinaus innerhalb der Frühaufklärung eine „politisch-galante" Phase, die am Klugheitsideal und an der angewandten Wissenschaft orientiert ist und für die die Namen Christian Thomasius und Gottfried Wilhelm Leibniz stehen, von einer rationalistischen Phase, die mit Johann Christoph Gottscheds literarischem Reformprogramm und Christian Wolffs Schulphilosophie verbunden ist (vgl. Grimminger 1980, S. 33ff.). Als Eckdaten für den Beginn der Aufklärung können z. B. das Potsdamer Toleranzedikt (1685), Thomasius' erste Vorlesung in deutscher Sprache (1687; → KAPITEL 3), die Gründung der Reformuniversität Halle (1694) oder die Gründung der Berliner Akademie der Wissenschaften (1700) durch Leibniz gelten.

Frühaufklärung: politisch-galant und rationalistisch

Häufig wurde und wird Aufklärung insgesamt mit der rationalistischen Phase der Frühaufklärung gleichgesetzt. Gegen eine solche Verkürzung wurde vor allem durch die Forschungen von Gerhard Sauder auch die emotionale Seite, die Empfindsamkeit als eine wesentliche

Hochaufklärung und Empfindsamkeit

Spielart der Hochaufklärung ausgewiesen, die ohne die Werke von Autoren wie Gotthold Ephraim Lessing, Christoph Martin Wieland oder Friedrich Gottlieb Klopstock gar nicht zu denken wäre (vgl. Sauder 1974ff.; → KAPITEL 6).

Ähnliches gilt für die Periode des Sturm und Drang mit ihren Zentren in Frankfurt am Main und Straßburg und ihrem klar umgrenzten Autorenstamm (darunter Johann Wolfgang Goethe, Jakob Michael Reinhold Lenz und Johann Gottfried Herder sowie die theoretischen Vordenker Justus Möser in Osnabrück und Johann Georg Hamann in Königsberg). Der Sturm und Drang, der auf die wenigen Jahre von ca. 1770 bis 1780 zu datieren ist, wird inzwischen als eine Periode innerhalb der Radikalisierung und Politisierung der Spätaufklärung verstanden. So spricht Matthias Luserke vom Sturm und Drang als „Dynamisierung und Binnenkritik" der Aufklärung (Luserke 1997, S. 15).

Wann die Aufklärung endete, ist eine strittige Frage. Während in Frankreich mit der Revolution eine klare Zäsur zu setzen ist, werden viele Anliegen der deutschsprachigen Aufklärung erst mit den Josephinischen (1780–90) und den Preußischen Reformen (1807–15) umgesetzt. Ein führender Aufklärer wie Friedrich Nicolai ist noch bis 1811 aktiv und prägt als einflussreicher Verleger entscheidend das Sortiment der Neuerscheinungen. Und viele Aspekte gerade der Breiten- und Volksaufklärung oder der Popularliteratur kommen, wie die Forschungen von Holger Böning zeigen, ebenfalls erst im frühen 19. Jahrhundert zum Tragen (vgl. Böning 2004). Unter Berufung auf die Arbeiten des Aufklärungsforschers Rudolf Vierhaus lässt sich daher zu Recht von einem ‚langen 18. Jahrhundert' sprechen (vgl. Vierhaus 1984). Wurden Aufklärung, Klassik und Romantik bis in die 1960er-Jahre hinein als aufeinander folgende Epochen angesehen, so hat sich in jüngeren Forschungen die Einsicht eines Nebeneinander unterschiedlicher spätaufklärerischer, klassischer und romantischer Literaturstile in der Zeit um 1800 durchgesetzt (→ ASB TAUSCH).

Spätaufklärung und Sturm und Drang

Das ‚lange 18. Jahrhundert'

1.3 Debatten der Aufklärung

Literaturgeschichtliche Epochen- und Phasenbegriffe sind immer generalisierende Zuschreibungen, die sehr Verschiedenes unter einen gemeinsamen Nenner bringen. Zudem sind die heute noch geläufigen Periodisierungen durch bestimmte ideologische Erkenntnisinteressen innerhalb der im 19. Jahrhundert sich herausbildenden wissenschaft-

Problematik des Epochenmodells

15

lichen Beschäftigung mit Literaturgeschichte geprägt. So wurde beispielsweise die kurze Phase der Sturm und Drang-Periode als vermeintliches Gründungsdatum der deutschen Nationalliteratur in der Germanistik lange Zeit zur Epoche aufgewertet, während die Aufklärungsliteratur als „undeutsch" und „französisch" und somit als potenziell vernachlässigenswert abgetan wurde (→ KAPITEL 14.2).

Wegen dieser Fragwürdigkeit von Epochenbegriffen und diachronen Langzeitkategorien hat das Team um den amerikanischen Germanisten David Wellbery in seiner *New History of German Literature* (2004; *Eine neue Geschichte der deutschen Literatur*, 2007) das Epochenmodell als Gliederungsschema ganz aufgegeben und stattdessen eine Ordnung nach synchronen Querschnitten um bestimmte „Daten" entwickelt, denen Ereignischarakter zugeschrieben wird. Ein solches Vorgehen ermöglicht – so das Konzept des Autorenteams – zum einen, die Individualität des jeweiligen literarischen Ereignisses deutlich zu machen, statt dieses als bloßes Symptom in einer entwicklungsgeschichtlichen Erzählung aufgehen zu lassen. Zum anderen können durch diese methodische Herangehensweise literarische Werke in Verbindung mit unterschiedlichen gleichzeitigen Diskursen als Teil einer umfassenden Wissens- und Kulturgeschichte verstanden werden. So lassen sich unterschiedlichste Querverbindungen und Netzwerke innerhalb eines komplexen historischen Feldes beleuchten (vgl. Wellbery / Ryan / Gumbrecht 2007, S. 21 f.).

Offen bleibt in diesem innovativen Ansatz jedoch, nach welchen Kriterien etwas als ein literarisches „Ereignis" zu gelten hat – in letzter Konsequenz hätte in einer solchen chronologischen Ordnung jeder einzelne Tag Ereignischarakter. Wellberys Ansatz wird in der vorliegenden Darstellung daher mit Hilfe des von Ursula Goldenbaum entwickelten Debattenkonzeptes ergänzt (vgl. Goldenbaum 2004). Nach diesem lassen sich solche Momente als literaturgeschichtliche Ereignisse auszeichnen, an die sich eine wahrnehmbare öffentliche Debatte angeschlossen hat. Solche Debatten stellen gleichsam Kristallisationspunkte dar, in denen sich die unterschiedlichen Gruppenbildungen, Bewegungen oder Positionen abzeichnen und ausdifferenzieren. Die zentralen Themen und Leitideen des 18. Jahrhunderts und nicht zuletzt der Begriff der Aufklärung selbst erhalten in diesen Debatten erst ihre je spezifische und konkrete Ausprägung. Erst von hier aus lassen sich dann begründete Aussagen zum Epochenbegriff und zu den Epochengrenzen treffen, d. h. sowohl zur Binnendifferenzierung unterschiedlicher Phasen und Gruppierungen innerhalb der Aufklärung als auch zur Abgrenzung der Aufklärung von nicht mehr

Synchrone Querschnitte

Debatten als Kristallisationspunkte

aufklärerischen oder gegenaufklärerischen Positionen. Ein solches Vorgehen hat zudem den Vorteil, von den Selbstpositionierungen der historischen Akteure her zu argumentieren und so das Risiko rückprojizierender Klassifizierungen zu vermindern.

So lässt sich die Vielschichtigkeit der Aufklärung an Hand der zeitgenössischen Selbstreflexionen der Epoche aufzeigen. In der berühmten Debatte um die Frage „Was ist Aufklärung?" (1784) entwickelt z. B. Immanuel Kant seine Definition der Aufklärung als „Ausgang des Menschen aus seiner selbstverschuldeten Unmündigkeit" (Kant 1974, S. 9) durch kritisches und öffentliches Selbstdenken. Zu ganz anderen Definitionen hingegen gelangen etwa Moses Mendelssohn oder Johann Georg Hamann, die beide aus unterschiedlicher Perspektive eher die gesellschaftlichen Kontexte des Selbstdenkens betonen (vgl. Schulte 2007).

Selbstreflexion der Aufklärung

Aber auch in vielen anderen Debatten des 18. Jahrhunderts äußern sich unterschiedliche Verständnisse von Aufklärung, an denen sich die Vielschichtigkeit der Epoche ablesen lässt (→ ABBILDUNG 3). Ob im Streit zwischen Gottscheds rationalistischem Literaturmodell und der empfindsamen Spielart der Aufklärung (1740ff.; → KAPITEL 6) oder in der Diskussion um eine deutsche Nationalliteratur (verschärft geführt nach Friedrichs II. Schrift *De la litterature allemande*, 1780; → KAPITEL 3.4), ob in den Debatten um die Genie-Ästhetik des Sturm und Drang (z. B. anlässlich von Goethes *Götz von Berlichingen*, 1773; → KAPITEL 11) oder in der spätaufklärerischen Kritik an der Angepasstheit traditioneller Aufklärer an das machtpolitische System des Absolutismus (→ KAPITEL 3.1): Stets lassen sich aus der Selbstkritik der Aufklärung auch Rückschlüsse auf die Epoche ziehen. Im Anspruch auf eine öffentlich zugängliche und säkulare Literatur lässt sich in all diesen binnendifferenzierenden Debatten ein gemeinsames Merkmal aller Aufklärer von Thomasius bis zum jungen Goethe erkennen. Insofern prägen diese Debatten das Bild der Epoche und schärfen seine Kontur.

Spielarten der Aufklärung

Auch gegenaufklärerische Positionen innerhalb des 18. Jahrhunderts lassen sich am besten am Beispiel zeitgenössischer Debatten untersuchen, etwa an der Diskussion um die Anerkennung des Deutschen als Literatur- und Gelehrtensprache (→ KAPITEL 3), an Lessings Fragmentenstreit um den Öffentlichkeitsanspruch auch in religionstheoretischen Fragen (→ KAPITEL 4), an der öffentlich verhandelten Frage der Judenemanzipation (→ KAPITEL 4), oder an den Debatten um das Religions- und Zensuredikt ab 1788, mit dem der preußische Minister Johann Christoph von Wöllner die Phase der gegenaufklärerischen Regierungspolitik in Preußen einleitete und zentrale Errun-

Gegenaufklärung

Querelles des anciens et
des modernes Entstehung eines
säkularen Fortschrittsmodells **1670**
der Geschichte, Verzeitlichung
→ Kapitel 4

1681 Deutsch als Wissenschaftssprache
Thomasius vs. orthodoxe
Theologen
→ Kapitel 3

**Trennung von Moral
und Religion** **1721**
Wolff vs. pietistische Theologen
→ Kapitel 6

1740 Poetikstreit
Gottsched vs. Bodmer, Breitinger
(Rationalismus vs.
Empfindsamkeit)
→ Kapitel 7

Rangstreit der Künste
Winckelmann vs. Lessing **1751**
→ Kapitel 4

1755 Optimismus vs. Skeptizismus
im Anschluss an das Erdbeben
von Lissabon (Voltaire, Rousseau
u.a.) → Kapitel 12

Religionsfreiheit
Lavaters Forderung der Taufe
an Mendelssohn **1769**
→ Kapitel 6

1773 Geniestreit, Werther-Debatten
Göttinger Hain, Herder, Lenz,
Goethe vs. Wieland, Lichtenberg,
Nicolai → Kapitel 7, 10, 11, 12

Fragmentenstreit
Vernunftreligion vs.
Offenbarungsreligion; **1777**
Lessing vs. Goeze → Kapitel 6

1780 Nationalliteratur-Debatte
Friedrich II. vs. Möser, Klopstock
→ Kapitel 3, 11

Judenemanzipation
Trennung von Staatsbürgerschaft
und Religion; Dohm, **1781**
Mendelssohn vs. Michaelis
→ Kapitel 6

1783 Was ist Aufklärung?
Begriff und Umfang der
Aufklärung: Mendelssohn,
Kant, Hamann → Kapitel 1

Spinozastreit
Jacobi, Lavater, Hamann,
Claudius vs. Mendelssohn, **1782**
Moritz, Herz, Engel
→ Kapitel 6, 7

1788 Schillers Götter Griechenlandes
Kritik am Christentum durch
Kontrastierung mit Antike
→ Kapitel 4

**Religionsedikt und Zensuredikt
in den Preußischen Staaten**
Unger, Wilhelm v. Humboldt vs. **1788**
Wöllner, Friedrich Wilhelm II.
→ Kapitel 1, 14

1789 Geschlechterrollen
Hippel (*Über die Ehe*)
vs. Brandes (*Über die Weiber*)
→ Kapitel 7

Französische Revolution
Forster, Kant, Herder, Klopstock
vs. Gentz, Brandes, Rehberg **1789**
→ Kapitel 13, 14

1796 Spätaufklärung –
Klassik/Romantik; *Xenien*-Streit
Nicolai, Wieland vs. Schlegel,
Fichte, Goethe, Schiller
→ Kapitel 14

Abbildung 3: Debatten der Aufklärung

genschaften der Aufklärung wie die Presse- und Religionsfreiheit ein-
zuschränken suchte.

Schließlich lässt sich auch die Ausdifferenzierung der Literaturstile
nach 1789 im Licht der zahllosen Debatten zwischen Spätaufklärern,
Klassikern und Romantikern am Ausklang der Epoche untersuchen. **Klassisch-**
Die Polemik von den Brüdern August Wilhelm und Friedrich Schle- **romantische**
gel, von Johann Gottlieb Fichte oder Goethe und Schiller in ihren **Aufklärungskritik**
Xenien (1796ff.) würde man dabei nicht als Gegenaufklärung, son-
dern eher als Aufklärungskritik bezeichnen (→ KAPITEL 14.2).

Fragen und Anregungen

- Durch welche Eckdaten lässt sich die Epoche der europäischen
  Aufklärung markieren und wo liegen die Probleme einer solchen
  Markierung?

- Nennen Sie einige Besonderheiten der deutschen Aufklärung.

- Was besagt die These vom ‚langen 18. Jahrhundert‘?

- In welche Phasen lässt sich die deutsche Aufklärung gliedern und
  welche Autoren, Werke oder literarischen Entwicklungen sind
  charakteristisch für die jeweiligen Phasen?

- Welche methodischen Vorteile bietet es, literarische Werke innerhalb von Debatten ihrer Zeit zu untersuchen?

Lektüreempfehlungen

- **Die Welt der Enzyklopädie**, ediert von Anette Selg und Rainer **Quellen**
  Wieland, Frankfurt a. M. 2001 (darin: Denis Diderot: Artikel
  „Eklektizismus", S. 53–57, sowie: Prospekt der Encyclopédie,
  S. 464–471).

- **Was ist Aufklärung?** Thesen und Definitionen von Kant, Erhard,
  Hamann, Herder, Lessing, Mendelssohn, Riem, Schiller, Wieland,
  hg. v. Ehrhard Bahr, Stuttgart 1974.

Forschung

- Peter-André Alt: Aufklärung, Stuttgart 1996, 3. aktualisierte Auflage 2007. *Solide Einführung in die literaturgeschichtliche Epoche nach ihren Gattungen. Darstellung auf dem Stand der Erstausgabe von 1996.*

- Robert Darnton: George Washingtons falsche Zähne. Oder noch einmal: Was ist Aufklärung?, München 1996. *Lesenswerter und forschungsgeschichtlich einflussreicher Essay des renommiertesten amerikanischen Aufklärungsforschers.*

- Ursula Goldenbaum: Die öffentliche Debatte in der deutschen Aufklärung 1687–1796. Einleitung, in: dies., Appell an das Publikum. Die öffentliche Debatte in der deutschen Aufklärung 1687–1796, 2 Teile, Berlin 2004, Teil 1, S. 1–118. *Kenntnisreiche Einführung in die öffentlichen Debatten der Aufklärung. Dabei gegenüber älteren Darstellungen Würdigung und Neubewertung der Frühaufklärung.*

- Rolf Grimminger: Einleitung, in: ders. (Hg.), Deutsche Aufklärung bis zur Französischen Revolution 1680–1789, München 1980, 2. Auflage 1984, S. 15–102. *Immer noch lesenswerte Einführung in die Grundtendenzen der Epoche aus sozialgeschichtlicher Perspektive.*

- David E. Wellbery / Judith Ryan / Hans Ulrich Gumbrecht (Hg.): Eine neue Geschichte der deutschen Literatur, Berlin 2007. *Innovativer Versuch zur Epochenproblematik in der Literaturgeschichtsschreibung an Hand von „Ereignissen" und Querschnitten. Umfasst die gesamte Geschichte der deutschen Literatur seit ihren Anfängen.*

- Carsten Zelle: Artikel „Aufklärung", in: Klaus Weimar u. a. (Hg.), Reallexikon der deutschen Literaturwissenschaft, 3 Bde., Berlin / New York 1997ff., Bd. 1, S. 160–165. *Handbuchartikel zu Begriffs-, Sach- und Forschungsgeschichte der Aufklärung in einem der wichtigsten Nachschlagewerke für Literaturwissenschaftler. Eine Taschenbuchausgabe erschien 2007.*

2 Literarisches Leben und kulturelle Zentren

Abbildung 4: Unbekannter Künstler: *Eine ansehnliche Buchhandlung* (Ausschnitt) (1785)

Der Kupferstich eines unbekannten Künstlers aus dem Jahr 1785 eröffnet den Blick in eine zeitgenössische Buchhandlung. Im Regal hinter der Ladentheke lagern Bücher in ungebunden Rohbögen, die der Käufer erwarb und selbst zum Buchbinder brachte, rechts steht eine kleine Auswahl bereits gebundener Exemplare. Die aufgrund ihrer Haltung und Kleidung als Adlige und Gelehrte erkennbaren Kunden prüfen das Angebot, der Buchhändler selbst ist in ein Verkaufsgespräch vertieft. Im Bild ist nicht nur der damalige Stand der Vertriebsformen des Buches festgehalten, sondern gleichzeitig das unterschiedlich zusammengesetzte Lesepublikum der Zeit sowie der gesellige und kommunikative Aspekt der Lektüre dargestellt.

Die Bedingungen des Schreibens, Verkaufens und Lesens von Literatur veränderten sich im 18. Jahrhundert im Vergleich zu den voraufgehenden Epochen dynamisch. Dies lässt sich nicht nur an der stark wachsenden Zahl von Autoren und Lesern sowie an der Neuordnung der Verkaufs- und Vertriebsformen von Büchern erkennen, sondern auch an der rasanten Entwicklung neuer Kommunikationsformen: den Zeitungen und Zeitschriften (→ KAPITEL 13). Buchhandlungen waren im 18. Jahrhundert wichtige Institutionen des literarischen Lebens: Es gab sie in allen größeren Städten und vielen kleineren Orten des Alten Reichs. Die territoriale Aufteilung des Reichsgebietes in rund 300 eigenständige Herrschaftsgebiete schuf zwar eine Vielzahl lokaler und regionaler Kommunikationsnetze, ging aber auch mit einer oft unübersichtlichen Polyzentralität der literarischen Entwicklung einher. Die führenden Zentren des literarischen Lebens wechselten deshalb sowohl in chronologischer als auch in geografischer Hinsicht. Diese Tendenz blieb bis über die Mitte des 19. Jahrhunderts hinaus ein typisches Kennzeichen der deutschen Literaturgeschichte. Zentrale Orte der literarischen Kommunikation entstanden immer dort, wo sich Autoren sammelten, Verlagsunternehmen konzentrierten und Leser sich gemeinsam organisierten. Die große Zahl unterschiedlicher literarisch-kultureller Zentren trug wesentlich zur Vielgestaltigkeit und zur Ausbreitung der deutschen Aufklärungsliteratur bei.

2.1 Strukturwandel der literarischen Öffentlichkeit
2.2 Autor, Markt und Publikum
2.3 Kulturelle Zentren

2.1 Strukturwandel der literarischen Öffentlichkeit

Wohl kaum ein historisch-soziologisches Werk hat die Erforschung der Sozialgeschichte der deutschen Literatur des 18. Jahrhunderts so nachhaltig beeinflusst wie Jürgen Habermas' Studie *Strukturwandel der Öffentlichkeit* (1962). Der Erfolg des Buches beruhte darauf, dass Habermas ein schlüssiges Erklärungskonzept für die Entstehung der „bürgerlichen Öffentlichkeit" in der Aufklärungsepoche vorgelegt hatte, die sich in Abgrenzung zu der durch die absolutistische Hofgesellschaft geprägten „repräsentativen Öffentlichkeit" des 17. Jahrhunderts herausgebildet habe. Zu den Institutionen der bürgerlichen Öffentlichkeit als der „Sphäre der zum Publikum versammelten Privatleute" (Habermas 1990, S. 86) zählte der Autor u. a. Kaffeehäuser, Salons, literarische und geheime Gesellschaften, Lesezirkel, kunstkritische Journale, die politische Publizistik (→ KAPITEL 13) und ein vom Hof unabhängiges Theaterwesen (→ KAPITEL 3). Weiterhin vertrat er die für Literaturhistoriker bestechende These, dass die vernunftbetonte Diskussionskultur des kunstinteressierten Publikums als „literarische Vorform der politisch fungierenden Öffentlichkeit" anzusehen sei, sie gleichsam „das Übungsfeld eines öffentlichen Räsonnements" in einem umfassenden „Prozeß der Selbstaufklärung der Privatleute über die genuinen Erfahrungen ihrer neuen Privatheit" war (Habermas 1990, S. 88). Hierin stimmte Habermas mit der Auffassung des Historikers Reinhart Koselleck überein, der – wenngleich in einem anderen geschichtsphilosophischen Kontext – in seiner Untersuchung *Kritik und Krise* (1959) geäußert hatte: „Die Aufklärung nimmt ihren Siegeszug im gleichen Maße als sie den privaten Innenraum zur Öffentlichkeit ausweitet." (Koselleck 1973, S. 41) Damit wurde der Literatur und den literarischen Institutionen eine zentrale Funktion in der Entstehungsgeschichte einer für die europäischen Demokratien letztlich unabdingbaren öffentlichen Meinung zugeschrieben.

Die Thesen der Habermas'schen Untersuchung sind seit ihrem Erscheinen immer wieder bestritten, ihre Erklärungsversuche aus historischer, sozialphilosophischer und literaturgeschichtlicher Perspektive ergänzt, revidiert und umformuliert worden (vgl. Bibliografie in Hohendahl 2000, S. 124–179). Bis heute gibt es unterschiedliche Bewertungen: Während der Autor selbst im Vorwort zur Neuausgabe behauptet, die Publikation habe „sich in verschiedenen Studiengängen als eine Art Lehrbuch eingebürgert" (Habermas 1990, S. 11),

Strukturwandel der Öffentlichkeit

Kritik und Diskussion

23

kommt der Sprachhistoriker Jürgen Schiewe aufgrund umfangreicher Materialstudien zu dem Schluss, dass die „von Habermas aufgestellten Kategorien des Strukturwandels der Öffentlichkeit" für „England und Frankreich weitgehend nachvollziehbar, stimmig und im Faktischen ausgefüllt" seien, „für Deutschland aber [...] leer und unanschaulich" blieben (Schiewe 2004, S. 266). Desgleichen hat die Philosophiehistorikerin Ursula Goldenbaum in ihrer Untersuchung der politischen Debattenkultur der Aufklärung festgestellt, dass „die Entstehung einer bürgerlichen Öffentlichkeit in Deutschland keineswegs und ganz sicherlich nicht zuerst, wie weithin und ganz besonders in der literaturgeschichtlichen Forschung immer wieder behauptet wird, seit der Mitte des 18. Jahrhunderts auf dem Gebiet der Poesie und Kunst" erfolgt sei (Goldenbaum 2004, Bd. 1, S. 4f.). Habermas hat in seiner Pionierstudie in erster Linie brauchbare epochentypische Beschreibungskategorien bereitgestellt, deren historische Herleitung jedoch nicht detailliert ausgeführt. Überdies ist die Zeitgebundenheit des Textes zu berücksichtigen: Die Darstellung des idealtypischen Modells einer funktionierenden aufklärerischen Öffentlichkeit diente dem Autor als normative Leitidee für die demokratietheoretische Ausrichtung seiner Argumentation, die ganz zeitkritisch auf institutionelle Defizite im politischen System der frühen Bundesrepublik zielte.

Anregend wirkte in jedem Fall, dass Habermas einen analytischen Rahmen entwarf, in dem die gesellschaftlichen, ökonomischen und rechtlichen Voraussetzungen der literarischen Öffentlichkeit miteinander verknüpft wurden:

Voraussetzungen der literarischen Öffentlichkeit

- die Herausbildung eines gebildeten Publikums,
- die Entstehung geselliger Rezeptionsformen von Literatur und Kunst,
- die Entwicklung eines literarischen Buchmarktes,
- die Ausbreitung des Zeitschriftenwesens und der journalistischen Literaturkritik,
- die Gewährung der Pressefreiheit,
- die Anfänge der politischen Publizistik.

In der Literaturwissenschaft sind diese Prozesse, die einen Teilbereich des übergreifenden Strukturwandels der Öffentlichkeit darstellen, unter dem Sammelbegriff ‚Literarisches Leben' gebündelt worden. Der

Schlüsselbegriff ‚Literarisches Leben'

Begriff meint die „Gesamtheit des Zusammenwirkens zwischen Produktion, Distribution und Rezeption von Literatur" (Lorenz 2000, S. 438). Für den Literaturhistoriker Peter Weber ist diese Bezeichnung nachgerade zu einem „Schlüsselbegriff" (Weber 2006, S. 13)

der sozialgeschichtlich orientierten Erforschung der Aufklärungsepoche geworden.

Am Beispiel von Berlin um 1800 hat Weber fünf analytische Dimensionen herausgearbeitet, die zu einem Panorama des literarischen Lebens gehören:

1. die Charakterisierung der politischen Publizistik mit ihren zentralen Debatten sowie das damit verbundene Problem der Zensur,
2. die Untersuchung der geselligen Kreise einer Stadt und ihrer literarisch-kulturellen Aktivitäten,
3. eine Typologie der Buchhändler einschließlich ihrer Verlagsprogramme und kommerziellen Unternehmungen,
4. eine Darlegung der Publikumsstruktur und der bevorzugten Lesestoffe unter Einbeziehung des örtlichen Bibliothekswesens sowie
5. eine Erforschung der zugrundeliegenden Literaturbegriffe sowie der zeitgenössischen kunst- und kulturtheoretischen Erwägungen (vgl. Weber 2006, S. 38–40).

Literarisches Leben umfasst in diesem Sinne nicht nur die Institutionen und Akteure des Literaturprozesses, sondern auch dessen ideelle und normative Faktoren (vgl. Bibliografie von Weyrauch 2006).

Dimensionen des literarischen Lebens

2.2 Autor, Markt und Publikum

In seinem Roman *Das Leben und die Meinungen des Herrn Magister Sebaldus Nothanker* (1773–76; → KAPITEL 4) lässt der Berliner Schriftsteller und Verleger Friedrich Nicolai seine Hauptfigur, den Landpfarrer Nothanker, mit zwei Dialogpartnern ein Streitgespräch über die zeitgenössischen Bedingungen des literarischen Marktes führen. Der Buchhändler Hieronymus beschreibt dabei das Verhältnis von Autoren und Lesern um 1770:

Friedrich Nicolais Beschreibung des Literaturmarktes

> „Der Stand der Schriftsteller beziehet sich in Deutschland beinahe bloß auf sich selber, oder auf den gelehrten Stand. Sehr selten ist bey uns ein Gelehrter ein Homme de Lettres. Ein Gelehrter ist bey uns ein Theologe, ein Jurist, ein Mediciner, ein Philosoph, ein Professor, ein Magister, ein Director, ein Rector, ein Conrector, ein Subrector, ein Baccalaureus, ein Collega infimus, und er schreibt auch nur für seine Zuhörer und seine Untergebnen. Dieses gelehrte Völkchen von Lehrern und Lernenden, das etwa 20 000 Menschen stark ist, verachtet die übrigen 20 Millionen Menschen, die außer ihnen deutsch reden, so herzlich, daß es sich nicht die Mühe nimmt für sie zu schreiben [...]. Die zwanzig Millionen Ungelehr-

ten, vergelten den 20 000 Gelehrten Verachtung mit Vergessenheit, sie wissen kaum daß die Gelehrten in der Welt sind." (Nicolai 1991, S. 87)

Diese überwiegend skeptische Sicht steht im Zeichen der satirischen Absicht, die Nicolai mit seinem Roman verfolgte, fußt aber gleichwohl auf konkreten Beobachtungen des Marktes. Nicolai – als Buchhändler, Zeitschriftenherausgeber und Literaturorganisator einer der besten Kenner des Verlagswesens im 18. Jahrhundert – benennt zwei Autorentypen, deren historisches Profil inzwischen von der modernen buchgeschichtlichen Forschung bestätigt wurde.

"Ständischer" Dichter

Bis um 1750 und teilweise bis zum Ende des Jahrhunderts war der „ständische Dichter" der dominierende Autorentypus, also ein Schriftsteller, der „nicht mehr auf Gönner" angewiesen war oder wie der Hofdichter als beamteter Literat agierte, und der „noch nicht auf eine angemessene Honorierung durch den Buchhandel hoffen" konnte (Wittmann 1999, S. 155). Für diesen ‚gemischten' Typus des ständischen Dichters, der im Hauptberuf einer existenzsichernden Beschäftigung nachging und nur im ‚Nebenamt' literarisch tätig war, lassen sich eine Reihe von Beispielen finden: So etwa die aus dem gehobenen Bürgertum stammenden Amtsträger Barthold Heinrich Brockes und Albrecht von Haller, die Literaturprofessoren Johann Christoph Gottsched und Christian Fürchtegott Gellert, der Justizrat Justus Möser, der Offizier Friedrich Maximilian Klinger, die Pädagogen Johann Heinrich Voß oder Karl Philipp Moritz.

"Freier" Schriftsteller

Erst allmählich suchten einige Autoren sich aus dieser Abhängigkeit zu lösen, um zumindest zeitweise als „freie" Schriftsteller zu leben sowie dem von Nicolai angesprochenen französischen Ideal des *homme de lettres* zu entsprechen – Friedrich Gottlieb Klopstock, Gotthold Ephraim Lessing und Christoph Martin Wieland dürfen in diesem Sinne als bahnbrechende Gestalten gelten. Der *homme de lettres* – mustergültig von Voltaire verkörpert und im Deutschen näherungsweise mit den modernen Bezeichnungen „Literat" oder „Intellektueller" vergleichbar – war ein umfassend gebildeter Literaturkenner, der Kenntnisse in mehreren Disziplinen zumeist auf historisch-philologischer Grundlage besaß, etlicher Sprachen mächtig war, über literarischen Geschmack und weltläufiges Auftreten verfügte und Schriften in verschiedenen publizistischen Genres veröffentlichte. Nicolais Entgegensetzung von Fachgelehrtem und literarischem Weltmann bestätigt den im Vergleich zu den europäischen Nachbarländern akademisch geprägten Charakter der deutschen Aufklärung.

Auch für die Schätzung des quantitativen Umfangs von Autorenzahl und Lesepublikum bieten Nicolais Angaben einige Anhaltspunkte. 1776 hatte es rund 4 300 Autoren gegeben, von denen etwa ein Viertel zu den hauptberuflichen Publizisten zählen dürfte, bis zum Jahr 1795 war eine Steigerung auf 8 000 Autoren zu verzeichnen (vgl. Wittmann 1999, S. 160). Das Lesepublikum, allerdings nur das „gelehrte Völkchen von Lehrern und Lernenden" (Nicolai 1991, S. 87), gab Nicolai mit 20 000 Personen an, was etwa 0,1 % der Gesamtbevölkerung entsprach. Nimmt man nach neueren Schätzungen weitere Leserschichten hinzu, so kann im letzten Drittel des 18. Jahrhunderts eine immer noch geringe maximale Leserschaft von bis zu 1 % der Gesamtbevölkerung, also rund 250 000 Personen, angenommen werden. Solche Berechnungen sind jedoch in hohem Maße von den Vorannahmen über die Auflagenhöhe eines Buches und den Alphabetisierungsgrad abhängig, die sich nicht mehr exakt bestimmen lassen. Die Erstauflage eines Drucks konnte z. B. zwischen 500 und 4 000 Exemplaren liegen. Nicolais *Nothanker*-Roman erreichte zwischen 1773 und 1799 in vier Auflagen etwa 12 000 Exemplare. Insgesamt kann mit rund 175 000 Neuerscheinungen zwischen 1700 und 1800 gerechnet werden.

Umfang des Lesepublikums

Im Verlauf des 18. Jahrhunderts wandelte sich der Buchmarkt nachhaltig (→ ABBILDUNG 5). Bei den jährlichen Messeneuheiten war ein massiver Rückgang der in lateinischer Sprache verfassten Titel sowie der theologischen Literatur festzustellen, während etwa die Sachgebiete Geografie und Reisen sowie Popularphilosophie, Pädagogik und Naturkunde große Zuwächse mit einer teilweisen Verdopplung ihrer Buchmarktanteile zu verzeichnen hatten. Für die Herausbildung einer deutschen Nationalliteratur ist der Umwälzungsprozess im Bereich der „schönen Literatur" von entscheidender Bedeutung: Nahm sie 1740 mit rund 6 % aller Neuerscheinungen nur eine Randstellung in der Buchproduktion ein, so stand sie 1770 bereits an zweiter Stelle der Sachgebiete (knapp 17 %) und setzte sich 1800 mit 21 % an die Spitze der Rangfolge nach Sachgruppen. Innerhalb der „schönen Literatur" schälte sich als dominierende Gattung der Roman heraus, dessen Veröffentlichungszahlen sich im Laufe des 18. Jahrhunderts verdreifachten (→ KAPITEL 12).

Wandel des Buchmarktes

Eine nationale Ausstrahlungskraft kam dabei Leipzig zu, das durch die seit dem frühen 16. Jahrhundert bestehende Buchmesse, die Vielzahl der dort beheimateten Verlage, seine angesehene Universität und sein in allen Kunstsparten kulturell aktives Bürgertum zu einem Mittelpunkt der Aufklärung wurde. Viele auch international

Leipzig als Buchhandelszentrum

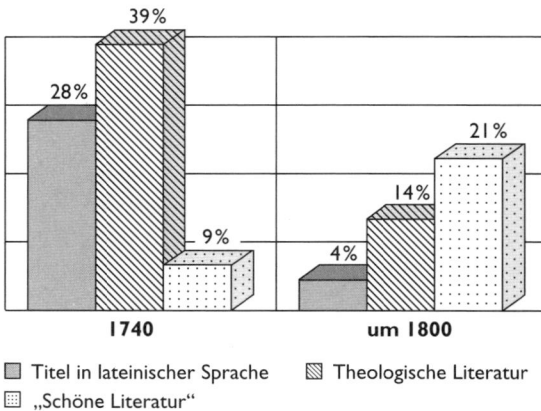

Abbildung 5: Wandel des Buchmarktes. Anteile der Messeneuheiten in Prozent

bekannte Zeitschriften wurden in Leipzig begründet und verlegt, etwa die erste deutsche, noch in lateinischer Sprache verfasste wissenschaftliche Zeitschrift, die *Acta eruditorum* (1682–1782; deutsche
Ausgabe 1712–57). Der neue Veröffentlichungstypus der Zeitschrift
entwickelte sich – dem gestiegenen Bedürfnis nach Information und
Unterhaltung flexibel entgegenkommend – zum wichtigsten Medium
der Aufklärungsliteratur (→ KAPITEL 13).

Neue Leserschichten   Neben der ökonomischen und organisatorischen Stärkung des
Buchmarktes trug die Erschließung neuer Leserschichten zu dessen
Erweiterung und Stabilisierung bei. Die Autoren erreichten seit der
Jahrhundertmitte nicht mehr nur literaturinteressierte Adlige und Gelehrte, sondern konnten mit Hilfe von populärer Literatur wie Kalendern, Almanachen, Erbauungsbüchern und periodisch erscheinenden
Lesestoffen zunehmend auch unterbürgerliche lesefähige Schichten
für die Lektüre gewinnen. Außerdem weitete sich das oft akademisch
gebildete bürgerliche Publikum insbesondere durch die Teilnahme
der weiblichen Leserschaft am Literaturprozess ungemein aus. Die
Aufklärungspädagogik hatte zudem die möglichst vielseitige Bildung
der Kinder und Jugendlichen in den Mittelpunkt ihrer Bemühungen
gestellt, so dass ein eigenständiger Teilbereich des Buchmarktes mit
unterhaltend-belehrenden Schriften und Kupferstichwerken als Erzie-
hungsmittel für diese Zielgruppe entstand.

„Leserevolution"   Schließlich wandelte sich das Leseverhalten. Bis 1740/50 hatte
der Literaturkonsum weitgehend in einer *intensiven* Wiederholungs-

lektüre bestanden. Dabei wurde eine kleine Auswahl vorwiegend theologisch-religiöser Bücher immer wieder zur Erbauung gelesen. Dieses ‚exemplarische‘ Lesen blieb bis über das 18. Jahrhundert hinaus noch in bäuerlichen Schichten erhalten. Mit der Zeitungs- und Zeitschriftenlektüre bildete sich aber ein neues Muster des Lesens heraus: das *extensive*, d. h. vielseitige und einmalige Lesen aktueller Druckmedien, das der ständigen Informationsvermittlung und Horizonterweiterung diente. Mit Blick auf diese Veränderungen hat der Historiker Rolf Engelsing die These von einer spezifisch deutschen „Leserevolution“ vertreten (Engelsing 1970, Sp. 982).

Um dem erweiterten Bedürfnis nach aktueller Literatur entgegenzukommen, entstanden seit den 1780er-Jahren Lesegesellschaften und Leihbibliotheken – beide Institutionen können als die eigentlichen Träger der „Leserevolution“ gelten. Die Lesegesellschaften waren vereinsförmig organisiert und dienten dem Zweck, die Anschaffung auch teurer Lesestoffe gegen Entrichtung eines Mitgliedbeitrags auf nichtkommerzielle Weise zu fördern und während regelmäßiger Treffen über die Neuerscheinungen zu diskutieren. Leihbibliotheken hingegen setzten auf den zeitlich begrenzten gewerblichen Verleih der Bücher und Periodika. Sie zielten auf ein größeres, insgesamt weniger gebildetes Publikum, so dass ihr Angebot zum überwiegenden Teil Ritter-, Räuber- und Gespenstergeschichten oder Liebes- und Familienromane umfasste. Deshalb waren die Buchbestände der Leihbibliotheken um ein Vielfaches größer als die der Lesegesellschaften – eine Leipziger Leihbibliothek brachte es um 1800 auf nahezu 70 000 Bände.

Lesegesellschaften und Leihbibliotheken

2.3 Kulturelle Zentren

„Es wäre sicher keine voreilige Idee, die Geschichte der deutschen Literatur zwischen Gegenreformation und Frühaufklärung als eine wechselvolle Konstellation unterschiedlicher literarischer Landschaften und Orte beschreiben zu wollen.“ (Ketelsen 1985, S. 117) Mit dieser Feststellung hat der Literaturwissenschaftler Uwe-Karsten Ketelsen die starke regionale Prägung der frühneuzeitlichen deutschen Literaturgeschichte gekennzeichnet und auf ein neues Forschungskonzept aufmerksam gemacht, das sich seit den 1990er-Jahren allmählich etablierte: die kulturräumliche Differenzierung der literaturhistorischen Entwicklung. Ein solcher Ansatz wird inzwischen auch für die Epoche der Aufklärung verfolgt. Zwar gab es ältere Vorbilder für diese Sichtweise, doch erfuhr sie durch die Ent-

Kulturräumliche Differenzierung der Literatur

wicklung neuer kulturwissenschaftlicher Fragestellungen und Methoden eine bemerkenswerte Wiederbelebung, die inzwischen sogar als
„spatial turn" der historischen Disziplinen betrachtet wird (vgl.
Bachmann-Medick 2006, S. 284–328). Auf die Literatur der gesamten Frühen Neuzeit bezogen sind zwei unterschiedliche Tendenzen zu
beobachten:

Regionale Kultur-
raumforschung

Die eine Richtung versteht unter dem Leitbegriff der „regionalen
Kulturraumforschung" die umfassende Untersuchung historischer
Regionen bzw. Territorien mitsamt ihrer kulturellen Binnenstruktur
und ihren kommunikativen Außenbeziehungen. Für diesen Ansatz
liegen Dokumentationen etwa zu Pommern, Ost- und Westpreußen,
den baltischen Ländern und Schlesien vor (vgl. Garber 1998).

Kulturtopografie

Eine zweite Richtung stellt die „literarische Zentrenbildung" im
18. und 19. Jahrhundert in den Mittelpunkt ihrer Forschungen und
kann unter dem Stichwort „Kulturtopografie" zusammengefasst werden. In dieser Sichtweise werden insbesondere städtische kulturelle
Zentren als „Orte konzentrierten literarischen Lebens" verstanden,
die innerhalb des „kulturelle[n] Polyzentrismus" des Alten Reiches
„die Rolle von Dreh-, Knoten- und Kraftpunkten" spielen, „die sich
durch Ballung und Vergemeinschaftung von Autoren, Institutionen
der Literaturvermittlung, von Medien, auch von Einrichtungen der
musischen Bildung und des höheren Unterrichts von ihrem Umfeld
abheben" (Hermsdorf 1998, S. 12, 17, 25).

Topografie der
Aufklärung

Eine kulturelle Topografie der Aufklärung müsste eine beträcht-
liche Anzahl von Städten und Residenzorten berücksichtigen. Dies erklärt sich aus der sehr kleinteiligen räumlich-politischen Gliederung
des Alten Reichs mit etwa 300 größeren Territorien und zahllosen
kleineren Herrschaftsgebieten, die in den Bereichen von Kultur und
Bildung sehr häufig miteinander im Wettstreit standen. Eine Übersicht über die Vielgestaltigkeit der literarisch-kulturellen Zentren der
Aufklärung gibt die folgende Karte (→ ABBILDUNG 6).

Kulturelle
Zentrumsbildung

Die Schwerpunkte des literarischen Lebens verteilten sich in der
Frühaufklärung anders als in den Phasen der mittleren und der späten Aufklärung. Während in der ersten Hälfte des 18. Jahrhunderts
die handelsbürgerlichen Metropolen des Städtedreiecks Hamburg,
Leipzig und Zürich dominierende kulturelle Funktionen innehatten,
setzten sich seit 1740/50 zunehmend Universitäts- bzw. Residenz-
städte wie Halle, Göttingen, Braunschweig, Wolfenbüttel oder Berlin
an die Spitze der Aufklärungsöffentlichkeit. Mehrere literarische
Gruppen oder Dichterkreise, die sich oft um eine Bildungseinrichtung
oder eine Zeitschrift sammelten, führten zur besseren Unterscheidung

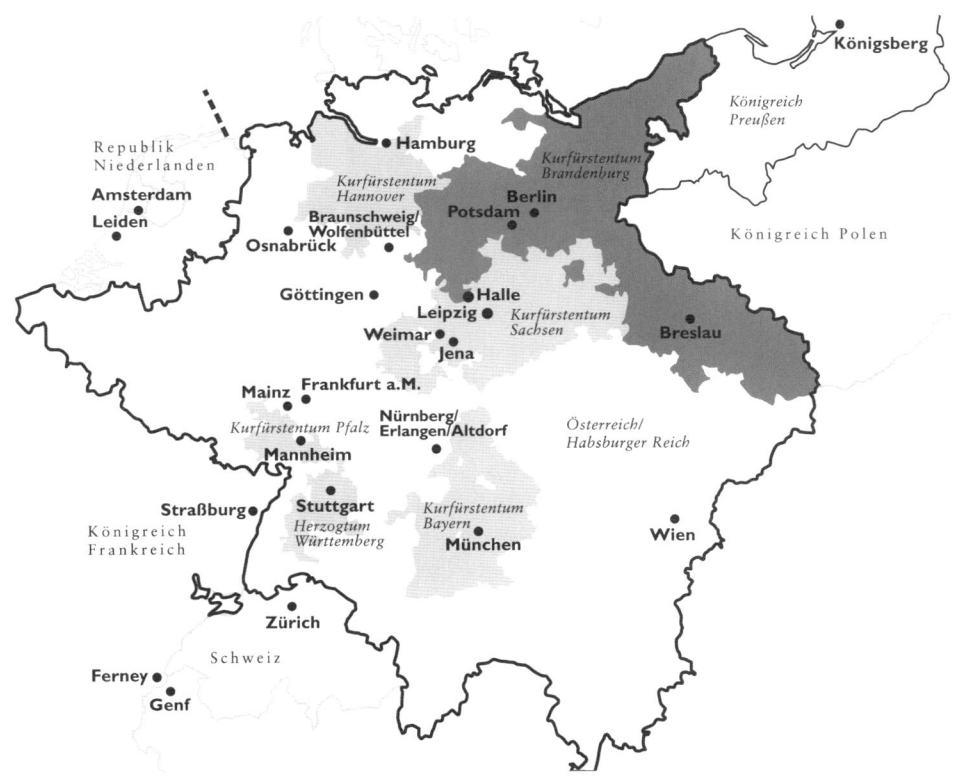

Abbildung 6: Literarisch-kulturelle Zentren der Aufklärung

häufig eine Ortsbezeichnung in ihrem Namen, so etwa die Bremer Beiträger, der Hallesche Dichterbund, der Halberstädter Dichterkreis, der Darmstädter Kreis oder der Göttinger Hain (vgl. Hermand 1998, S. 47–84). Diese „Dichterbünde" waren strukturbildende Elemente des literarischen Lebens, die mit ihrem Ortsbezug gleichzeitig auf die Polyzentralität der deutschen Aufklärung und ihre zeitlich wechselnden Konzentrations- und Ausstrahlungspunkte verweisen.

Die Wirkungsfaktoren, die eine Stadt zu einem Zentralort aufklärerischer Kommunikation werden ließen, konnten äußerst unterschiedlich und vielgestaltig sein. Am Beispiel der Städte Hamburg, Göttingen und Berlin können drei Erscheinungsformen literarischer Zentralität unterschieden werden.

Hamburg, eigenständiger Stadtstaat und bedeutendster Hafenplatz des Alten Reichs mit weitreichenden internationalen Verbindungen,

Handelsmetropole Hamburg

31

bot äußerst vorteilhafte Voraussetzungen zur Entwicklung aufklärerischer Bestrebungen. In Anlehnung an englische Vorbilder wurden relativ früh mustergebende neue mediale Formen genutzt und literarische Institutionen gegründet. So erschienen hier beispielsweise die
*Staats- und gelehrte Zeitung des Hamburgischen unpartheyischen
Correspondenten* (1731–1868; mit Vorläufern seit 1712), eine der
bedeutendsten Zeitungen im Deutschland des 18. Jahrhunderts, sowie seit den 1720er-Jahren zahlreiche Moralische Wochenschriften
(→ KAPITEL 13). Die 1765 ins Leben gerufene Patriotische Gesellschaft,
die sich wissenschaftlichen, gemeinnützigen und gewerblichen Vor-
haben widmete, wirkte als Kristallisationskern der von Kaufleuten,
Patriziern und Akademikern getragenen hamburgischen Aufklärungs-
gesellschaft. Das kurzlebige Experiment der Gründung eines privat
finanzierten Nationaltheaters (1767–69; → KAPITEL 3) zeugt von den
selbstbewussten Ambitionen des hansestädtischen Bürgertums. Namen wie Barthold Heinrich Brockes, Hermann Samuel Reimarus und
Gotthold Ephraim Lessing stehen für das geistige Entwicklungs-
potenzial der Stadt in Naturdichtung, Bibelkritik und Dramentheorie
(vgl. Kopitzsch 1990).

**Universitätsstadt
Göttingen**

Die Entfaltung Göttingens zu einem Mittelpunkt der deutschen
Aufklärung begann mit der 1734/37 gegründeten Universität. Diese
gewann durch die Berufung herausragender Vertreter in den naturwissenschaftlichen und philosophischen Disziplinen rasch an Bedeutung und wurde zur führenden Hochschule im deutschsprachigen
Raum. Zum Ruhm der Universität trug nicht zuletzt die mustergültig
ausgestattete und gezielt erweiterte Bibliothek bei. Mit der Gründung
einer wissenschaftlichen Rezensionszeitschrift, den bis heute bestehenden *Göttingischen Gelehrten Anzeigen* (1739ff.), dem Ausbau
der staatswissenschaftlichen Fächer und der Einrichtung einer wissenschaftlichen Akademie (1751ff.) wurde der Universitätsort zur bevorzugten Studienstätte der geistigen und politischen Elite des späten
18. Jahrhunderts (vgl. Marino 1995). Bedeutende, der Aufklärung
verpflichtete Professoren waren u. a. der Arzt, Naturforscher und
Dichter Albrecht von Haller, der Altertumswissenschaftler und Biblio-
thekar Christian Gottlob Heyne, der Physiker und Schriftsteller Georg Christoph Lichtenberg oder der Historiker und Publizist August
Ludwig Schlözer.

**Haupt- und
Residenzstadt Berlin**

Berlin trat erst seit der Mitte des 18. Jahrhunderts in das Bewusstsein der literarischen Öffentlichkeit. Mit dem Regierungsantritt Friedrichs II. von Preußen (1740) verdichteten sich die Kommunikations-
beziehungen zur französischen Kultur. Hierzu trug auch die 1700

gegründete Akademie der Wissenschaften durch die Neuberufung bedeutender französischer Aufklärer (Pierre Louis Moreau de Maupertuis, Julien Offray de La Mettrie, Voltaire) bei. Deutschlandweite Bekanntheit erlangte Berlin durch die zahlreichen Zeitschriftengründungen und -projekte, die viele jüngere Schriftsteller und Journalisten in die Stadt zogen. Zu diesen gehörten Moses Mendelssohn, Gotthold Ephraim Lessing, Karl Philipp Moritz oder Christian Wilhelm Dohm. Die integrierende Gestalt der Berliner Aufklärung war der Buchhändler und Literaturorganisator Friedrich Nicolai, in dessen Verlag führende literarische Periodika wie die *Bibliothek der schönen Wissenschaften und freyen Künste* (1757–62), die *Literaturbriefe* (1759–65) oder die Rezensionszeitschrift *Allgemeine deutsche Bibliothek* (1765–94) erschienen. Zum wichtigsten Organ der deutschen Spätaufklärung wurde die *Berlinische Monatsschrift* (1783–96), in der Immanuel Kant zahlreiche Abhandlungen veröffentlichte (→ KAPITEL 13.2). Ein institutioneller Sammelpunkt war die 1783 gegründete Mittwochsgesellschaft, die als privater Diskussionszirkel nahezu alle führenden Köpfe der Berliner Spätaufklärung vereinte. Neben der grundsätzlichen Erörterung von Reichweite und Grenzen der Aufklärung besprachen die Mitglieder auch Themen aus ihrer unmittelbaren praktischen Erfahrung als Amtsträger in staatlichen Diensten, etwa zur preußischen Justizreform, zur Stellung des Adels, zur Pressefreiheit oder zu Schul- und Erziehungsfragen (vgl. Goldenbaum/Košenina 1999ff., Weber 2006). Nachhaltigen Einfluss übten die Denker der Berliner jüdischen Aufklärung auf die intellektuellen Debatten nicht nur in der preußischen Hauptstadt, sondern auch im gesamten deutschen Sprachgebiet aus (→ KAPITEL 4.3).

Fragen und Anregungen

- Welche Funktion wird der Literatur des 18. Jahrhunderts in Jürgen Habermas' Modell eines Strukturwandels der Öffentlichkeit zugeschrieben?

- Definieren Sie den Begriff ‚Literarisches Leben' in Bezug auf die Aufklärungsepoche.

- Welche neuen Leserschichten trugen zur Ausweitung der Buchproduktion im 18. Jahrhundert bei?

- Erläutern Sie die wichtigsten Autorentypen des 18. Jahrhunderts.

- Skizzieren Sie den Nutzen des aktuellen literaturwissenschaftlichen Forschungsansatzes einer kulturräumlichen Differenzierung der literarhistorischen Entwicklung für die Epoche der Aufklärung.

Lektüreempfehlungen

Quellen
- **Friedrich Nicolai: Das Leben und die Meinungen des Herrn Magister Sebaldus Nothanker** [1773–76]. Kritische Ausgabe, hg. v. Bernd Witte, Stuttgart 1991.

- **Evi Rietzschel (Hg.): Gelehrsamkeit ein Handwerk? Bücherschreiben ein Gewerbe?** Dokumente zum Verhältnis von Schriftsteller und Verleger im 18. Jahrhundert in Deutschland, Leipzig 1982.

Forschung
- **Jürgen Habermas: Strukturwandel der Öffentlichkeit. Untersuchungen zu einer Kategorie der bürgerlichen Gesellschaft** [1962]. Mit einem Vorwort zur Neuauflage 1990, Frankfurt a. M. 1990, 10. Auflage 2006. *Einflussreiches sozialphilosophisches Standardwerk zur Entstehungsgeschichte der bürgerlichen Öffentlichkeit.*

- **Helmuth Kiesel / Paul Münch: Gesellschaft und Literatur im 18. Jahrhundert. Voraussetzungen und Entstehung des literarischen Marktes in Deutschland,** München 1977. *Noch immer nützliches Grundlagenwerk zum literarischen Leben des 18. Jahrhunderts auf solider Datenbasis.*

- **Mark Lehmstedt (Hg.): Geschichte des deutschen Buchwesens,** CD-ROM, Berlin 2004. *Enthält drei wissenschaftliche Monografien zur Buchhandelsgeschichte (darunter Wittmann 1999), ein Lexikon deutscher Buchhändler und Buchdrucker sowie 1500 Abbildungen zur Buchgeschichte.*

- **Wolfgang Stellmacher (Hg.): Stätten deutscher Literatur. Studien zur literarischen Zentrenbildung 1750–1815,** Frankfurt a. M. 1998. *Sammelband mit methodisch anregenden Einzelstudien zu 16 literarisch-kulturellen Zentren sowie Begründung des kulturgeografischen Ansatzes in zwei Grundsatzartikeln.*

- Engelhard Weigl: Schauplätze der deutschen Aufklärung. Ein Städterundgang, Reinbek bei Hamburg 1997. *Gut lesbare Einführung zu den wichtigsten literarischen Zentren der Aufklärung (Hamburg, Leipzig, Zürich, Halle, Göttingen, Berlin, Königsberg, Wien).*

- Reinhard Wittmann: Geschichte des deutschen Buchhandels, München 1991, 2. durchgesehene und erweiterte Auflage 1999. *Wichtigste zusammenfassende Darstellung zur Geschichte des Buch- und Verlagswesens.*

3 Hofkultur und Nationalliteratur

Abbildung 7: Daniel Nikolaus Chodowiecki: *Natur / Afectation* (1780)

Im „Göttinger Taschen-Calender" erscheint ab dem Jahrgang 1778 eine Serie von Stichen des wichtigsten Illustrators der deutschen Aufklärung, Daniel Nikolaus Chodowiecki, die vom Herausgeber des Kalenders, Georg Christoph Lichtenberg, kommentiert sind. In diesem Text-Bild-Dokument lässt sich das kulturelle Selbstverständnis der Aufklärer gut ablesen. In jeweils zwei nebeneinander abgebildeten Stichen wird ein als ‚richtig‘ qualifiziertes Verhalten einem ‚falschen‘ gegenübergestellt. Unter dem Stichwort „Geschmack" findet sich beispielsweise auf der einen Seite ein Paar in der freien Natur mit freundlichem, aber ruhigem Gesichtsausdruck, das Natürlichkeit, Humanität und Aufgeklärtheit symbolisiert. Auf der anderen, ‚falschen‘ Seite hingegen ist ein Paar dargestellt, das mit allen Insignien der Hofkultur ausgestattet ist: vom barocken Garten über den voluminösen Rock sowie ausufernde Hüte und Perücken bis hin zu den gekünstelten und affektierten Gesten – entsprechend ist das Stichwort gewählt: „Afectation".

Nach wie vor bildeten im 18. Jahrhundert auch die Höfe Zentren nicht nur des politischen, sondern auch des kulturellen Lebens. Die höfische Welt war dabei eine europäische, in der zunächst die italienische und spanische, im 18. Jahrhundert dann die französische Kultur als Leitbilder dienten: die Hofleute in Europa wohnten in ähnlichen Schlössern mit ähnlichen Gärten, sie sprachen die gleiche Sprache, hörten die gleiche Musik, schätzten die gleiche Kunst und lasen die gleiche Literatur. Die Aufklärungsbewegung hingegen war vor allem eine städtische, in weiten Teilen „bürgerliche" und hofkritische Bewegung. Dies äußerte sich im zunehmenden Anspruch auf eine Nationalliteratur und eine Ausweitung der literarischen Öffentlichkeit über den Hof hinaus. Dennoch blieb das Verhältnis der Aufklärer zum Hof ambivalent. Es reichte vom Voltaire'schen Modell der Aufklärung durch Fürstenerziehung bis zum Rousseau'schen Modell des Rückzugs vom Hof und des Daseins als kritischer Intellektueller fernab der Macht. In Leibniz und Wieland einerseits und im Sturm und Drang andererseits fanden diese Modelle ihre deutsche Entsprechung.

3.1 Hof und Aufklärung
3.2 Der Begriff der „Nationalliteratur"
3.3 Lessings *Minna von Barnhelm*
3.4 Die Debatte um Friedrichs II. *De la litterature allemande*

3.1 Hof und Aufklärung

Lange wurden in der Literaturgeschichtsschreibung die hofkritischen   Hofkritik
Tendenzen der deutschen Literatur des 18. Jahrhunderts einseitig betont, die Literatur seit Lessing wurde als „nationale" oder „bürgerliche" in strikte Opposition zum Hof gesetzt. Erst in der Folge von
Norbert Elias' einflussreicher Studie über die Zivilisationsleistungen
des Hofes im französischen Absolutismus (vgl. Elias 1969) ist zunehmend in den Blick gekommen, dass auch die deutsche Aufklärung
von ihren Anfängen bei Christian Thomasius und Gottfried Wilhelm
Leibniz bis zur Spätaufklärung bei Christoph Martin Wieland,
Adolph Freiherr von Knigge oder Christian Garve nicht einfach in
der Abkehr vom Höfischen bestanden hat, denn alle diese Autoren
teilen die Einsicht, dass Aufklärung nur von den politischen Zentren
– und d. h. den Höfen und Residenzstädten – aus möglich ist, weil
nur hier geselliger Austausch und publizistische Wirksamkeit herrsch-
ten. Obwohl sie bestimmte Aspekte der höfischen Welt kritisierten,
bestand für diese Autoren Aufklärung nicht in der Verdammung des
Hofes und dem Rückzug aus der politischen Öffentlichkeit, sondern
umgekehrt in der Verallgemeinerung höfischer Zivilisationsformen
über die Standesschranken hinaus.

Diese Intention einer Synthese von höfisch-politischer Sphäre und
aufklärerischen Bildungsidealen lässt sich bereits an einem der Grün-
dungsereignisse der deutschen Aufklärung ablesen: Im Jahr 1687 sorg-   Thomasius-
Vorlesung
te Christian Thomasius für einen Skandal und für Empörung bei den
Theologen, als er zum ersten Mal in der Geschichte der deutschen Universität eine Vorlesung in der Landessprache statt im bis dahin übli-
chen Latein hielt. Interessanterweise empfahl Thomasius seinen Studierenden in dieser Vorlesung unter dem Titel *Collegium über des
Gratians Grund-Reguln, Vernünfftig, klug und artig zu leben* eines der
wichtigsten Werke der europäischen Hofkultur: Baltasar Graciáns
Oráculo Manual (*Handorakel*, 1647), das in seiner französischen
Übersetzung unter dem Titel *L'homme de cour* in ganz Europa rezipiert
wurde. Die Lektüre von Graciáns Leitfaden höfischen Verhaltens sollte
es der „Studierenden Jugend zu Leipzig" ermöglichen, „daß sie beaux
esprits, hommes de bon gout & galands", d. h. zu geschmackvollen
und zivilisierten Intellektuellen würden (Thomasius 1994, S. 1, 50).

Mit dieser Lektüreempfehlung wies Thomasius das höfische Ver-   Thomasius' Hof-
Philosophie
haltensideal als aufklärerisches Bildungsmodell aus. Er verfolgte damit die erklärte Absicht, die getrennten Sphären der bloß theoretischen Gelehrsamkeit auf der einen Seite – an der Universität – und

der praktischen, politischen Klugheit auf der anderen Seite – am Hof
– zu verbinden. Im Unterschied zur spezifisch deutschen Flucht in die
abstrakte Metaphysik, die „Pedanterey" und „Schulfüchserey" lasse
sich eine solche Verbindung von den französischen Nachbarn lernen,
wo der König und der Hof „ins gesampt embsig bemühet sind, an-
muthige und nützliche Wissenschaften fortzupflanzen, und die ohn-
nötigen Grillen derer Schulfüchse auszutilgen und aus dem Lande zu
jagen" (Thomasius 1994, S. 17). Politische Klugheit, Empirie und
praktische Nützlichkeit waren für Thomasius wichtigere Kategorien
als vermeintlich zeitlose metaphysische Wahrheit und angehäuftes
(„scholastisches") Schulwissen, das im ‚akademischen Elfenbeinturm'
gehegt wird. Diese weltliche, angewandte Philosophie nennt Thomasius im Unterschied zur Schulphilosophie ausdrücklich *Hof-Philosophie*
(1688).

Leibniz: Theoriam
cum praxi

Ein vergleichbares Aufklärungskonzept verfolgte auch Gottfried
Wilhelm Leibniz. Unter dem Wahlspruch *Theoriam cum praxi* (1700)
(Leibniz 1993, S. 72) war er immer konsequent an der Anwendbar-
keit und der gesellschaftlichen Relevanz der Wissenschaften orientiert,
die er an unterschiedlichen Höfen, in zahlreichen Korrespondenzen
mit Fürsten und Herrscherhäusern und auch durch die von ihm be-
triebene Gründung der Berliner Akademie der Wissenschaften (1700)
zu befördern suchte. Unter anderem für die mit der Debatte um eine
deutsche Nationalliteratur untrennbar verbundene Verbesserung der
deutschen Sprache wurde Leibniz zum bedeutendsten Anreger (vgl.
Sedlarz 2003).

Zum Thema der Literatur im engeren Sinn wurde das Spannungsfeld von Hof und Aufklärung bei dem Thomasius-Schüler Johann Michael von Loen. In Loens Roman *Der redliche Mann am Hofe; Oder
die Begebenheiten Des Grafens von Rivera* (1740) gibt ein rechtschaf-
fener Graf das Privatglück seines adligen Landlebens auf, um am Hof
des Königs von Aquitanien Karriere zu machen. Dort wird er allen
denkbaren Intrigen und der schlimmsten Unmoralität ausgesetzt, die
jedoch sämtlich an seiner Integrität scheitern. Am Schluss hat er
durch sein gutes Beispiel Hof und Fürst reformiert. Loens Roman bil-

Staatsromane der
Aufklärung

dete das Muster für aufgeklärte Staatsromane (wie Albrecht von Hallers *Usong*, 1771, oder Christoph Martin Wielands *Der goldene Spiegel*, 1772), die – nicht immer mit so harmonischem Ausgang wie bei
Loen – das Thema eines aufgeklärten Intellektuellen am Machtzen-
trum des Hofes variieren.

Im gleichen Jahr, in dem Loens *Redlicher Mann am Hofe* entstand, präsentierte sich auch ein anderer Autor als „redlicher Mann

am Hofe" der Öffentlichkeit: 1740 erschien der *Anti-Machiavel* des preußischen Thronfolgers Friedrich II. Unter dem Einfluss Voltaires entwirft Friedrich darin das Programm einer aufgeklärten Regierungspolitik und leitet die Staatsdoktrin des „aufgeklärten Absolutismus" ein. Im Gegensatz zu einer auf bloßem Machterhalt beruhenden Staatsauffassung, die Friedrich in den aus dem 16. Jahrhundert stammenden Schriften Niccolo Machiavellis beschrieben sieht, bezeichnet er sich selbst als Diener eines Staates, dessen Gesetze auch für ihn als König gelten. Friedrichs Schrift weckte bei vielen Zeitgenossen die Hoffnung, dass mit einem Philosophen auf dem Thron, einem „roi philosophe", auch Aufklärung und Macht sich versöhnen ließen. Wenngleich das Modell des „aufgeklärten Absolutismus" sich in der Praxis schon bald als problematisch erwies, blieb für die meisten Aufklärer in Deutschland bis in die Diskussionen um die Französische Revolution hinein eine politische Aufklärung nur denkbar als eine aufgeklärte Monarchie, in der eine starke Zentralgewalt die alten feudalen Mächte Adel und Klerus im Sinne der Aufklärung in die Schranken weist.

„Aufgeklärter Absolutismus"

3.2 Der Begriff der „Nationalliteratur"

Die Kategorie der „Nation" gewann im 18. Jahrhundert von England und Frankreich ausgehend zunehmend Relevanz. In zahlreichen Abhandlungen wurde der „Geist der Nationen" (Montesquieu, Voltaire) oder der „National-Character" (David Hume) thematisiert. In einer grundlegenden Studie hat Werner Krauss auf die spezifische Bedeutung dieser Debatten im 18. Jahrhundert aufmerksam gemacht, die darin besteht, dass das Nationale nicht primär kulturell, sondern zugleich auch als politisch-partizipatorische Kategorie zu verstehen ist (vgl. Krauss 1963). Die Frage nach kulturellen Eigenarten der europäischen Völker, die seit dem Mittelalter Thema der Literatur war, wurde insofern verknüpft mit der Frage nach der Beteiligung der Bevölkerung am Staat. Wer im 18. Jahrhundert von „Nation" oder „Patriotismus" sprach, drückte immer auch aus, dass der Staat nicht das Privateigentum der Fürsten sei, sondern Angelegenheit aller Bürger. Diesen Zusammenhang zwischen Nationalgeist und republikanischer Bürgertugend formulierte Thomas Abbt in seiner zentralen Stellungnahme zur deutschen Nation-Debatte (*Vom Tode für das Vaterland*, 1761) folgendermaßen:

Kategorie der „Nation"

„[…] wenn ein allgemein Bestes stattfindet […], so muß es auch nur eine einzige politische Tugend geben. Aus diesem Gesichtspunkt betrachtet, verschwindet der Unterschied zwischen Bauer, Bürger, Soldat und Edelmann. Alles vereinigt sich und stellt sich unter dem vormals so herrlichen Namen eines Bürgers dar. […] Alles ist Bürger [hier gemeint im Sinne eines „Staatsbürgers", Anm. d. Verf.]." (Abbt 1761 in: Krauss 1963, S. 328)

Auffassungen von „deutscher Nation"

Im deutschen Sprachraum stellte sich die Frage nach der „Nation" wegen der staatlichen Zersplitterung komplexer dar als etwa in Frankreich, weil gar nicht klar war, worauf sich der Nationbegriff überhaupt beziehen sollte. Wenigstens drei unterschiedliche Perspektiven können unterschieden werden.

1. Der Reichspatriotismus war durch den Versuch gekennzeichnet, die Nation in Bezug auf den rechtlich noch bestehenden, politisch aber wirkungslosen Staatenverbund des „Alten Reiches" zu definieren (z. B. bei Friedrich Karl von Moser: *Von dem deutschen Nationalgeist*, 1765).

2. Dem standen die Regionalpatriotismen der einzelnen Fürstentümer gegenüber, wie sie z. B. in Preußen im Zuge des Siebenjährigen Krieges 1756–63 gepflegt wurden.

3. Schließlich wurde, vor allem in der Sturm und Drang-Periode, das
Kulturnation
Modell der Nation als Kulturnation entworfen. Nicht der unübersichtliche politische Raum, sondern Kultur, Sprache und Geschichte waren für Autoren wie Justus Möser oder Johann Gottfried Herder der „Grund und Boden", auf dem die deutsche Nation zu finden sein sollte (vgl. Krauss 1963, S. 318).

Diese kulturellen Faktoren wurden dabei in gezielt absolutismuskritischer Absicht gegen die beiden anderen Nationen-Konzepte in Stellung gebracht. In einer Rezension von Mosers Werk über den Nationalgeist schreibt Justus Möser 1765:

„Allein wo finden wir die Nation? An den Höfen? Dies wird niemand behaupten. In den Städten sind verfehlte und verdorbene Copieen; in der Armee abgerichtete Maschinen; auf dem Lande unterdrückte Bauern. Die Zeit, wo jeder Franke oder Sachse […] sein von keinem Lehns- oder Gutsherrn abhangendes Erbgut bauete und in eigener Person verteidigte, wo er von seinem Hof zur gemeinen Landesversammlung kam, und der Mensch, der keinen solchen Hof besaß, wenn er auch der reichste Krämer gewesen wäre, zur Klasse der armen und ungeehrten Leute gehörte, diese Zeit war imstande, uns eine Nation zu zeigen. Allein die gegenwärtige ist es nicht." (Möser 1986, S. 237)

Beide Aspekte des Nationbegriffes – der emanzipatorische Anspruch und die nicht vorhandene politische Einheit – müssen berücksichtigt werden um zu verstehen, warum im 18. Jahrhundert der Schaffung einer Nationalliteratur im deutschen Sprachraum eine so hohe Bedeutung beigemessen wurde. Auf dem Feld der Literatur sollte sich die Nation als eine gelehrte Republik neu erfinden, während in der Realität nur ein zersplittertes und von den Spuren des Dreißigjährigen Krieges gekennzeichnetes überkommenes politisches Gebilde existierte, das durch kleinstaatlichen Absolutismus und klerikale Enge gekennzeichnet war. Im gesamten 18. Jahrhundert wurde das Thema Nationalliteratur in den zeitgenössischen Diskussionsbeiträgen immer auch als ein Aufholprozess gegenüber Nationen wie Frankreich, England oder Spanien geschildert. Ein deutscher Vormachtsanspruch oder Überlegenheitsphantasien lagen dagegen – anders als später im 19. Jahrhundert – noch außerhalb des Vorstellungsvermögens.

Nation als literarischer Raum

In der Nationaltheaterbewegung kamen die mit der Nationalliteratur verbundenen Anliegen am deutlichsten zum Ausdruck. Mit der Öffnung des Theaters für ein breiteres Publikum sollte ein Öffentlichkeitsraum geschaffen werden, an dem potenziell jeder partizipieren und in dem sich eine Gesellschaft in ihrer Gesamtheit über sich selbst verständigen kann. Die unterschiedlichen Theatergründungen wurden daher immer auch begleitet von der Gründung „patriotischer" Gesellschaften sowie entsprechender programmatischer Publikationsorgane, etwa Lessings *Hamburgische Dramaturgie* (1767) oder Schillers *Rheinische Thalia* (1783).

Nationaltheaterbewegung

Der Beginn der deutschen Nationalliteratur- und Nationaltheaterbewegung in der Aufklärung lässt sich mit Johann Christoph Gottsched markieren, der auf den unterschiedlichsten Ebenen versuchte, die Literatur aus der feudalen und klerikalen Abhängigkeit zu lösen. Die Orientierung an westeuropäischen Mustern war ihm dabei Mittel zum Zweck, einen eigenen National-„Geschmack" überhaupt erst entwickeln zu können:

Nationalliteratur bei Gottsched

> „Wir Deutschen müssen uns so lange mit Uebersetzungen aus dem Französischen behelfen, bis wir werden Poeten bekommen, die selbst was regelmäßiges machen können. Es kommt nur darauf an, daß unsre großen Herren sich endlich einen Geschmack von deutschen Schauspielen beybringen lassen: Denn so lange sie nur in ausländische Sachen verliebt sind, ist nicht viel zu hoffen." (Gottsched 1982, S. 602)

In mehreren programmatischen Reden formuliert Gottsched den mit dem Theater verbundenen Aufklärungs- und Bildungsanspruch. In

Gottscheds Reden zum Theater

seiner Rede mit dem bezeichnenden Titel *Die Schauspiele und besonders die Tragödien sind aus einer wolbestellten Republik nicht zu verbannen* (1729) nennt er das Theater den einzigen Ort, „die Thronen zu lehren", wenn sich das „ganze Hofgesinde in Schmeichler verwandelt hat". Über die Herrscherkritik hinaus hat das Theater laut Gottsched die Aufgabe, einen ständeübergreifenden Raum geteilter Haltungen, Dispositionen und Einstellungen erfahrbar zu machen:

> „Sind denn nicht die meisten Begebenheiten und Zufälle des Lebens allen Menschen gemein? Sind wir nicht zu einerlei Tugend und Laster fähig und geneigt? Kann nicht ein Edler und Bürger eben das im Kleinen ausüben, was Fürsten und Helden im Großen getan?" (Gottsched 1972a, S. 8)

Schließlich wendet sich Gottsched in seiner *Gedächtnisrede auf Martin Opitz* (1739) gegen das höfisch-klerikale Modell, Bildung und Wahrheit für die zwei herrschenden Stände zu reservieren, und formuliert damit den allgemeinen Öffentlichkeitsanspruch einer Nationalliteratur. Diejenigen, die Kultur allein für Eliten zugänglich machen wollen, nennt Gottsched hier

> „wahre Feinde ihres Vaterlandes, die uns bewegen wollen, daß wir unsere Landsleute in einer ewigen Unwissenheit und Barbarei sollen stecken lassen. Dieses sind die Gedanken derer, die uns überreden wollen, [...] aus der Gelehrsamkeit und Wissenschaft ein Geheimnis zu machen; Vernunft und Witz als ein Handwerk anzusehen und die Unstudierten, das ist den größten und edelsten Teil eines Volkes, fast zu der Unwissenheit der Bestien hinunterzustoßen." (Gottsched 1972a, S. 224f.)

Kriterien für ein Nationaltheater

Nationalgeschmack, Herrscherkritik, ständeübergreifender Öffentlichkeitsraum und ein Bildungsanspruch, der auch die Menschen jenseits von Klerus und Adel einschließt – mit seinen Reden gab Gottsched alle Themen vor, die auch die weiteren programmatischen Äußerungen zum Nationaltheater kennzeichneten. Dies gilt nicht nur für seinen Schüler Johann Elias Schlegel, dessen Reflexionen über die Gründung des dänischen Nationaltheaters zu den Grundtexten der Nationaltheaterbewegung zählen, sondern auch und vor allem für Friedrich Schiller.

Schiller griff am Ende der Epoche Gottscheds republikanische Theaterkonzeption auf und radikalisierte sie unter veränderten politischen Vorzeichen. In seinen Programmschriften im Kontext der

Schillers „Mannheimer Manifest"

Mannheimer Nationaltheatergründung aus dem Jahr 1784, deren berühmteste *Was kann eine gute stehende Schaubühne eigentlich wirken?* (1784) als Schillers „Mannheimer Manifest" gilt, konzipiert er das Theater als einen Öffentlichkeitsraum, in dem „alle Stände und Klassen" verbunden sind (Schiller 2004, Bd. 5, S. 830). Schiller bezeichnet sich selbst als „Weltbürger, der keinem Fürsten dient", sondern der einzig und allein das Publikum als seinen Souverän anerkennt: „Das Publikum ist mir jetzt alles, mein Studium, mein Souverain, mein Vertrauter. Ihm allein gehör ich jetzt an. Vor diesem und keinem andern Tribunal werde ich mich stellen", schreibt er 1784 in seiner *Ankündigung der Rheinischen Thalia* (Schiller 2004, Bd. 5, S. 855f.). Eine solchermaßen im Theater realisierte protodemokratische Öffentlichkeit hält Schiller für den Vorboten und die Voraussetzung einer Konstitution der Nation: „mit einem Wort, wenn wir es erlebten eine Nationalbühne zu haben, so würden wir auch eine Nation." (Schiller 2004, Bd. 5, S. 830)

Letztlich hat im 18. Jahrhundert keines der Nationaltheater die hohen Ansprüche, die in den Programmschriften zum Ausdruck kommen, unmittelbar einlösen können. Das einzige bürgerliche Unternehmen, das Hamburger Nationaltheater, existierte nur von 1767 bis 1769 und musste dann bankrott anmelden (vgl. Dörfert 1997). Die Nationaltheater in Mannheim, München, Wien, Stuttgart, Berlin und Weimar dagegen waren ursprünglich als Residenztheater entstanden und blieben unter der Kontrolle der Obrigkeit (vgl. Steinmetz 1996, S. 143; Fischer-Lichte 1999, S. 107–115). Dennoch bildeten die mit der Nationaltheateridee verbundenen Debatten eine wichtige Basis für die Herausbildung einer nationalen Kultur.

> Nationaltheater
> ohne Nation

3.3 Lessings *Minna von Barnhelm*

Im 7. Buch von *Dichtung und Wahrheit* (1812) weist Goethe Lessings Komödie *Minna von Barnhelm* von 1767 rückblickend als Gründungsdokument einer neuen Form der Nationalliteratur aus. Er bezeichnet Lessings Stück als ein Werk „von vollkommenem norddeutschen Nationalgehalt", weil es „die erste, aus dem bedeutenden Leben gegriffene Theaterproduktion, von spezifisch temporärem Gehalt" gewesen sei „und deßwegen auch eine nie zu berechnende Wirkung that" (Goethe 1998, S. 301). Es sind vor allem zwei Aspekte, durch die sich Lessings Stück von gleichzeitigen literarischen Beiträgen zur Nationalliteraturdebatte unterscheidet:

1. Lessing hat in seiner Komödie mit dem Siebenjährigen Krieg (1756–63) nicht nur einen deutschen (und nicht einen antiken oder westeuropäischen) Stoff zum Gegenstand gemacht, sondern

darüber hinaus ein Thema „von spezifisch temporärem Gehalt",

**Weder Germanen-
Mythos ...**

d. h. einen aktuellen Stoff. Damit unterscheidet er sich deutlich von den zahlreichen *Hermanns*-Dramen und -Epen seiner Zeitgenossen (von Gottsched bis zu Friedrich Gottlieb Klopstock), die die Thematik des deutschen Nationalgeistes in die Germanenzeit zurückverlegen oder – wie Klopstock im *Messias* (1748ff.) – gleich ganz ins Religiös-Zeitlose überhöhen.

**... noch Preußen-
Patriotismus**

2. Die Wahl des aktuellen Sujets hat sich Lessing jedoch nicht mit einem unkritischen Loblied auf Friedrich II. ‚erkauft', wie sie in der literarischen Preußenglorifizierung der Zeit etwa bei Johann Wilhelm Ludwig Gleim, Ewald von Kleist und Johann Peter Uz zu finden ist.

Zeitkritik

Ausgehend von der Liebesgeschichte zwischen dem preußischen Major Tellheim und der sächsischen Landadligen Minna von Barnhelm thematisiert Lessing die zentralen Problemfelder der Debatte um einen deutschen Nationalgeist: Das Konkurrenzsystem unterschiedlicher absolutistischer Staaten im Rahmen des Alten Reiches ebenso wie das Spannungsverhältnis zwischen dem alten höfischen Normsystem und den neuen aufklärerischen Werten einer ständeübergreifenden Vernunft und Humanität. Lessings bewusster Anspruch, ein kritisches Sittengemälde der ganzen Nation zu liefern, zeigt sich bis in die Nebenfiguren hinein: In der Figur des französisch ‚kauderwelschenden' Riccaut de la Marlinière, in der Lessing die Sprachbarrieren zwischen französischem Hofsystem und Landessprache karikiert, ebenso wie in der Figur eines Berliner Wirtes, der zugleich als preußischer Polizeispitzel tätig ist:

> „Wir Wirte sind angewiesen, keinen Fremden, wes Standes oder Geschlecht er auch sei, vierundzwanzig Stunden zu behausen, ohne seinen Namen, Heimat, Charakter, hiesige Geschäfte, vermutliche Dauer des Aufenthalts und so weiter gehörigen Orts schriftlich einzureichen [...] die Polizei will alles, alles wissen; und besonders Geheimnisse." (II/2)

**Öffentlichkeits-
anspruch**

Mit den beiden Normsystemen, die durch Tellheim und Minna repräsentiert werden, stellt Lessing auch zwei unterschiedliche Literatur- und Öffentlichkeitskonzepte gegenüber: Während Tellheim bei den „Augen der Welt", die er oft herbeizitiert, immer nur an die „Augen des Hofes" denkt, vor denen er seine Ehre zu wahren habe, appelliert Minna schon bei ihrer ersten Bühnenbegegnung mit Tellheim an eine andere Form der Öffentlichkeit: „Was wir uns zu sagen haben, kann jedermann hören." (II/9) Dem Publikum wird durch solche Äußerungen auf einer zweiten, selbstreflexiven Ebene signalisiert, dass mit dem Stück eine neue Form der Literatur intendiert ist, die nicht mehr nach den höfischen Ausschlussprinzipien funktioniert.

Es ist genau diese Intention, die von zeitgenössischen Beobachtern wie der Dichterin Anna Luise Karsch als Lessings spezifische Innovationsleistung verstanden wurde. Nach dem Besuch der Aufführung bemerkte Karsch, dass Lessing mit seiner *Minna* etwas gelungen sei, was noch „kein deutscher Dichter" vor ihm erreicht habe, nämlich dem Publikum für einen Moment das Gefühl zu geben, Teil einer ständeübergreifenden Gemeinschaft zu sein, gleichberechtigte Bürger der literarischen Republik: Zeitgenössische Reaktionen

> „Die Gallerie, die Logen, das Parterre, alles wird voll; ich musste mich begnügen, einen Platz auf dem Theater zu finden; denn auch das war von beiden Seiten besetzt, ein außerordentlicher Zusatz zur Ehre des Herrn Lessings; denn vor ihm hat's noch keinem deutschen Dichter gelungen, daß er den Edlen und dem Volk, den Gelehrten und den Laien zugleich eine Art von Begeisterung eingeflößt und so durchgängig gefallen hätte." (Karsch 1768 in: Lessing 1985ff., Bd. 6, S. 847)

Auch die offiziellen Reaktionen auf Lessings Stück zeigen, dass er einen Nerv der Zeit getroffen hatte. Das vermeintlich aufgeklärte Preußen erwies sich gerade nicht als der Ort, wo sich die Theaterkonzeption der *Minna von Barnhelm* umsetzen ließ. Die preußische Zensur untersagte nicht nur die Aufführung des Stückes an seinem Handlungsort Berlin, sondern hat auch die daraufhin von Lessing geplante Aufführung in Hamburg hintertrieben. Lessing hat seiner Enttäuschung über die Selbstwidersprüche des aufgeklärten Absolutismus in einem Brief an Friedrich Nicolai vom 25. August 1769 Ausdruck verliehen: Zensur

> „sagen Sie mir von Ihrer Berlinischen Freiheit zu denken und zu schreiben ja nichts. Sie reduziert sich einzig und allein auf die Freiheit, gegen die Religion so viel Sottisen zu Markte zu bringen, als man will. [...] Lassen Sie es aber doch einmal einen in Berlin versuchen, über andere Dinge so frei zu schreiben, als Sonnenfels in Wien geschrieben hat; lassen Sie es ihn versuchen, dem vornehmen Hofpöbel so die Wahrheit zu sagen, als dieser sie ihm gesagt hat; lassen Sie einen in Berlin auftreten, der für die Rechte der Untertanen, der gegen Aussaugung und Despotismus seine Stimme erheben wollte, wie es itzt sogar in Frankreich und Dänemark geschieht: und Sie werden bald die Erfahrung haben, welches Land bis auf den heutigen Tag das sklavischste Land von Europa ist." (Lessing 1985ff., Bd. 11/1, S. 622f.)

Eine vergleichbare kritische Wirkung für die Debatte um die Nationalliteratur wie Lessing mit *Minna von Barnhelm* erreichte kurze Zeit
später Goethe mit seinem Erstlingswerk *Götz von Berlichingen* (1773),
an dem sich erneut die literarischen Geister schieden (→ KAPITEL 11.2).

3.4 Die Debatte um Friedrichs II.
De la litterature allemande

Mit der Veröffentlichung der Schrift *De la litterature allemande* des
preußischen Königs Friedrich II. im Jahr 1780 werden die unterschiedlichen Positionen zur Nationalliteratur-Debatte deutlich – und
verweisen zugleich auf die Problemlage, die sich mit der Französischen Revolution 1789 noch einmal verschärft. Friedrichs Schrift, die
in großen Teilen bereits in den 1750er-Jahren entstand, ist ein in
französischer Sprache verfasster Appell, die deutsche Kultur für die
westeuropäischen Muster anschlussfähig zu machen. Dabei geht es
Friedrich nicht nur um die sogenannte „schöne Literatur", die *belles
lettres* im engeren Sinn, sondern ebenso um die deutsche Sprache
und das Universitäts- und Bildungssystem. Der Literaturwissenschaftler Eberhard Lämmert hat zu Recht darauf aufmerksam gemacht,
dass Friedrich eine deutsche Nationalliteratur zugunsten der französischen nicht grundweg ablehnt bzw. deren Existenz leugnet; vielmehr
legt er einen erweiterten Begriff von deutscher Literatur zugrunde,
der neben der von vornherein auf deutsch geschriebenen Literatur
auch Übersetzungen einschließt. *Litterature allemande* wäre in diesem Sinn als „Literatur in Deutschland" zu verstehen. Daher lobt
Friedrich Übersetzungen ins Deutsche in gleicher Weise wie Christian
Thomasius' Verabschiedung des scholastischen Lateins zugunsten
von Vorlesungen in deutscher Sprache (vgl. Lämmert 2005, S. 14).

Oft übersehen wurde in der Rezeptionsgeschichte, dass Friedrich
in seiner Abhandlung ganz im Sinne der Nationalliteratur-Debatten
ein Plädoyer für die Muttersprache hält:

> „Wenn die Wissenschaften Schätze sind, so muß man sie nicht
> aufhäufen und verschließen, sondern dadurch nutzen, daß man sie
> in allgemeinen Umlauf bringt, und dieses kann nur durch die
> Sprache geschehen, welche alle Bürger des Staats verstehn."
> (Friedrich II. 1780 in: Steinmetz 1985, S. 97)

Auf der anderen Seite aber bewertet er alle Kulturen nach einem uni-
versellen Maßstab, an dem sich der jeweilige Zivilisationsstand ablesen lasse. Als Musterkulturen in seinem zugleich kosmopolitischen

*Friedrichs
Literaturbegriff*

*Plädoyer für die
Muttersprache ...*

wie höfisch-elitären Kulturmodell gelten ihm dabei die Antike sowie der französische Klassizismus. Unter dem Deckmantel des Universalismus propagiert Friedrich insofern die französisch geprägte Hofkultur seiner eigenen Zeit bzw. seines eigenen Bildungshorizonts.

... und für die französisch geprägte Hofkultur

Und trotz des Titels seiner Schrift ignoriert Friedrich – von wenigen Bemerkungen abgesehen – die literarische Entwicklung in Deutschland. Für ein formal und inhaltlich innovatives Drama wie Goethes *Götz von Berlichingen* hat er nur Abscheu übrig:

Kritik an Shakespeare und Goethe

„Um sich zu überzeugen, wie wenig Geschmack noch bis itzt in Deutschland herrsche, dürfen Sie nur unsre öffentlichen Schauspiele besuchen. Sie finden daselbst die abscheulichen Stücke von Shakespeare aufgeführt, die man in unsre Sprache übersetzt hat. Die ganze Versammlung findet ein ausnehmendes Vergnügen daran, diese lächerlichen Farcen anzusehn, die nur würdig wären, vor den Wilden von Kanada gespielt zu werden. Ich beurteile diese Stücke so hart, weil sie wider alle Regeln des Schauspiels sündigen. [...] Dem *Shakespeare* kann man indes seine sonderbare Ausschweifungen wohl verzeihen; denn er lebte zu einer Zeit, da die Wissenschaften in England erst geboren wurden, und man also noch keine Reife von denselben erwarten konnte. Aber erst vor einigen Jahren ist ein ‚Götz von Berlichingen‘ auf unserm Theater erschienen, eine abscheuliche Nachahmung jener schlechten englischen Stücke: und doch bewilligt unser Publikum diesem ekelhaften Gewäsche seinen lauten Beifall, und verlangt mit Eifer ihre öftere Wiederholung." (Friedrich II. 1780 in: Steinmetz 1985, S. 81f.)

Den Zweck der Veröffentlichung seiner Schrift, nämlich eine Debatte über den Stand der Literatur, Sprache und Bildung in Deutschland in Gang zu setzen, hat Friedrich erreicht, wie die zahlreichen Antwortschriften zeigen. Innerhalb der vielen Diskussionsbeiträge lassen sich drei Hauptargumentationslinien zum Problemkomplex Hofkultur und Nationalliteratur unterscheiden:

Drei Typen von Gegenschriften

1. Die Vertreter eines höfisch-absolutistischen Kulturmodells wie der habsburgische Offizier und Dramenautor Cornelius Hermann von Ayrenhoff demonstrieren – jenseits aller machtpolitischen Differenzen zwischen Österreich und Preußen – kulturelle Eintracht und verteidigen das Kulturmodell des aufgeklärten Absolutismus (vgl. Ayrenhoff 1780 in: Steinmetz 1985, S. 100–122).

Höfisch-absolutistische Zustimmung

2. Auf der anderen Seite stehen antihöfische Gruppierungen wie der Göttinger Hain und der Sturm und Drang um Klopstock, Justus Möser und Johann Georg Hamann, die in zahlreichen Gegen-

Antihöfische Gegenschriften

schriften protestieren. Am ausführlichsten setzt sich Justus Möser in seinem schon durch den Titel als Gegenschrift erkennbaren Aufsatz *Über die deutsche Sprache und Literatur* (1781) mit Friedrichs Schrift auseinander. Bei Friedrich Gottlieb Klopstock erscheint die Friedrich-Kritik bereits ins protonationalistische gewendet. In seinem Gedicht *Die Rache* von 1782 wirft er Friedrich Vaterlandsverrat vor, der nicht einmal durch einen öffentlichen Widerruf des Königs wieder gut zu machen sei:

„Du erniedertest dich, Ausländertöne
Nachzustammeln [...]
Dein Blatt von Deutschlands Sprache!
[...] ist selbst dem Widerrufe
Nicht vertilgbar" (Klopstock 1782 in: Steinmetz 1985, S. 59)

Klopstocks Gedicht weist schon auf die Romantik voraus, in der die Friedrich-Kritik zu einer generellen Aufklärungskritik gewendet wird, die nun insgesamt als „undeutsch" klassifiziert wird (→ KAPITEL 14.2).

Wieland: aufgeklärter Klassizismus

3. Einen dritten Weg schlägt Christoph Martin Wieland ein, der versucht, die kosmopolitischen ästhetischen Ideale der Aufklärung mit den veränderten thematischen Ansprüchen einer Nationalliteratur zu versöhnen. In den *Briefen an einen jungen Dichter,* die er 1782 und 1784 im *Teutschen Merkur* publiziert, entwickelt Wieland diesen Lösungsversuch. In Kritik an Friedrich (*2. Brief*) und Ayrenhoff (*3. Brief*) stellt er die Kulturleistungen der deutschen Literatur in den vorangegangenen Jahrzehnten heraus. Er lobt Goethes *Götz von Berlichingen* und betont die Relevanz, die der Bearbeitung von Stoffen aus der deutschen Geschichte zukomme. Das Verdienst von Goethes Stück sei es, die Bedürfnisse des Publikums mit dem Anspruch auf literarische Qualität in Einklang gebracht zu haben und damit einen Weg aufzuzeigen, „auf welchem wir eine wahre National-Schaubühne erhalten können" (Wieland 1967, Bd. 3, S. 479).

Formal aber spricht sich Wieland – darin nah an Friedrichs Literaturmodell – für eine an der Antike und den französischen Klassizisten orientierte moderate „Klassifizierung" der deutschen Literatur aus.

Vom aufgeklärten Klassizismus zur Weimarer Klassik

Wielands kosmopolitisches Nationalliteratur-Programm wurde in der Weimarer Klassik zu der spezifisch deutschen Lösung einer literarisch avancierten, aber politisch bedeutungslosen Kultur des Musenhofes weiterentwickelt (→ ASB TAUSCH). Spätestens im frühen 19. Jahrhundert aber ist das Spannungsverhältnis zwischen Hofkultur und Nationalliteratur zu einem unlösbaren Widerspruch geworden, und die Debatten um eine Nationalliteratur werden unter nicht mehr höfischen Vorzeichen weitergeführt.

Fragen und Anregungen

- Was versteht Christian Thomasius unter „Hof-Philosophie" und wovon grenzt er diese ab?

- Inwiefern ist der Begriff der „Nation" im 18. Jahrhundert ein politisch-partizipatorischer Begriff? Worauf kann sich der Begriff der „Nation" im deutschen Sprachraum im 18. Jahrhundert beziehen?

- Welche Funktion für die Nationwerdung versprachen sich die Autoren der Aufklärung vom Theater?

- Wodurch unterscheidet sich Lessings Komödie *Minna von Barnhelm* von anderen zeitgenössischen Versuchen, ein spezifisch deutsches Werk zu verfassen?

- Was versteht Friedrich II. unter „deutscher Literatur"?

Lektüreempfehlungen

- Johann Christoph Gottsched: Gedächtnisrede auf Martin Opitz [1739], in: ders., Schriften zur Literatur, hg. v. Horst Steinmetz, Stuttgart 1972, S. 212–238.   Quellen

- Gotthold Ephraim Lessing: Minna von Barnhelm [1767], in: ders., Werke und Briefe in 12 Bänden, hg. v. Wilfried Barner u. a., Frankfurt a. M. 1985ff., Bd. 6, S. 9–110.

- Johann Michael von Loen: Der redliche Mann am Hofe; Oder die Begebenheiten Des Grafens von Rivera [1740], Stuttgart 1966.

- Friedrich Schiller: Was kann eine gute stehende Schaubühne eigentlich wirken? [1784], in: ders., Sämtliche Werke in 5 Bänden, hg. v. Peter-André Alt u. a., München 2004, Bd. 5, S. 818–831.

- Horst Steinmetz (Hg.): Friedrich II., König von Preußen, und die deutsche Literatur des 18. Jahrhunderts. Texte und Dokumente, Stuttgart 1985.

Forschung

- Peter Ihring: Artikel „National / Nation", in: Karlheinz Barck u. a. (Hg.), Ästhetische Grundbegriffe. Historisches Wörterbuch in 7 Bänden, Bd. 4, Stuttgart 2002, S. 377–403. *Aktuellster Handbuch-Artikel mit längerem Abschnitt über den Begriff im Kontext der europäischen Aufklärung.*

- Helmuth Kiesel: ‚Bei Hof, bei Höll'. Untersuchungen zur literarischen Hofkritik von Sebastian Brandt bis Friedrich Schiller, Tübingen 1979. *Immer noch grundlegende Überblicksdarstellung zur Hofkritik mit Einzelkapiteln zu Thomasius, Loen, Moser, Lessing und Schiller.*

- Werner Krauss: Über die Konstellation der deutschen Aufklärung, in: ders., Studien zur deutschen und französischen Aufklärung, Berlin 1963, S. 309–400. *Grundlegender und forschungsgeschichtlich bedeutender Aufsatz zum Problemfeld Nation, Patriotismus, Nationalliteratur in der deutschen Aufklärung.*

- Wolfgang Martens: Der patriotische Minister. Fürstendiener in der Literatur der Aufklärungszeit, Weimar 1996. *Behandelt am Beispiel der Staatsdienerthematik das Verhältnis von Absolutismus und Aufklärung.*

- Irmtraut Sahmland: Christoph Martin Wieland und die deutsche Nation. Zwischen Patriotismus, Kosmopolitismus und Griechentum, Tübingen 1990. *Grundlegende Monografie zum Problemkomplex „Deutsche Nation" bei Christoph Martin Wieland mit einem umfassenden Überblick über die Gesamtsituation in der deutschen Aufklärung.*

- Conrad Wiedemann: Zwischen Nationalgeist und Kosmopolitismus. Über die Schwierigkeiten der deutschen Klassiker, einen Nationalhelden zu finden, in: Günter Birtsch (Hg.), Themenschwerpunkt „Patriotismus", in: Aufklärung 4, 1989, Heft 2, S. 75–101. *Grundlegender Aufsatz zum Zusammenhang von Nationalliteratur-Debatte und literarischer Motivik.*

4 Aufklärung und Religion

Abbildung 8: Moritz Daniel Oppenheim: *Lavater und Lessing bei Moses Mendelssohn* (1856)

Auf Moritz Daniel Oppenheims Ölgemälde aus dem Jahr 1856 ist eine zentrale Situation der deutschen Aufklärung dargestellt: die Bekehrungsaufforderung des Schweizer protestantischen Pastors Johann Kaspar Lavater an den berühmtesten jüdischen Aufklärungsphilosophen Moses Mendelssohn im Jahr 1769. Oppenheim stilisiert die Szene im Sinne vieler zeitgenössischer Deutungen als Angriff des religiösen Fanatismus auf die Werte der Aufklärung. Obwohl Lavater zu Gast im Hause Mendelssohn ist, wird sein Verhalten als im wahrsten Sinn des Wortes „übergreifend" charakterisiert: Während eine Hand auf der Bibel ruht, greift er mit der anderen nach Mendelssohn und schiebt das Schachbrett zur Seite. Seine Haltung wirkt vorwärtsstrebend, impulsiv und emotional. Mendelssohn dagegen erscheint ruhig, in der Haltung des Denkenden, ausgestattet mit den Folianten des Gelehrten. Als Beobachter der Szene steht Lessing auf Seiten Mendelssohns im Hintergrund und hat seinen tadelnden Blick auf Lavater gerichtet. Mendelssohns Ehefrau betritt mit einem Tablett den Raum und senkt angesichts der peinlichen Szene die Augen.

Die europäische Aufklärungsbewegung lässt sich als direkte Reaktion auf die Religionskriege des 16. und 17. Jahrhunderts und die damit verbundene Frage nach der Möglichkeit eines friedlichen Zusammenlebens von Menschen unterschiedlicher Religionen verstehen. Gegen die Autorität der Kirche und den Monopolanspruch auf vorgeblich direkt von Gott „geoffenbarte" Wahrheit stellten die Aufklärer in ganz Europa das Konzept der religiösen Toleranz, der Vernunftreligion und das Recht auf Zweifel an allen Wissensansprüchen. Noch am Ende der Epoche erklärte Immanuel Kant in seiner Schrift *Was ist Aufklärung?* (1784) die Frage nach der Religion zum Grundproblem, oder – mit seinen eigenen Worten – zum „Hauptpunkt der Aufklärung" (Kant 1974, S. 16).

Das Spannungsverhältnis von Religion und Aufklärung ist in der Literatur des 18. Jahrhunderts ein zentrales Thema, das in Lessings *Nathan der Weise* (1779) seinen literarischen Höhepunkt findet. Eine besondere Bedeutung für die deutsche Aufklärung hatte die jüdische Aufklärung.

4.1 Religion und literarisches Leben
4.2 Religionskritik beim späten Lessing
4.3 Die jüdische Aufklärung

4.1 Religion und literarisches Leben

Innerhalb der gesamteuropäischen Aufklärungsbewegung stellte sich das Verhältnis zwischen Religion und Aufklärung in Deutschland komplexer dar als andernorts. Die Trennungslinien zwischen dem Klerus und der Aufklärungsbewegung waren vor allem im protestantischen Teil Deutschlands mit seinen unterschiedlichen Spielarten des Lutheranismus, des Pietismus und des Calvinismus weniger scharf gezogen als in katholischen Ländern. Gerade in der Frühaufklärung gab es zahlreiche Schnittmengen zwischen dem protestantischen Gebot der Erkenntnis Gottes durch selbstständige Bibellektüre und der aufklärerischen Forderung des Selbstdenkens. Toleranzpolitik als Duldung bestimmter religiöser Minderheiten gehörte zum Kalkül der Machtpolitik im gesamten protestantischen Teil Europas: in England, Holland, Schweden oder Brandenburg-Preußen (Toleranz-Edikt von Potsdam 1685). Mit den Josephinischen Reformen hielt sie ab 1780 auch Einzug im katholischen Österreich. Zudem entstammten die weitaus meisten Aufklärer in Deutschland einem protestantischen theologischen Hintergrund, der sowohl durch das Elternhaus als auch das eigene Studium geprägt war (vgl. Schöne 1958) – wenngleich das Theologiestudium als ‚Arme-Leute-Studium‘ häufig nur aus Geldnot betrieben wurde. Schließlich hat die religiöse Reformbewegung des Pietismus durch ihren individualisierten und emotionalisierten Glaubensbegriff auf die Sprache der Empfindsamkeit gewirkt (vgl. Langen 1968) und literarische Werke unmittelbar beeinflusst, etwa Friedrich Klopstocks *Messias* (1748ff.) oder Johann Heinrich Jung-Stillings *Lebensgeschichte* (1777ff.). In der neueren Aufklärungsforschung werden die vielfältigen Querverbindungen und Ausdifferenzierungen konfessionell unterschiedlich geprägter Aufklärungsformen – pietistische, hugenottisch-calvinistische, katholische, jüdische – verstärkt zum Gegenstand gemacht (vgl. Klueting 1993, Beutel 2006).

Konfessionelle Situation

Gleichwohl war das literarische Leben in Deutschland wie in anderen Ländern auch von ständigen Auseinandersetzungen um den Anspruch von Schriftstellern und Philosophen auf eine säkulare und unabhängige öffentliche Aufklärungskultur einerseits und um den kulturellen Hegemonieanspruch der Theologen andererseits geprägt. Dies schlägt sich in zahlreichen Debatten des 18. Jahrhunderts nieder: So wurden die Spannungen zwischen Aufklärung und pietistischer Innerlichkeit spätestens mit dem Skandal um die Hallenser Dekanatsrede Christian Wolffs im Jahr 1721 offenbar. Wolff hatte in

Debatten zwischen Theologen und Aufklärern

seiner Rede mit dem Titel *Sittenlehre der Sineser* die nicht-christliche Kultur Chinas zu einem Musterfall eines vernünftig organisierten und sittlich integren Staates erklärt und daraus die Thesen abgeleitet, dass Moralität und christliche Religion unabhängig voneinander bestehen könnten und dass ethisch richtiges Verhalten allein in der Vernunftfähigkeit der Menschen begründet sei. Die pietistischen Theologen der Halleschen Universität, Joachim Lange und Hermann August Francke, betrieben daraufhin erfolgreich die Entlassung und Verbannung Wolffs von preußischem Territorium. Ähnlich exemplarisch waren der Streit um Immanuel Kants Widerlegung der Möglichkeit von Gottesbeweisen in der *Kritik der reinen Vernunft* (1781) oder die Auseinandersetzungen um das Religionsedikt des preußischen Ministers Johann Christoph von Wöllner (1788), in dem ausdrücklich die Aufklärung für den vermeintlichen allgemeinen Sittenverfall verantwortlich gemacht wurde. All diese Debatten fanden ihren Widerhall in der Literatur ihrer Zeit, die sie gleichermaßen beeinflussten wie sie selbst von ihr beeinflusst wurden.

Pietisten und Rationalisten

Als direkte argumentative Stellungnahmen in der Auseinandersetzung zwischen Rationalisten und Pietisten sind z. B. die Komödie *Die Pietisterey im Fischbein-Rocke* (1736) von Luise Adelgunde Victorie Gottsched und Friedrich Nicolais Berlin-Roman *Das Leben und die Meinungen des Herrn Magister Sebaldus Nothanker* (1773–76) zu verstehen. Beide Werke zeichnen sich als ideengeschichtliche Quellen mit zahlreichen Querverweisen auf zeitgenössische Debatten der Aufklärungszeit aus. Gegen die fanatische Religiösität der zumeist pietistischen Theologen, die als Doppelmoral entlarvt wird, verteidigen diese Werke die Lebensweise des Stadtbürgertums, die als liberal, tolerant, vernünftig und natürlich dargestellt wird.

Sebaldus Nothanker

In Friedrich Nicolais erfolgreichem Berlin-Roman *Sebaldus Nothanker* wird das Spannungsverhältnis zwischen religiöser Intoleranz und Fanatismus einerseits und aufgeklärter und toleranter Lebensweise andererseits auf das Gegensatzpaar von Provinzialismus und Stadtbürgertum übertragen. Die Hauptfigur, der aufgeklärte Pfarrer Sebaldus, der aufgrund der Intrigen fanatischer Theologen Haus, Anstellung, Frau und Kind verloren hat, trifft auf seiner Wanderung vor den Toren Berlins mit einem pietistischen Eiferer zusammen. Sofort warnt der Pietist ihn vor der Gottlosigkeit der Stadt, die er in biblisch-apokalyptischen Bildern ausmalt: „O Stadt! [...] die du bist wie Sodom und Gomorrha". Sebaldus' Begleiter schwadroniert über das „Elend dieser großen Stadt, wo, wie er versicherte, die Religion ein

Pietistische Stadt- und Kulturkritik

Gespötte sey, wo niemand in die Kirche gehe, wo ein jeder rechtschaffner Christ verachtet werde, und wo Rotten und Ketzereyen regierten." Ohne eigene Kenntnis und Anschauung lässt sich der Pietist von seinen Vorurteilen steuern und nimmt in allem nur den Satan wahr. Harmlose Spaziergänger im Tiergarten geraten ihm so zu Karawanen zügelloser Hedonisten und gottverlassener Sünder: „Siehe da die Kinder Belials [= Berlins], wie sie den Lüsten des Fleisches nachziehen! Wie sie den Weg der Sünden gehn, reiten und fahren! Immer gerade in den höllischen Schwefelpfuhl hinein!" (Nicolai 1991, S. 178, 171, 175)

Sebaldus nimmt dagegen die Haltung der Empirie und der möglichst unvoreingenommenen Prüfung des Neuen ein. Im Gegensatz zum Pietisten, der das „Ewige" fokussiert, interessiert Sebaldus das je konkrete Phänomen in seiner räumlichen und zeitlichen Bedingtheit: Er verweist auf die erstaunliche Entwicklung, die die Stadt innerhalb der letzten Jahrzehnte genommen hat. Am Beispiel der symbolischen Bücher – gemeint sind die aus dem 16. Jahrhundert stammenden evangelischen Glaubenskatechismen – erläutert er, dass sich religiöse Inhalte im Laufe der Zeit verändern wie die Hutmode. Diesem empirischen und verzeitlichendem Denken bringt der Pietist wiederum Unverständnis entgegen: „Was hat das Zeitliche mit dem Himmlischen zu thun?" (Nicolai 1991, S. 172)

Empirie und Relativität

Nicolai setzt das Empiriegebot in einer detaillierten Stadtteiltopografie der konfessionellen Zugehörigkeit und religiösen Aufgeklärtheit um, in die ein gewisser Herr F. den Neuankömmling Sebaldus einweiht: vom orthodox geprägten altstädtischen Berlin, wo „noch ehrenfeste Bürger über Erbsünde und Wiedergeburt [...] disputiren", über die Berlinischen Vorstädte, wo Gärtner und Viehmäster auf einen Ketzer noch „mit Fäusten" losschlagen, oder die „dumpfigen Gassen des Werders", wo sich Separatisten, Herrnhuter, Pietisten und andere Sektierer tummeln, bis hin zur Dorotheenstadt, die von „Reformierten und Franzosen" bewohnt wird (Nicolai 1991, S. 206f.). Es gehört zu Nicolais Programm einer Versöhnung von politischem Zentrum und aufgeklärter Stadtkultur, dass die Toleranz in dieser Topografie proportional zunimmt, je näher das höfische Zentrum und die Institutionen der absolutistischen Regierung rücken. „Die Nachbarschaft des Hofes trägt auch wohl etwas bey, daß die Leute hier freyer denken", vermutet Sebaldus' Stadtführer (Nicolai 1991, S. 206).

Konfessionelle Topografie Berlins

4.2 Religionskritik beim späten Lessing

Beinahe ausschließlich mit religionstheoretischen Fragestellungen beschäftigte sich Gotthold Ephraim Lessing in seinen letzten Lebensjahren. In den von ihm herausgegebenen oder verfassten Schriften – wie in den *Fragmenten eines Ungenannten* (1774–77), dem *Anti-Goeze* (1778), der *Erziehung des Menschengeschlechts* (1780) und natürlich in *Nathan der Weise* (1779) – geht es Lessing jedoch nicht wie den Theologen um die Frage, ob und wie man Gott am besten beweisen könne; vielmehr thematisiert er ausgehend von religionstheoretischen Problemen Grundfragen der Aufklärung, die wegen der bestehenden Machtverhältnisse auf theologischem Gebiet ausgetragen werden müssen. Dazu gehören z. B. die Fragen, ob sich alles Wissen im öffentlichen Diskurs kritisch prüfen lassen muss oder ob eine Institution wie die Kirche einen Monopolanspruch auf exklusiven Zugang zur Wahrheit erheben darf, die sie als ‚Geheimwissen‘ verwaltet und den Ungebildeten von oben herab vermittelt. Beides ist immer verbunden mit der politischen Frage nach der Möglichkeit der Breitenaufklärung, also mit der Frage, wie viel Aufklärung der Bevölkerung zuzumuten ist. Zerstört man etwa durch zuviel Aufklärung die moralischen Grundlagen der Gesellschaft? Muss nicht – wie Lessing oder auch Kant in seiner Aufklärungsdefinition befinden – jeder einzelne selbst den Weg zur Erkenntnis und damit zur Mündigkeit finden?

Bedeutung der
Religionskritik

Um diese Fragen zum Thema des öffentlichen Diskurses zu machen, publizierte Lessing in den Jahren 1774 und 1777 unter dem Titel *Fragmente eines Ungenannten* Aufzeichnungen aus dem Nachlass des verstorbenen Hamburger Orientalisten und Gymnasiallehrers Hermann Samuel Reimarus, in denen u. a. der christliche Wunderglaube und die Wiederauferstehungslehre kritisiert werden. An Lessings Veröffentlichung dieser Schriften entzündete sich sofort eine öffentliche Debatte, die als „Fragmentenstreit" bekannt geworden ist und zu den zentralen Auseinandersetzungen der deutschen Aufklärung gehört (vgl. Lessing 1985ff., Bd. 8, S. 353–610; Bd. 9, S. 9–444).

Fragmentenstreit

Goezes Angriff

Hauptkontrahent Lessings im Fragmentenstreit war der Hamburger Hauptpastor Johann Melchior Goeze, der direkt auf die politischen Implikationen der *Fragmente* aufmerksam machte. Goeze bezeichnete Lessing als Aufwiegler und gefährlichen Demokraten, der den „Samen der Rebellion" verbreite und durch seine Angriffe auf die „Ehrerbietung gegen die heilige Schrift und Religion, [...] zugleich die Bereitwilligkeit ihren Oberherren den schuldigen Gehorsam zu leisten" auslösche. Schließlich forderte Goeze die Machthaber offen auf, gegen Lessing vorzugehen: „Ich habe die Hoffnung zu Gott, daß die Zeit nahe sei, welche diesem unsinnigen Unfuge ein Ende machen wird." (Goeze 1779 in: Lessing 1985ff., Bd. 9, S. 36)

In seiner Antwort mit dem Titel *Anti-Goeze* (1778) gab Lessing unumwunden zu, dass es ihm tatsächlich gerade auf die Fragen der Breitenaufklärung ankomme und dass er die Rede- und Denkverbote, die der Pastor ausspricht, nicht akzeptieren könne. Wie Nicolai im *Sebaldus Nothanker* stellt Lessing dem Anspruch der Theologen, Hüter der ewigen Wahrheiten zu sein, ein verzeitlichtes Erkenntnismodell entgegen, das historische Lernprozesse ermöglicht. Während sich die Theologen als entwicklungsunfähig erweisen, könne es gerade der vielgescholtene „Pöbel" sein, der im Laufe der Zeit „erleuchteter" werde (vgl. Lessing 1985ff., Bd. 9, S. 93–99).

Den Gedanken der Verzeitlichung der Religionen hat Lessing in seinem religionskritischen Hauptwerk *Die Erziehung des Menschengeschlechts* (1780) weiter ausgebaut (→ KAPITEL 7.1). In Anlehnung an Spinozas religionsphilosophische Abhandlung, den *Tractatus theologico-politicus* (1670), historisiert Lessing die beiden großen traditionellen Offenbarungsreligionen Judentum und Christentum zu geschichtlichen Phänomenen, die in ihrer Zeit ihre Berechtigung gehabt hätten, denen aber keine überzeitliche Gültigkeit zukomme. Perspektivisch werden die Offenbarungsreligionen nach Lessing durch ein Zeitalter der Vernunft abgelöst, in dem die Menschen keiner externen Anleitung mehr bedürfen.

In den posthum von Friedrich Heinrich Jacobi veröffentlichten *Spinoza-Gesprächen* (1785) radikalisierte Lessing diesen Gedanken im Zusammenhang mit Goethes *Prometheus*-Gedicht (1773/74), das er als spinozistisches Bekenntnis versteht:

„Die orthodoxen Begriffe von der Gottheit sind nicht mehr für mich; ich kann sie nicht genießen. Hen kai pan: ich weiß nichts anderes. [...] Spinozismus ist mein einziges System – ich kenne kein anderes." (Lessing in: Jacobi 1980, Bd. 4, S. 54, vgl. Fick 2004, S. 436–455)

Im Juli 1778 wurde Lessing in Folge des Fragmentenstreits von seinem Landes- und Dienstherrn, dem Herzog von Braunschweig, mit einem Publikationsverbot in religiösen Angelegenheiten belegt. Um sich diesem Verbot nicht widerstandslos zu beugen, beschloss er, den theologischen Streit mit anderen Mitteln fortzusetzen und noch einmal ein dramatisches Werk zu verfassen.

Lessing konzipierte *Nathan der Weise* demnach von Anfang an als Stellungnahme in einem politisch-publizistischen Streit und mach-

Anti-Goeze

Historisierung der Religion

Lessings Spinozismus

Publikationsverbot

Nathan der Weise

te dies auch für die Rezipienten erkennbar. Weil er das Werk nicht innerhalb der bekannten dramatischen Gattungen mit den zugehörigen Wirkungsabsichten der Rührung, des Mitleids oder der Belustigung verstanden wissen wollte, nannte er es ausdrücklich nicht „Trauerspiel" oder „Lustspiel", sondern bezeichnete es statt dessen als „Dramatisches Gedicht" – eine bis dahin unbekannte Gattungsbezeichnung, die von Zeitgenossen – der argumentativen Intention Lessings gemäß – als programmatisches Lehrstück oder als Lehrgedicht gedeutet wurde.

Schlüsseldrama

Nathan der Weise ist ein Schlüsselwerk: Sowohl die auftretenden Figuren als auch die Handlung lassen sich (auf einer von vielen Lektüreebenen) auf bekannte zeitgenössische Personen, Debatten und Schauplätze beziehen. Am deutlichsten wird dies an der Hauptfigur Nathan selbst, die von Zeitgenossen sofort als Literarisierung von Lessings Freund Moses Mendelssohn erkannt wurde. Dass hier erstmals auf einer deutschen Bühne die Figur des ‚edlen Juden' auftritt, bedeutete einen Skandal, der dadurch gesteigert wurde, dass die Vertreter eines religiösen Fanatismus und Fundamentalismus sämtlich Christen waren. In der Figur des Patriarchen hat Lessing den Hauptpastor Goeze zur literarischen Figur gemacht: er legt ihm gleich in seinem ersten Auftritt nur leicht verhüllte Goeze-Zitate aus den Schriften des Fragmentenstreits in den Mund (IV/2). Während der religiöse Fanatismus in seiner inquisitorischen Variante somit im Patriarchen personifiziert ist („Tut nichts! der Jude wird verbrannt!", IV/2), thematisiert Lessing die schwächere Form des schwärmerischen christlichen Fundamentalismus in der Figur der Daja. In Dajas ständigen Misstrauensbekundungen und Bekehrungsversuchen gegenüber Angehörigen anderer Religionen konnten die Zeitgenossen ohne Mühe Lavaters vermeintlich gut gemeinte Zudringlichkeit gegenüber Mendelssohn wiedererkennen:

„Ach die arme Frau / – ich sag dir's ja – / Ist eine Christin; – muß aus Liebe quälen; / Ist eine von den Schwärmerinnen, die / Den allgemeinen, einzig wahren Weg / Nach Gott zu wissen wähnen!" (V/6)

Funktion von Schauplatz und erzählter Zeit

Als Handlungsort des Stückes wählt Lessing mit dem mittelalterlichen Jerusalem den paradigmatischen Schmelztiegel und Ursprungsort der drei großen Weltreligionen. Wie das alte Jerusalem war auch das Berlin des 18. Jahrhunderts mit seinen lutherischen, hugenottisch-calvinistischen und jüdischen Bevölkerungsgruppen ein multikonfessioneller Verdichtungsraum. Mit der temporalen Situierung der Handlung im Zeitalter der Kreuzzüge zieht Lessing ebenfalls eine

Parallele zur Gegenwart und verweist darauf, dass die religiös begründeten Kriege und Pogrome des Mittelalters auch im vermeintlich so modernen 18. Jahrhundert noch nicht überwunden sind.

Trotz des harmonischen Schlusses, in dem sich herausstellt, dass beinahe alle Beteiligten miteinander verwandt sind, wird die Schärfe religiöser Konflikte im *Nathan* keineswegs geleugnet oder verharmlost. Lessing vertritt nicht die Meinung, dass sich alle Kulturen und Religionen früher oder später ohnehin verstünden, weil sie Teil der allgemeinen Menschheitsfamilie oder gar einer göttlich garantierten vernünftigen Ordnung seien, die sich bei zunehmender Erkenntnis gleichsam von selbst einstelle. Vielmehr stellt er sowohl an den logischen Ausgangspunkt der Handlung als auch an deren Ende ausdrücklich selbst gewählte Entscheidungen der Akteure, die auch anders hätten ausfallen können.

Religiöser Konflikt

Die für die Handlung des Stückes initiale Entscheidung Nathans wird im 7. Auftritt des IV. Aktes rückblickend geschildert. Infolge eines christlichen Pogroms wurde Nathans gesamte Familie – seine Frau, seine sieben Kinder und sein Bruder – bei lebendigem Leibe verbrannt. Obwohl Nathan drei Tage und drei Nächte geweint und „der Christenheit den unversöhnlichsten Haß zugeschworen" hat (IV/7), entschließt er sich gegen das alttestamentarische Gebot des „Auge um Auge" und adoptiert stattdessen das in Folge der Kreuzzüge ebenfalls zur Waise gewordene christliche Mädchen Recha. Dieser Entschluss ist die Voraussetzung für alle weiteren Versöhnungsakte des Stückes.

Schlüsselszene

Am Schluss wird das Adoptionsmotiv gespiegelt. Nachdem alle Verwandtschaftsbeziehungen aufgedeckt wurden, bleibt Nathan als einziger Akteur ohne überlebende Angehörige außen vor. Dennoch wird er sowohl von der Schwester des Sultans als auch vom Tempelherrn als Vater anerkannt und nun seinerseits ‚adoptiert'. In einer Art Fazit macht der Sultan darauf aufmerksam, dass es bei der Frage nach Vater und Mutter weniger auf leibliche Familienbeziehungen und ererbte kulturelle Traditionen ankomme, als vielmehr auf die aktive Übernahme der Verantwortung und die tätige Praxis. „Jawohl: das Blut, das Blut allein/Macht lange noch den Vater nicht!" (V/7)

Adoptionsmotiv

In der Handlung des Dramas wird insofern genau die Aussage der berühmten Ringparabel in der Mitte des Stückes (III. Akt) realisiert, dass es in Fragen von Religionskonflikten nicht auf die eine zu findende Wahrheit, sondern vielmehr auf die richtige Praxis ankomme, die innerhalb aller großen Religionen möglich sei. Dadurch, dass Lessing diese Kernaussage innerhalb des Stückes in Form einer Para-

Ringparabel

bel, d. h. in einer bildlichen Darstellungsweise ausdrückt, erhält das Stück als literarisches Werk eine selbstreflexive Wendung: So wie Nathan dem Sultan mit einer Parabel antwortet, so antwortet Lessing mit dem Stück *Nathan* auf die religionstheoretischen Auseinandersetzungen seiner Zeit.

4.3 Die jüdische Aufklärung

Ein relativ junges Forschungsfeld, das in den letzten Jahren großes Interesse gefunden hat, ist die jüdische Aufklärung in Deutschland, die Haskala. Christoph Schultes Überblicksdarstellung aus dem Jahr 2002 informiert über die Zentren jüdischen Lebens wie Berlin, Wien, Königsberg oder Breslau im 18. Jahrhundert ebenso wie über die Vielzahl von Autorinnen und Autoren, die zu den wichtigsten deutschen Aufklärern gehörten. In den beiden prominentesten Vertretern der Haskala, Moses Mendelssohn und Salomon Maimon, manifestierten sich zwei unterschiedliche Aufklärungstypen, die sich auch auf Generationsunterschiede zurückführen lassen (vgl. Schulte 2002, S. 199–219): Mendelssohn repräsentiert zusammen mit Nicolai und Lessing die Aufklärung der 1750er-Jahre und hatte seinen größten literarischen Erfolg bereits im Jahr 1767 mit *Phaedon oder über die Unsterblichkeit der Seele*, das eines der meistgelesenen Bücher der deutschen Aufklärung überhaupt war und in mehrere europäische Sprachen übersetzt wurde. Maimon dagegen gehört bereits zur Generation der Mendelssohn-Schüler, die auf seinen Arbeiten aufbauen konnten, denen aber Mendelssohn mit seinem Festhalten an orthodoxen Riten des Judentums, an der Wolffianischen Schulphilosophie und seinen rationalistischen Gottesbeweisen nicht radikal genug war.

Bei aller Übereinstimmung mit seinem Freund Lessing brachte Mendelssohn ein anderes Modell in die religionstheoretischen Debatten der Aufklärung ein. Als Angehöriger einer diskriminierten Minderheit verwies er auf die Gefahren eines als Universalismus verkleideten Fundamentalismus. Nicht durch Leugnung der Religionsunterschiede lasse sich der religiöse Fanatismus beseitigen, vielmehr lauere unter dem Deckmantel eines solchen Universalismus häufig gerade die Bestätigung der herrschenden Religion (vgl. Forst 2003, S. 409–418). Mendelssohn warnte vor den vielen Gesichtern des Fanatismus, der, wie z. B. im Falle der christlichen Bekehrungsversuche Lavaters, auch „die Maske der Sanftmut" annehmen könne. Universalistischer Fanatismus dieser Art „heuchelt Bruderliebe, gleißet Menschenduldung

Haskala

Gefahren des vorgeblichen Universalismus

und schmiedet heimlich die Ketten schon, die er der Vernunft anzulegen gedenkt." (Mendelssohn 1971ff., Bd. 8, S. 455–457)

Mendelssohns Beharren auf der „Mannigfaltigkeit" – heute würde man sagen „Pluralität" – in Religionsangelegenheiten ist auch der Grund für seine Kritik an Lessings religionskritischem Hauptwerk *Die Erziehung des Menschengeschlechts* (1780). An dem dort dargelegten verzeitlichten Modell, das den Fortschritt der Gattung Mensch auf dem Weg in ein Zeitalter der Vernunft beschreibt, kritisiert er die Klassifizierung des Judentums als „Kindheit" der Menschheit ebenso wie den übergreifenden Universalismus, den er hier zu erkennen glaubt und den er für unvereinbar mit Lessings pluralistischem ‚Lösungsvorschlag' für Religionskonflikte im *Nathan* hält:

> „Ich für meinen Teil habe keinen Begriff von der Erziehung des Menschengeschlechts, die sich mein verewigter Freund Lessing von ich weiß nicht welchem Geschichtsforscher der Menschheit hat einbilden lassen. Der Fortgang ist für den einzelnen Menschen, dem die Vorsehung beschieden, einen Teil seiner Ewigkeit hier auf Erden zuzubringen. [...] Aber daß auch das Ganze der Menschheit hienieden in der Folge der Zeiten immer vorwärts rücken und sich vervollkommnen soll, dieses scheint mir der Zweck der Vorsehung nicht gewesen zu sein; wenigstens ist dieses so ausgemacht und zur Rettung der Vorsehung Gottes bei weitem so notwendig nicht, als man sich vorzustellen pflegt." (Mendelssohn 1971ff., Bd. 8, S. 162f.)

Aufklärung ist für Mendelssohn kein allgemeines oder lediglich theoretisches Fortschrittsprogramm, sondern ein offenes Projekt, das immer an kulturelle Unterschiede, an Vorurteile und Religionen rückgebunden bleibt, die nicht ohne Weiteres im Modernisierungsprozess ‚verschwinden'. Daher hält er gerade die politisch-gesellschaftliche Dimension des Aufklärungsprozesses für zentral (vgl. Schulte 2007). Trotz seines an der allgemeinen Menschenvernunft orientierten philosophischen Systems geht es ihm immer um die konkrete Aufklärung in einer spezifischen Situation. Mit seinem staatstheoretischen Hauptwerk *Jerusalem oder über religiöse Macht und Judentum* (1783) gehört er zu den bedeutendsten politischen Schriftstellern der deutschen Aufklärung (vgl. Heinrich 2004). Mirabeau, Politiker und späterer Sprecher des Dritten Standes in der ersten französischen Nationalversammlung, erklärte Mendelssohn sogar zu einem Vorreiter auf dem Weg zu einer von der Religion unabhängigen Staatsbürgerschaft, wie sie im Zuge der Französischen Revolution dann 1792 erstmals in der europäischen Geschichte festgeschrieben wurde.

Religionspluralismus

Mendelssohns Lessing-Kritik

Mendelssohn als politischer Aufklärer

Salomon Maimons
Lebensgeschichte

Das Spannungsverhältnis zwischen dem universalistischen Anspruch der Aufklärung und der diesem Anspruch immanenten Gefahr der Diskriminierung hat auch Salomon Maimon ins Zentrum seiner *Lebensgeschichte* (1792) gestellt. Maimons Werk zählt zu den eindrucksvollen Exempeln der neu entstehenden Gattung des halbfiktionalen autobiografischen europäischen Romans (→ **KAPITEL 12.3**).

Aufklärung als
Widerstand

Aufklärung definiert sich für Maimon nicht als abstraktes Selbstdenken, sondern immer als Wechselverhältnis von intellektuellem Bildungsgang und gesellschaftlicher Basis. Als Aufklärung am und durch Widerstand (vgl. Stockinger 2005, S. 257ff.) sei sie immer nur in der Auseinandersetzung mit den herrschenden Verhältnissen und Notlagen zu haben und dabei zugleich stets an diese Erfahrungsgrundlage gebunden. Beides thematisiert Maimons *Lebensgeschichte*. Im ersten Teil werden die rückständigen gesellschaftlichen Verhältnisse in den orthodoxen jüdischen Kreisen in Polen geschildert; im zweiten Teil steht die Auseinandersetzung mit den blinden Flecken der vermeintlich modernen Aufklärung in Deutschland im Zentrum.

Humor bei Maimon

Aus der Einsicht in das Widersprüchliche und Paradoxe der Realität erwächst auch der spezifische Humor seiner *Lebensbeschreibung*. Dieser Humor bezieht sich nicht nur in satirischer Absicht auf die Rückständigkeit der polnisch-jüdischen Verhältnisse, sondern ist ebenso selbstironischer Kommentar zu den Versuchen des Erzähler-Ichs, sich über diese Verhältnisse zu erheben und „den Rest des [ihm] noch anklebenden Aberglaubens durch Aufklärung [zu] vernichten." (Maimon 1984, S. 127)

Fragen und Anregungen

• Inwiefern gilt konfessionelle Ausdifferenzierung als Spezifikum der deutschen Aufklärung?

• Nennen Sie drei zentrale Debatten zwischen Theologie und Aufklärung und erläutern Sie deren wichtigste Streitpunkte.

• Welchen Zusammenhang stellt Friedrich Nicolai im *Sebaldus Nothanker* zwischen Toleranz und Stadtbürgertum bzw. Fundamentalismus und Provinzialität her?

• Wie „löst" Lessing in *Nathan der Weise* die Frage nach religiöser Wahrheit?

- Welche Rolle spielt bei Moses Mendelssohn die Kategorie der „Mannigfaltigkeit" im Umgang mit religiösen Fragen?

Lektüreempfehlungen

- Luise Adelgunde Victorie Gottsched: Die Pietisterey im   *Quellen*
  Fischbein-Rocke; Oder die doctormäßige Frau [1736], hg. v.
  Wolfgang Martens, Stuttgart 1968.

- Gotthold Ephraim Lessing: Nathan der Weise. Ein dramatisches
  Gedicht in fünf Aufzügen [1774], Stuttgart 1982. – Auch in: ders.,
  Werke und Briefe in zwölf Bänden, hg. v. Wilfried Barner u. a.,
  Frankfurt a. M. 1985ff., Bd. 9, S. 483–666.

- Salomon Maimons Lebensgeschichte, von ihm selbst erzählt und
  herausgegeben von Karl Philipp Moritz [1792], neu hg. v. Zwi
  Batscha, Frankfurt a. M. 1984.

- Moses Mendelssohn: Über die Frage: Was heißt aufklären? [1784],
  in: Was ist Aufklärung? Thesen und Definitionen, hg. v. Erhard
  Bahr, Stuttgart 1992, S. 3–8. – Auch in: ders., Gesammelte
  Schriften. Jubiläumsausgabe, hg. v. Ismar Elbogen u. a., Berlin
  1929ff., Stuttgart 1971ff., Bd. VI/1, S. 113–119.

- Albrecht Beutel: Aufklärung in Deutschland, in: Bernd Möller   *Forschung*
  (Hg.), Die Kirche in ihrer Geschichte, Bd. 4, Göttingen 2006.
  Neueste Gesamtdarstellung aus theologischer Sicht.

- Kaspar von Greyerz: Religion und Kultur. Europa 1500–1800,
  Göttingen 2000. *Sozial- und kulturgeschichtlicher Überblick über
  die Rolle der Religion in der Frühen Neuzeit.*

- Heinrich Heine: Zur Geschichte der Religion und Philosophie in
  Deutschland [1835], hg. v. Jürgen Ferner, Stuttgart 1997. *Lesenswerte populärwissenschaftliche Darstellung der Religionsgeschichte
  des 18. Jahrhunderts aus der Sicht des Vormärz-Schriftstellers.*

- Karl Josef Kuschel: „Jud, Christ und Muselmann vereinigt"?
  Lessings „Nathan der Weise", Düsseldorf 2004. *Kontextualisie-*

*rung von Lessings Drama ausgehend von aktuellen Auseinander-
setzungen der Weltreligionen.*

- **Christoph Schulte: Die jüdische Aufklärung. Philosophie, Religion,
  Geschichte,** München 2002. *Einführende Gesamtdarstellung zur
  jüdischen Aufklärung in Deutschland mit Einzelporträts der wichtigsten Autoren.*

5 Wissenschaft und Literatur

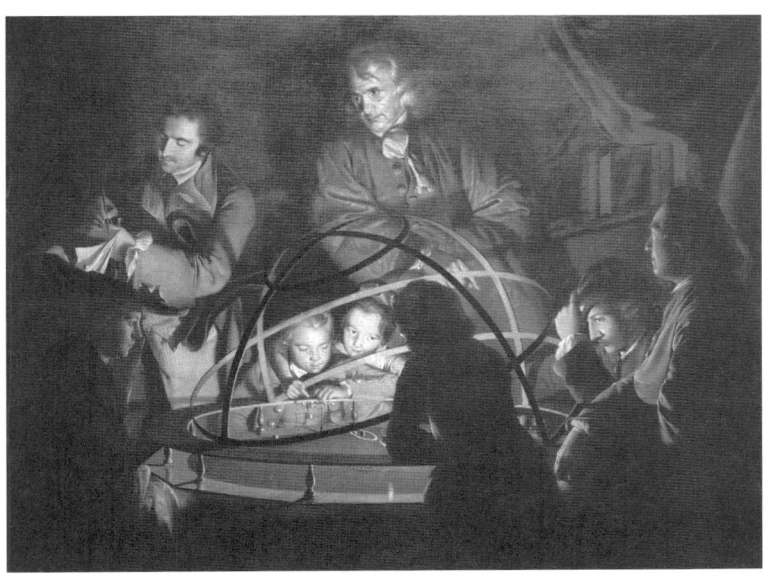

Abbildung 9: Joseph Wright of Derby: *A Philosopher Lecturing on the Orrery* (1762)

Im Gemälde des englischen Künstlers Joseph Wright of Derby hat sich eine Personengruppe um ein Planetenmodell versammelt. Sie wird von einer nicht sichtbaren Lichtquelle – der Sonne – beleuchtet und lauscht den Ausführungen des Gelehrten, die ein Zuhörer mitschreibt. Dass vier Kinder und Jugendliche das Modell bestaunen, deutet auf einen familiären Rahmen hin. In diesem Bild, dessen Titel übersetzt lauten könnte: „Ein Wissenskundiger hält eine Vorlesung über das Planetenmodell", ist das Verhältnis der Aufklärung zur Wissenschaft wie in einem Brennspiegel zusammengefasst. Zum aufgeklärten Selbstverständnis gehörte es, gelehrtes Wissen anschaulich und öffentlichkeitswirksam zu vermitteln, über die neuesten Entdeckungen zu informieren und zum Selbst- und Weiterdenken anzuregen. Die gesellige und unterhaltsame Verbreitung vorwiegend naturhistorischen Wissens für alle bürgerlichen Schichten und Interessierte jeden Alters war ein Grundanliegen der Aufklärung.

Dieser Aufgabe nahmen sich auch die Schriftsteller an. Nicht von ungefähr sprach man vom „pädagogischen Jahrhundert" (Johann Gottlieb Schummel, 1779), in dem eine Fülle von spezieller Literatur gerade für Kinder und Jugendliche entstand. In der Tradition theologischer und naturphilosophischer Erklärungsmuster erfolgte die literarische Wissensvermittlung bis etwa 1750 überwiegend in didaktischen Genres, vor allem im Lehrgedicht. Erst allmählich lösten andere Darstellungsformen die versgebundene Unterrichtung ab. In Zeitschriften und Kalendern erschienen populärwissenschaftliche Aufsätze, häufig von Naturforschern und Philosophen selbst verfasst. Die bemerkenswerteste Neuerung ist insofern weniger die Entstehung neuer Disziplinen als vielmehr die enge Verflechtung von Wissenschaft und Öffentlichkeit. Seit 1750 gewannen in den naturkundlichen Fächern zunehmend empirische und experimentelle Methoden an Bedeutung, während in den humanwissenschaftlichen Disziplinen anthropologische Fragestellungen in den Mittelpunkt rückten. Beide Entwicklungen beeinflussten auch die Themenwahl und das Formenrepertoire der Literatur.

5.1 Literarische Wissensvermittlung
5.2 Experimentelles Denken: Naturforscher als Autoren
5.3 Die neuen Humanwissenschaften und die Literatur

5.1 Literarische Wissensvermittlung

Die Verbindung von Wissenschaft und Literatur hatte im 18. Jahrhundert unterschiedliche Dimensionen. Zunächst waren viele Autoren, die sich dem Programm der Aufklärung verpflichtet fühlten, akademisch Gebildete, oft auch Gelehrte im engeren Sinn, die über breite Kenntnisse in den verschiedensten Fachgebieten verfügten (→ KAPITEL 2.2). Aus dieser Verknüpfung ergab sich eine Fülle von gelehrten und wissenschaftlichen Themen, die häufig in literarischer Form dargeboten wurden. Sodann bildete sich erst in der Epoche selbst allmählich ein abgegrenzter Bereich der „schönen Literatur" heraus, der u. a. im Rahmen der philosophischen Ästhetik entwickelt wurde und die frühneuzeitliche Tradition der rhetorisch geprägten Textproduktion in Frage stellte (→ KAPITEL 6, → ASB KELLER). Dominierend blieb jedoch eine Literaturauffassung, in der auch belehrende und wissenschaftliche Texte als Beiträge zur literarischen Öffentlichkeit galten.

(Marginalie: Verbindung von Wissenschaft und Literatur)

Weiterhin kann das Literaturverständnis der Aufklärungsepoche als „wesentlich instrumentell" (Zelle 1997, S. 163) bezeichnet werden, in dem Sinn, dass Gattungen und Ausdrucksformen bevorzugt wurden, die eine besondere Nähe zum Programm der Aufklärung besaßen und auf die vernunftgemäße und nutzbringende Belehrung des Publikums zielten. Diesem Literaturbegriff entsprach es, durch poetische Wissensvermittlung zur Popularisierung gelehrter Erkenntnisse in einem größeren Kreis von Gebildeten beizutragen.

(Marginalie: Instrumentelles Literaturverständnis)

Das Interesse an den Wissenschaften, insbesondere an den naturwissenschaftlichen Disziplinen, sowie deren verständlich aufbereitete Vermittlung gehörten zum Selbstverständnis der Aufklärung und sind als gemeineuropäische Tendenzen anzusehen. Ernst Cassirer hat in seinem umfassenden Kompendium *Die Philosophie der Aufklärung* (1932) zur Entwicklung in Frankreich bemerkt:

(Marginalie: Europäische Tendenz der Wissenspopularisierung)

> „Es gibt keinen namhaften Denker des achtzehnten Jahrhunderts, der sich dieser Grundtendenz völlig entzogen hat. Voltaire macht nicht durch seine Dichtungen und durch seine ersten philosophischen Entwürfe, sondern durch sein Eintreten für Newton, durch seine ‚Eléments de la Philosophie de Newton' in Frankreich zuerst Epoche; unter Diderots Schriften findet sich ein Werk über die Elemente der Physiologie, und unter den Schriften Rousseaus eine Darstellung der Grundlehren der Chemie. Montesquieus erste Arbeiten beziehen sich auf physikalische und physiologische Probleme [...]." (Cassirer 1998, S. 61f.)

Was Cassirer hier beschreibt, lässt sich in ähnlicher Weise auch für zahlreiche deutschsprachige Autoren der Zeit sagen: Immanuel Kant z. B. veröffentlichte vor seinen Epoche machenden kritischen Schriften etliche Beiträge zur allgemeinen Naturgeschichte, Lessing publizierte neben seinen poetisch-kritischen Arbeiten akribische philologische Untersuchungen, der Physiker und Schriftsteller Georg Christoph Lichtenberg gab über zwei Jahrzehnte einen Jahreskalender mit populärwissenschaftlichen Aufsätzen heraus, Goethes naturkundliche Schriften füllen heute mehrere Bände jeder Werkausgabe, Schiller legte zum Abschluss seines Studiums drei medizinische Dissertationen vor, deren naturphilosophisch-anthropologischer Gehalt in seine späteren ästhetischen und historischen Abhandlungen einfloss.

Die aufklärerischen Autoren versuchten, die Popularisierung der zeitgenössischen Wissensbestände vor allem mit Hilfe der lehrhaften Dichtung zu bewirken. Sie knüpften damit an antike Traditionen und die im rhetorischen Literatursystem der Frühen Neuzeit entwickelte Vorstellung von der lebensorientierenden Aufgabe der Poesie an. Insbesondere der Lehrsatz des römischen Dichters Horaz, der in seiner Schrift *De arte poetica* (*Von der Dichtkunst*, um 14 v. Chr.) gefordert hatte, dass die Dichtung zugleich nutzen („prodesse") und vergnügen („delectare") solle, gehörte zum Kernbestand der Aufklärungspoetik. Von 1730 bis 1760 war ein beträchtlicher Teil der poetischen Produktion Lehrdichtung. Sie befasste sich dabei nicht nur mit den neuen Erkenntnissen der Naturwissenschaften oder Philosophie, sondern ebenso mit den praktischen Wissenschaften der Ökonomie, der politischen Verwaltungslehre, der Agrarwirtschaft oder der Tierpflege. Diese Themen wurden in einem breit gefächerten versgebundenen Gattungsspektrum behandelt, zu dem das Lehr- und Beschreibgedicht, die Stadt- und Landesbeschreibung, die Verssatire, die Epistel, das Epigramm und die Fabel (→ KAPITEL 9) gehörten. Unter den vielen Autoren des 18. Jahrhunderts, die Lehrgedichte verfassten, sind u. a. Friedrich von Hagedorn (*Die Glückseligkeit*, 1743), Friedrich Gottlieb Klopstock (*Die Welten* und *Die Gestirne*, beide 1764) sowie Christoph Martin Wieland (*Musarion*, 1768; → KAPITEL 6.3), Schiller (*Der Spaziergang*, 1795) und Goethe (*Die Metamorphose der Pflanzen*, 1799) zu nennen.

Die bedeutendsten Vertreter der frühaufklärerischen Lehrdichtung waren der Hamburger Ratsherr Barthold Heinrich Brockes und der Berner Mediziner und spätere Göttinger Naturforscher Albrecht von Haller. Als Mitglied des gehobenen Stadtbürgertums war Brockes finanziell unabhängig und trat in der ersten Hälfte des 18. Jahrhunderts neben

seiner dichterischen Tätigkeit auch als Förderer des hamburgischen Kul-
turlebens hervor, indem er regelmäßig Musikkonzerte veranstaltete, eine Gemäldesammlung anlegte, zu den Gründungsmitgliedern zweier literarischer Gesellschaften gehörte und als Autor zur moralischen
Wochenschrift *Der Patriot* (1724–26) beitrug (→ KAPITEL 13). Sein von
den Zeitgenossen hochgeschätztes Hauptwerk ist die neunbändige Gedichtsammlung *Irdisches Vergnügen in Gott, bestehend in verschiedenen aus der Natur und Sitten-Lehre hergenommenen Gedichten*
(1721–48), die zu den umfangreichsten lyrischen Werken des 18. Jahrhunderts zählt. Wie im Titel bereits ausgedrückt versuchte Brockes, in
seiner Poesie die Schönheit und Vollkommenheit der irdischen Welt aufzuzeigen, die einzig dem göttlichen Schöpfer zu verdanken sei.

Dabei gelang es ihm, durch genaue und detailgetreue Beschreibung der Naturphänomene die innere Funktionsweise des Weltgefü-
ges darzulegen. In seiner poetischen Beschreibungstätigkeit wandte er
sich Themen aus fast allen naturkundlichen Gebieten zu, etwa der
Botanik, der Zoologie, der Physik, Medizin oder Astronomie. In
wortreicher Sprache, oft musikalischer Formgebung und locker pro-
tokollierendem Stil betrachtete er noch die kleinsten Naturerschei-
nungen, z. B. Ameisen, Käfer, Schmetterlinge, Wassertropfen, Kirsch-
blüten, Erdbeeren oder Kleeblätter. Beispielhaft hierfür ist das
Gedicht *Die kleine Fliege* (1736):

> „Neulich sah ich, mit Ergetzen,
> Eine kleine Fliege sich,
> Auf ein Erlen-Blättchen setzen,
> [...].
> Wenn die Sonne sie beschien,
> Färbt' ein Roth fast wie Rubin,
> Das, indem es wandelbar,
> Auch zuweilen bläulich war.
> Liebster GOtt! wie kann doch hier
> Sich so mancher Farben Zier
> Auf so kleinem Platz vereinen,
> Und mit solchem Glantz vermählen,
> Daß sie wie Metallen scheinen!
> Rief ich, mit vergnügter Seelen!
> [...]
> Hast du also, kleine Fliege,
> Da ich mich an dir vergnüge,
> Selbst zur GOttheit mich geleitet.“
> (Brockes 1999, S. 23f.)

*Detaillierte Natur-
beschreibungen*

Beschreibungsstufen

In dem Gedicht wird nicht nur thematisch ein Naturphänomen dargestellt, sondern auch methodisch der Erkenntnisweg der Naturforschung als mehrstufiger Prozess nachvollzogen: Auf die Angabe der Beobachtungssituation folgt eine Isolation des Beschreibungsobjekts, das – nach dem Prinzip der Generalisierung – zugleich stellvertretend für die gesamte Schöpfung stehen kann. Nach der Deskription des Phänomens wird – eingebunden in eine Reflexion auf den Nutzen des Gegenstandes – eine theoretische Herleitung mit Bezug auf den zeitgenössischen Deutungskontext (Physikotheologie) gegeben, die in eine abschließende These, nämlich den Lobpreis Gottes mündet (vgl. Ketelsen 1974, S. 146–148). Bedeutsam an diesem Verfahren ist zudem die Aktivierung der verschiedenen Sinnesorgane, insbesondere des Gesichts- und des Farbsinns.

Physikotheologie

Brockes' Erfolg beruhte zum Großteil darauf, dass er mit der Verknüpfung von christlichem Weltbild und den Beobachtungsverfahren der Naturwissenschaften ein bürgerlich-gebildetes Publikum anzusprechen wusste. Diese Kombination war in der zeitgenössischen philosophischen Richtung der Physikotheologie vorgeprägt, die zwischen der empirischen Erforschung der Natur und dem Glauben an einen Schöpfergott keinen Gegensatz sah, vielmehr alle Naturphänomene als Ausdruck eines göttlichen Urhebers betrachtete. Je stärker man sich also in die wissenschaftliche oder poetische Beschreibung der Natur vertiefte, desto nachhaltiger konnte man den vollkommenen Weltplan Gottes loben. Zwar blieben die Physikotheologen der religiösen Vorstellungswelt verhaftet, doch bereiteten sie mit ihrer Öffnung zur empirischen Beobachtung der rational-wissenschaftlichen Naturerkenntnis – und damit auch ihrer didaktischen Vermittlung im Medium der Literatur – den Boden.

Albrecht von Haller

Von den über 600 Schriften Albrecht von Hallers bilden die literarischen Arbeiten nur einen verschwindend geringen Teil, die wichtigsten Gedichte sind in der Sammlung *Versuch schweizerischer Gedichten* (1732; elf Auflagen bis 1777) zusammengefasst. Hallers poetische Tätigkeit endete bereits wenige Jahre nach dem 1736 erfolgten Ruf an die Universität Göttingen, wo er als der „letzte große Universalgelehrte Europas" Berühmtheit erlangte (Toellner 1971, S. 1). Hoch-

Die Alpen

geschätzt war bei seinen Zeitgenossen das Gedicht *Die Alpen* (1729), in dem er eine neuartige poetische Beschreibung des Hochgebirges und seiner Bewohner erprobte. Haller schrieb es im Anschluss an eine Reise in seine schweizerische Heimat, auf der er auch Material für eine später in lateinischer Sprache veröffentlichte Abhandlung zur Botanik des Alpenraums sammelte. In seinem Gedicht wurden die Alpen im Gegensatz zu den herkömmlichen Vorstellungen nicht mehr als unnütz, schrecklich und abstoßend geschildert, sondern als zweckvoll, erhaben und schön.

Gleichzeitig wird die Beschreibung der Naturgegebenheiten und der bergbäuerlichen Lebensgewohnheiten als Idealbild einer unverdorbenen sittlichen Welt in einen Gegensatz zum moralisch zweifelhaften Getriebe bei Hof und in der Stadt gebracht (→ KAPITEL 3). In Hallers *Alpen*-Dichtung ist deshalb sowohl die Denkform des Naturforschers – in Fußnoten werden botanische Erläuterungen der alpinen Pflanzenwelt gegeben – als auch die verfassungskritische Haltung des Schweizer Stadtbürgers und Republikaners wirksam: „Was hat ein Fürst bevor, das einem Schäfer fehlet?" (Haller 1994, S. 4) Beiden Zwecken dienen die detailliert berichtenden Verse zur Käseherstellung der fleißigen Alpenbauern:

Idealbild des ländlichen Lebens

„Indessen, daß der Frost sie nicht entblößt berücke,
So macht des Volkes Fleiß aus Milch der Alpen Mehl.
Hier wird auf strenger Glut geschiedner Zieger dicke,
Und dort gerinnt die Milch und wird ein stehend Öl;
[...]." (Haller 1994, S. 12)

Haller machte mit dieser Beschreibung der Käsezubereitung nicht nur einen bisher kaum als literaturwürdig betrachteten chemisch-biologischen und handwerklichen Prozess zu einem Gegenstand der Dichtung, sondern hob zudem das einfache Volk in den Rang einer zivilisationskritischen Instanz: Sittenfestigkeit („Die Eintracht wohnt bei euch in friedlichen Gemütern"), Vernunftherrschaft („Hier herrschet die Vernunft, von der Natur geleitet") und Erfahrungsorientierung („Und die Erfahrenheit dient ihm vor tausend Bücher") schlossen sich für ihn zum „stille[n] Glück des Mittelstands" zusammen (Haller 1994, S. 5, 6, 13, 21).

Zivilisationskritik

Mit den Lehrgedichten *Über den Ursprung des Übels* (1734), einer poetischen Darstellung des Theodizee-Problems, also der Rechtfertigung des Glaubens an die Güte Gottes angesichts einer Welt voller Übel und Missstände, sowie dem Fragment *Unvollkommenes Gedicht über die Ewigkeit* (1736), in dem das Unendliche in seinem Doppelcharakter als Naturtatsache und Denkproblem geschildert wird, festigte Haller seine Geltung als philosophischer Dichter.

Philosophische Lehrgedichte

5.2 Experimentelles Denken: Naturforscher als Autoren

Die Geschichte der Wissenschaften im 18. Jahrhundert ist weniger durch die Entstehung neuer Disziplinen als vielmehr durch eine stark fortschreitende Differenzierung des Fächersystems und eine Beschleunigung der Wissensproduktion insgesamt gekennzeichnet. Selbstverständlich gab es auf naturwissenschaftlichem Gebiet bedeutende Entdeckungen und Fortschritte, etwa in der Botanik (Carl von Linné), der Astronomie (Tobias Mayer) und der Elektrizitätslehre (Alessandro Volta), doch die Grundlage hierfür bildete die wissenschaftliche Revolution des 17. Jahrhunderts, insbesondere die Naturlehre Isaac Newtons. Folgenreich waren zudem die Ausbreitung der praktischen Wissenschaften (etwa Ingenieurskunst, Maschinenbau) mit ihren anwendungsbezogenen technischen Innovationen z. B. im Instrumentenbau oder dem Berg- und Hüttenwesen sowie der Aufschwung der Humanwissenschaften.

Differenzierung der Wissenschaften

Die Besonderheit der Entwicklung in der Aufklärungsepoche war jedoch die enge Verbindung von Wissenschaft und Öffentlichkeit, die zu einem „kulturellen Siegeszug der Naturwissenschaften im 18. Jahrhundert" führte (Hochadel 2003, S. 23). Die unterhaltsame Darbietung naturkundlichen Wissens gehörte nicht nur am fürstlichen Hof und im adligen Salon zum guten Ton, sondern wurde – mit Moral- und Nützlichkeiterwägungen begründet – auch in geselligen Zirkeln, Zeitschriften und popularisierenden Schriften für das gebildete Bürgertum propagiert. Die der Aufklärung verbundenen Naturforscher fühlten sich verpflichtet, das gelehrte Wissen in verständlicher Form öffentlich zu verbreiten. So schrieb etwa Leonhard Euler, der berühmteste Mathematiker des Jahrhunderts, eine populärwissenschaftliche Einführung in die Naturkunde und Philosophie, die bald in vielen Sprachen verfügbar war (*Briefe an eine deutsche Prinzessin über verschiedene Gegenstände aus der Physik und Philosophie*, 1769–73). Parallel zu diesem Prozess wandelte sich das Selbstverständnis der Gelehrten vom pedantischen „Schulfuchs" alten Typs zum allgemeinbildenden und öffentlichkeitswirksamen „Menschheitslehrer" (Grimm 1987, S. 14).

Wissenschaft und Öffentlichkeit

Die wissenschaftlich gebildeten Autoren aus der mittleren Phase der Aufklärung begannen, sich im Blick auf die Naturwelt von theologisch geprägten Sichtweisen, wie sie etwa bei Brockes noch vorherrschten, zu lösen und die Popularisierung des Wissens mit Hilfe verschiedener literarischer Genres zu betreiben. Beispielhaft hierfür ist

Abraham Gotthelf Kästner

das Werk des seit 1756 an der Universität Göttingen lehrenden Mathematikers und Schriftstellers Abraham Gotthelf Kästner. Von Kant 1790 als der „Nestor aller philosophischen Mathematiker Deutschlands" bezeichnet (Kant 1970, S. 169), gab Kästner sein enormes enzyklopädisches Wissen an eine ganze Generation aufklärerisch geprägter Akademiker verschiedener Disziplinen weiter.

In poetologischen Fragen galt er als Autorität, seine philosophischen Kolloquien in Leipzig und Göttingen wurden u. a. von Lessing und den Mitgliedern des Hainbundes, eines 1772 gegründeten Freundeskreises junger Göttinger Autoren (→ KAPITEL 6.2), besucht. Kästner war trotz eines späteren persönlichen Zerwürfnisses zeit seines Lebens ein Vertreter der Literaturauffassung Johann Christoph Gottscheds, der auf der Grundlage der rationalistischen Philosophie die Funktion der Dichtung auf die vernunftgemäße und moralische Verbesserung der bürgerlichen Lebenswelt verpflichtet hatte (→ KAPITEL 10.1). Er hielt an diesem Literaturverständnis noch weit über die 1770er-Jahre hinaus fest, als sich bereits konkurrierende ästhetische Ansätze durchzusetzen begannen.

Zu literarischer Berühmtheit gelangte Kästner mit seinen *Vermischten Schriften* (1755), die scharfzüngige Satiren und Epigramme enthielten. In seinem *Philosophischen Gedichte von den Kometen* (1744) verarbeitete er zeitgenössische Kometenbeobachtungen und die neuesten Erkenntnisse der Astronomie, indem er methodisch exakt zwischen gesicherten Erkenntnissen und davon abgeleiteter Hypothesenbildung unterschied. Seinen zahlreichen Lehrgedichten stellte er populärwissenschaftliche Aufsätze und kurze Prosastücke, „Einfälle" genannt, zur Seite, in denen aus Alltagsbeobachtungen, Lesefrüchten und Anekdoten lehrhafte Schlussfolgerungen gezogen wurden. Ähnlich wie Brockes und Haller brachte Kästner mit dieser spezifischen Darstellungsform zugleich die empirische Erkenntnismethode zur Anschauung: Der konkret geschilderte Einzelfall wird im Lichte der gesamten verfügbaren Erfahrung geprüft und beurteilt, worauf die Formulierung einer Gesetzmäßigkeit folgt.

Der Göttinger Physiker und Schriftsteller Georg Christoph Lichtenberg – als Student von Kästner beeinflusst – ist dem heutigen Leser durch einen Teil seines Werks bekannt, das seinen Zeitgenossen nicht zugänglich war: den drei Jahrzehnte lang handschriftlich geführten Notizheften (1765–99), in denen er Aufzeichnungen verschiedener Art niederschrieb und die er selbst als „Sudelbücher" oder „Gedankenbücher" bezeichnete. Spätere Herausgeber fassten sie posthum unter dem Titel *Aphorismen* zusammen, doch ist nur ein kleiner Teil die-

Einfluss als Hochschullehrer

Literarisches Werk

Georg Christoph Lichtenberg

ser aus Lesefrüchten, Anekdoten, Beobachtungen, Entwürfen, Wortspielen und paradoxen Formulierungen bestehenden Notate „aphoristisch" im Sinne der literarischen Gattungstradition. Lichtenberg wurde somit erst im Nachhinein zu einem „Prototyp wider Willen" innerhalb der Geschichte des Genres (Fricke 1984, S. 70).

Unterhaltsame Aufsätze   In der literarischen Öffentlichkeit des 18. Jahrhunderts hatte Lichtenberg sich mit naturwissenschaftlichen Schriften, populären Kalenderaufsätzen, Satiren und kunsthistorischen Erläuterungen sowie als Zeitschriftenherausgeber einen Namen gemacht. Dabei befasste er sich sowohl mit alltäglichen Problemen (*Über einige Pflichten gegen die Augen*, 1791; *Über Gewitterfurcht und Blitzableitung*, 1795) als auch mit neuen wissenschaftlichen Erkenntnissen (*Einige Lebensumstände von Capt. James Cook*, 1780; *Vermischte Gedanken über die aërostatischen Maschinen*, 1783). Seine Frage *Warum hat Deutschland noch kein öffentliches Seebad?* (1793) führte mittelbar im Jahr darauf zur Gründung des ersten deutschen Seebads in Heiligendamm an der Ostsee. Diese Idee verdankte Lichtenberg seinen beiden Englandaufenthalten (1770 und 1774/75), die auch ein Musterstück der aufklärerischen Theaterkritik und Schauspielercharakteristik (*Briefe aus England*, 1776–78) sowie seine umfangreichste Veröffentlichung, die *Ausführliche Erklärung der Hogarthischen Kupferstiche* (1794–99), anregten. Von den Satiren und Streitschriften stieß seine Abhandlung *Über Physiognomik; wider die Physiognomen* (1778) auf den größten Widerhall, da der Autor hier die spekulative Menschenkunde des weitbekannten Schweizer Pfarrers Johann Kaspar Lavater (*Physiognomische Fragmente*, 1775–78) methodisch scharf kritisierte und dagegen für eine empirisch abgesicherte Form der anthropologischen Menschenbeobachtung plädierte (→ ASB KOŠENINA).

Experimentelles Denken   Lichtenberg war der erste deutsche Naturforscher, der in seinen Vorlesungen Experimentalphysik lehrte – entsprechend verblüfft und begeistert zeigten sich seine Zuhörer aus allen Gesellschaftsschichten, darunter z. B. Alexander von Humboldt, wenn er aus einem Repertoire von mehreren Hundert Experimenten in Schauversuchen künstliche Blitze, Knallgasexplosionen und schwebende Luftkugeln vorführte oder seine Elektrisiermaschine in Gang setzte.

Sudelbücher   Das experimentelle Denkprinzip prägte auch Lichtenbergs literarische Arbeiten und ist vor allem in seinen „Sudelbüchern" erkennbar. Etwa ein Drittel der darin enthaltenen rund 8 000 Einzelnotate sind im Konjunktiv verfasst, was auf den Probecharakter der Überlegung sowie das Erwägen und Überprüfen neuer Möglichkeiten hinweist:

„Selbst unsere häufigen Irrtümer haben den Nutzen, daß sie uns am Ende gewöhnen zu glauben, alles könne anders sein, als wir es uns vorstellen." (Lichtenberg 1967ff., Bd. 1, S. 785) Vorrang haben für Lichtenberg immer Beobachtung und Erfahrung, aus denen sich dann Hypothesen, Schlussfolgerungen und Handlungsalternativen ableiten lassen (vgl. Schöne 1983). Dabei gelingen ihm durch sprachkritischen Witz und sachliche Pointierung überraschende Einsichten, indem er die experimentierende Denkmethode auch auf historische und soziale Vorgänge anwendet: „Der Amerikaner, der den Kolumbus zuerst entdeckte, machte eine böse Entdeckung." (Lichtenberg 1967ff., Bd. 2, S. 166) So erwägt er auch das Für und Wider der Französischen Revolution, der er bis zur Mitte der 1790er-Jahre weitgehend positiv gegenüberstand, als einen gesamtgesellschaftlichen Versuch, der mitunter „falsch ausfallen" könne, „allein es ist nun einmal zum Versuch gekommen", man habe es mit einem Beispiel für „Experimental-Politik" zu tun (Lichtenberg 1967ff., Bd. 1, S. 790, 899). Sein antisystematisches Denken, seine „Hinwendung zum Dokumentarischen", seine literarischen Verfahren zur „Aufdeckung von unmittelbarer Erfahrung" und seine Sensibilität für das Unbewusste der menschlichen Existenz ließen den geistesverwandten Schriftsteller Helmut Heißenbüttel rund 200 Jahre später davon sprechen, dass Lichtenberg der „erste Autor des 20. Jahrhunderts" sei (Heißenbüttel 1974, S. 84, 87, 76).

5.3 Die neuen Humanwissenschaften und die Literatur

Der Philosophiehistoriker Sergio Moravia hat für das 18. Jahrhundert einen „Aufschwung der Humanwissenschaften" konstatiert, der durch Wandlungsprozesse in den verschiedensten Wissenschaftsfeldern ausgelöst und vor allem in der Spätaufklärung wirksam geworden sei (Moravia 1996, S. 143). Hierzu zählten etwa die Aufwertung der empirischen Beschreibungsmethoden (Selbstbeobachtung, Reiseberichte, kulturvergleichende Studien), das wachsende Interesse an der leibseelischen Doppelnatur und dem sozialen Lebensraum des Menschen (Psychomedizin, Klimatheorie), die Öffnung gegenüber außereuropäischen Kulturen (Ethnologie, Kulturanthropologie) sowie die Wahrnehmung und Neubewertung psychischer Störungen (empirische Psychologie, Psychiatrie). Im Zentrum dieser neuen Erkennt-

Aufschwung der Humanwissenschaften

Aufgabe hierzu: Martens „Die Entdeckung des ganzen Menschen" (handwritten annotation)

nisse stand somit der ,ganze' Mensch in seiner soziokulturellen Umwelt und zivilisationsgeschichtlichen Stellung.

Als Integrationsdisziplin für diesen Konzeptwandel bot sich die aufklärerische Anthropologie an, da sie die unterschiedlichen Fragestellungen nach den physischen, psychischen und kulturellen Einflussfaktoren der menschlichen Entwicklung kompakt zu bündeln verstand. In

Anthropologische Wende

diesem Sinne kann von einer „anthropologischen Wende" im Weltbild der Aufklärung gesprochen werden, als deren Gründungsdokument die *Anthropologie für Aerzte und Weltweise* (1772) des Leipziger Mediziners und Philosophen Ernst Platner gilt. Allerdings wurden in jüngster Zeit Zweifel an der Spätdatierung einer solchen „Wende" auf die 1770er-Jahre angeführt, da sich erste Ansätze einer entsprechenden integrativen Sichtweise bereits zwischen 1740 und 1750 im Kreis der Halleschen „vernünftigen Ärzte" um Johann Gottlob Krüger und Johann August Unzer finden ließen (vgl. Zelle 2004).

In diesem Kontext kam der aufklärerischen Literatur ein besonderer Stellenwert zu, da sie die medizinischen, psychologischen und sozialen Wandlungen der Menschennatur in den unterschiedlichsten

Literarische Anthropologie

Genres zu beschreiben vermochte. Literarisch gestaltet wurde u. a. die Darstellung von Wahnsinn und Verbrechen als psychosoziale Fehlentwicklungen (Irrenhausberichte, Kriminalliteratur), die Nachzeichnung der inneren Geschichte des Menschen im psychologischen und autobiografischen Roman (→ KAPITEL 12.3), die Präsentation und Kritik der Physiognomik oder die Entfaltung differenzierter Affekte auf der Bühne (Mitleidstheorie; → KAPITEL 10.2). Als Bezeichnung des maßgeblichen Beitrags der Literatur zur Herausbildung des neubelebten Wissenschaftsfeldes der Anthropologie hat sich seit der Pionierstudie des Germanisten Hans-Jürgen Schings über *Melancholie und Aufklärung* (1977) der Begriff „literarische Anthropologie" eingebürgert (→ ASB KOŠENINA). Die Literatur bildet in dieser Konzeption ein eigenständiges Element bei der Formierung und Ausgestaltung eines Wissenschaftsensembles, dessen interne Entwicklung wiederum Rückwirkungen auf das Themen- und Formenrepertoire der literarischen Ausdrucksweisen hatte.

Fragen und Anregungen

• Auf welche Weise werden in der didaktischen Poesie der Frühaufklärung das theologische und das wissenschaftliche Weltbild verknüpft?

- Welche Funktion erhält der Naturbegriff in den Dichtungen Albrecht von Hallers?

- Charakterisieren Sie die verschiedenen Themen, Medien und literarischen Formen der Wissenspopularisierung im 18. Jahrhundert.

- Warum konnte der Aufklärungsschriftsteller Georg Christoph Lichtenberg als der „erste Autor des 20. Jahrhunderts" bezeichnet werden?

- Definieren Sie den Begriff „literarische Anthropologie".

Lektüreempfehlungen

- Barthold Heinrich Brockes: Irdisches Vergnügen in Gott [1721–48]. Naturlyrik und Lehrdichtung. Ausgew. und hg. v. Hans-Georg Kemper, Stuttgart 1999.   *Quellen*

- Albrecht von Haller: Die Alpen [1729] und andere Gedichte. Auswahl und Nachwort v. Adalbert Elschenbroich, Stuttgart 1994.

- Abraham Gotthelf Kästner: Gesammelte poetische und schönwissenschaftliche Werke, Teil 1–4 in 2 Bdn. (Nachdruck der Ausgabe Berlin 1841), Frankfurt a. M. 1971.

- Georg Christoph Lichtenberg: Schriften und Briefe, hg. v. Wolfgang Promies, Bd. 1–4, Kommentarbd. 1–2, München 1967–92.

- Hans-Wolf Jäger: Lehrdichtung, in: Rolf Grimminger (Hg.), Hansers Sozialgeschichte der deutschen Literatur. Bd. 3: Deutsche Aufklärung bis zur Französischen Revolution 1680–1789, München 1980, S. 504–544. *Kompakter Überblick zu den didaktischen Genres der Aufklärungsliteratur.*   *Forschung*

- Karl Richter: Literatur und Naturwissenschaft. Eine Studie zur Lyrik der Aufklärung, München 1972. *Standardwerk zur Vermitt-*

*lung naturkundlichen Wissens durch Poesie; behandelt ausführlich
die Dichtungen Hallers und Klopstocks.*

- **Hans-Jürgen Schings (Hg.): Der ganze Mensch. Anthropologie und
Literatur im 18. Jahrhundert.** DFG-Symposion 1992, Stuttgart
1994. *Aufsatzband, in dem erstmals umfassend der Zusammenhang von Aufklärung und Anthropologie dokumentiert wurde.*

- **Walter Schmitz / Carsten Zelle (Hg.): Innovation und Transfer. Naturwissenschaften, Anthropologie und Literatur im 18. Jahrhundert,** Dresden 2004. *In diesem Band werden neue Fragestellungen
bei der Erforschung von Wissenschaften und Literatur in der Aufklärungsepoche erprobt.*

- **Rudolf Vierhaus (Hg.): Wissenschaften im Zeitalter der Aufklärung,** Göttingen 1985. *Sammelband mit zehn einführenden Aufsätzen zur Entwicklung der natur-, sozial- und geisteswissenschaftli-
chen Disziplinen im 18. Jahrhundert.*

6 Das Jahrhundert der Ästhetik

Abbildung 10: Antoine Watteau: *Fête d'amour* (*Liebesfest*, Ausschnitt) (1718)

In der französischen Genremalerei des 18. Jahrhunderts von Antoine Watteau, Jean Siméon Chardin oder Jean-Honoré Fragonard werden in leuchtenden Farben bevorzugt Liebesszenen dargestellt. Watteaus Gemälde mit dem bezeichnenden Titel „Fête d'amour" („Liebesfest") von 1718 ist dafür ein besonders typisches Beispiel. Unter einer antiken Statuengruppe, die zeigt, wie Venus Amor entwaffnet, vergnügen sich in einem Park unzählige Liebespaare. Der Blick des Paares, das in der Bildmitte flaniert, zeigt die von Tabus freie Neugier an der neu entdeckten Sinnlichkeit.

Das Bild der Aufklärung war auch in großen Teilen der Forschungsliteratur lange Zeit geprägt von der klassisch-romantischen Aufklärungskritik: Aufklärung wurde gleichgesetzt mit einem als ‚platt' klassifizierten Rationalismus, in dem für das „Andere der Vernunft", also das Unbewusste, das Irrationale, die Triebe und die Gefühle, kein Platz gewesen sei. Entgegen dieser Gleichsetzung von Aufklärung und Rationalismus hat die Forschung der letzten Jahrzehnte zu Recht darauf aufmerksam gemacht, dass weite Teile der Aufklärung nur als kritische Auseinandersetzung mit eben diesem Rationalismus verständlich werden. In seiner grundlegenden Arbeit *Die Aufklärung im Rahmen des neuzeitlichen Rationalismus* (1986) hat Panajotis Kondylis als ein entscheidendes Merkmal der Aufklärung gerade die „Rehabilitierung der Sinnlichkeit" ausgemacht (Kondylis 2002, S. 19). Tatsächlich lässt sich das Zeitalter der Aufklärung geradezu als ‚Jahrhundert der Ästhetik' bezeichnen. Mit der modernen Ästhetik erhält der Bereich der Sinnlichkeit eine eigene neue Wissenschaftsdisziplin. Das Kulturmodell der Empfindsamkeit prägt ab 1750 in ästhetischer und sozialethischer Hinsicht die gesamte Hochaufklärung. Und schließlich wird die Rehabilitierung der Sinnlichkeit zum Beispiel in der Anakreontik oder bei Christoph Martin Wieland ausdrücklich zum literarischen Programm.

6.1 Ästhetik zwischen Theorie der Sinnlichkeit und Kunsttheorie
6.2 Empfindsamkeit als Kulturmodell
6.3 Literarische Rehabilitierung der Sinnlichkeit

6.1 Ästhetik zwischen Theorie der Sinnlichkeit und Kunsttheorie

Gleichzeitigkeit voraussetzen

Neben der Geschichtswissenschaft und der Anthropologie entstand im 18. Jahrhundert die Ästhetik als dritte große neue Disziplin im System der Wissenschaften. Sie wurde spätestens ab der Jahrhundertmitte diskursprägend. In Deutschland entwickelten Johann Christoph Gottsched, Alexander Gottlieb Baumgarten und Moses Mendelssohn Einsichten der Leibniz-Wolff'schen Schulphilosophie weiter und wiesen so das Ästhetische als einen eigenständigen Erkenntnisbereich aus. Der Bereich der ästhetischen Erfahrung (von griechisch *aisthesis*: Wahrnehmung) wurde dabei in einem weiten Sinne verstanden und umfasste alle Formen der sinnlichen Wahrnehmung. Dagegen ist die auch im heutigen Sprachgebrauch noch übliche Eingrenzung des Ästhetikbegriffs auf die schönen oder ‚hohen‘ Künste erst ein Ergebnis der klassisch-romantischen Kunsttheorie (→ ASB TAUSCH).

Im ersten Paragrafen seines Werkes *Aesthetica* von 1750, das als Gründungsdokument der neuzeitlichen Ästhetik gilt, definiert Baumgarten die Disziplin der Ästhetik als „scientia cognitionis sensitiva", als „Wissenschaft von der sinnlichen Erkenntnis" oder als Wissenschaft von den „unteren Erkenntnisvermögen" (Baumgarten 1988, S. 3). Die Einteilung in „obere" und „untere" Erkenntnisvermögen entspricht unterschiedlichen Formen der Erkenntnis. Während der Verstand als „oberes" Erkenntnisvermögen gilt, werden sichtbare bzw. fühlbare Phänomene, die unterscheidbar und wiedererkennbar sind, ohne dass sie begrifflich definiert werden können, als „untere" oder sinnliche Erkenntnisse bezeichnet (vgl. Scheer 1997, S. 38–72). Den Mangel an begrifflicher Deutlichkeit gleicht die sinnliche Erkenntnis durch ein größeres Maß an Mannigfaltigkeit und Lebendigkeit der Anschauung aus. Eine „sinnlich vollkommene Vorstellung" („perfectio cognitionis sensitivae qua talis") definiert Baumgarten als Schönheit (Baumgarten 1988, S. 11). Daher entspricht der Wahrnehmung des schönen Objekts auf der Seite des Subjekts das Vergnügen am Schönen. Ganz ähnlich fundierte Moses Mendelssohn seit den 1750er-Jahren den Bereich des Ästhetischen anthropologisch: Für Menschen, die immer zugleich körperliche wie vernünftige Wesen sind, weist er die sinnliche Erkenntnis als angemessene Erkenntnisform aus. Ein reines Vernunftwesen hingegen, z.B. Gott, würde überhaupt keine Schönheit kennen, weil ihm immer alles gleich zur trockenen Wahrheit würde (vgl. Mendelssohn 1971ff., Bd. 1, S. 251).

Ästhetik als neue Disziplin

Metaphysik

Sinnliche Erkenntnis

extrem heruntergebrochen

Schönheit als sinnliche Vollkommenheit

angenehm

Schön

anthr. Def.

Im Rahmen der allgemeinen Theorie der Sinnlichkeit wurden auch Fragen der Künste behandelt, die eine intensivierte Form ästhetischer Erfahrung ermöglichen. Weil Kunstwerke in der Aufklärungsästhetik immer in Bezug auf ihre psychologische Wirkung und die damit verbundenen ästhetischen Erfahrungen untersucht werden, beschreibt **Wirkungsästhetik** die Forschung diese als „Wirkungsästhetik". Mendelssohn etwa drückt den Zusammenhang zwischen „Seelenlehre" (Psychologie) und Kunsttheorie so aus:

> „Die schönen Künste und Wissenschaften sind für den Virtuosen eine Beschäftigung, für den Liebhaber eine Quelle des Vergnügens, und für den Weltweisen eine Schule des Unterrichts. In den Regeln der Schönheit, die das Genie des Künstlers empfindet, und der Kunstrichter in Vernunftschlüsse auflöset, liegen die tiefsten Geheimnisse unserer Seele verborgen. Jede Regel der Schönheit ist zugleich eine Entdeckung in der Seelenlehre." (Mendelssohn 1971ff., Bd. 1, S. 427)

Der „Wirkungsästhetik" stellt die Forschung die „Werkästhetik" der Klassik und Romantik gegen, in der das Kunstwerk als in sich geschlossener, autonomer Gegenstand im Blickfeld steht. Entgegen späterer Kritik meint die Bezeichnung „Wirkungsästhetik" jedoch nicht, dass die Aufklärungsästhetik die Kunst ausschließlich auf ihre Wirkung hin untersucht, ohne auf objektive Kriterien einzugehen, die im Kunstwerk selbst liegen. Im Gegenteil entwickelten Alexander Gottlieb Baumgarten, Moses Mendelssohn, Gotthold Ephraim Lessing, **Formen ästhetischer** Karl Philipp Moritz und Immanuel Kant Theorien einer relativen äs- **Autonomie** thetischen Autonomie, d. h. einer Eigengesetzlichkeit des Schönen, die nicht im Dienste der Moral steht oder der wissenschaftlichen Wahrheit als Erkenntnisform nachgeordnet ist.

Dabei wurden – wie später in der Werkästhetik – auch die objektiven, gegenständlichen Aspekte von Kunstwerken in den Blick genommen. So entwarfen Mendelssohn (*Betrachtungen über die Quellen und die Verbindungen der schönen Künste und Wissenschaften*, 1757) und Lessing (*Laokoon oder über die Grenzen der Malerei und* **Zeichen- und** *Poesie*, 1766) jeweils detaillierte Zeichen- und Medientheorien der **Medientheorie der** Künste, in denen sie die unterschiedlichen Kunstformen semiotisch, **Künste** nach ihrem Zeichen- und Materialgebrauch, charakterisierten und voneinander abgrenzten. Ausgehend von der schulphilosophischen Unterscheidung zwischen „willkürlichen" Zeichen (d. h. im wesentlichen Sprachzeichen) und „natürlichen" Zeichen (d. h. Bild- und Tonzeichen) bestimmte beispielsweise Lessing in *Laokoon* die Kunstformen der Poesie und der Malerei: Während die Dichtkunst mit willkürlichen und sukzessiven, also in der Zeit aufeinanderfolgenden Zeichen arbeite, stelle die Malerei ihre Gegenstände mit natürlichen und „koexistenten", d. h. räumlich nebeneinanderstehenden Zeichen dar (Lessing 1985ff., Bd. 5/2, S. 116ff.). Lessings argumentative Stoßrichtung ist die konsequente Trennung beider Formen des Zeichengebrauchs. Er will dadurch „die ganze weite Sphäre der Poesie" und der Einbildungskraft gegenüber den „engern Schranken der Malerei" aufweisen (Lessing 1985ff., Bd. 5/2, S. 15).

Während die deutschsprachige Ästhetik von der Begrifflichkeit der rationalistischen Philosophie ihren Ausgang nahm, entwickelte der irische Philosoph Edmund Burke seine für die Ästhetikdiskussion der zweiten Jahrhunderthälfte höchst einflussreiche Theorie in *A Philosophical Enquiry into the Origin of our Ideas of the Sublime and Beautiful* (*Philosophische Untersuchungen über den Ursprung unserer Ideen vom Erhabenen und Schönen*, 1757) auf der Basis der empirischen Psychologie und Anthropologie. In den anthropologischen Modellen von Baruch de Spinoza, David Hume oder Jean-Jacques Rousseau werden die Menschen von Natur aus von zwei Grundtrieben geprägt: dem Selbsterhaltungstrieb, der auf der Furcht vor Schmerzen („pain") basiert, und dem Geselligkeitstrieb (bzw. der Liebe oder Sympathie), der mit Vergnügen („pleasure") verbunden ist. In dieser Doppelnatur sind nach Burke die Qualitäten des Erhabenen und des Schönen begründet, die er als Modifikationen von Schmerz und Vergnügen bestimmt. So bewirke das Erhabene einen Schmerz, der aber nicht bis zur unmittelbaren körperlichen Bedrohung führe und daher eine Art von vermischter Empfindung hervorrufe, die Burke als „wohlgefälligen Schauer" („delightful horror") beschreibt. Sich im Angesicht des Schrecklichen selbst frei von direkter Gefahr zu wissen, führe so zu einem „Gefühl innerer Größe" und rufe „eine Art von innerem Gehobensein und von Triumphgefühl hervor, das für das menschliche Gemüt außerordentlich angenehm ist." (Burke 1980, S. 86, 85) Während das Gefühl des Erhabenen das Selbstwertgefühl steigere, appelliere die Schönheit an die sozialen Kompetenzen der Menschen. Burke bestimmt sie als eine „soziale Qualität", die auf der Liebe beruhe und ein Gefühl des „Wegschmelzens vor Vergnügen" hervorrufe (Burke 1980, S. 76).

In einer einschlägigen Studie hat Carsten Zelle gezeigt, wie schon die Aufklärungsästhetik die Bereiche der Kunst und der Moral trennt und infolge dessen ästhetisches Vergnügen auch an moralisch verwerflichen Gegenständen legitim wird (vgl. Zelle 1987). Burke entwarf eine Poetologie neuer Gattungen wie des Schauerromans und

Leibniz
Wolff
Baumgarten

Vom Erhabenen und Schönen

Burke

Schmerz und Vergnügen

Burke-Rezeption in
Deutschland

der Gothic Novel (etwa Horace Walpoles *The Castle of Otranto*, 1764), die bereits auf die Romantik vorausweist. In der deutschen Ästhetikdiskussion wurden Burkes Thesen sofort rezipiert. Vor allem Mendelssohn (*Betrachtungen über das Erhabene und Naive in den schönen Wissenschaften*, 1758) und Kant (*Beobachtungen über das Gefühl des Schönen und Erhabenen*, 1764) eigneten sich Burkes Thesen produktiv an. Mendelssohns in Anlehnung an Burke entwickelte Theorie der vermischten Empfindungen wurde wiederum für Lessings Trauerspieltheorie bedeutsam (→ KAPITEL 10.2).

Genie und Geschmack

Am Verhältnis der zentralen Kategorien des „Genies" und des „Geschmacks" lassen sich die Veränderungen der Ästhetik von der Frühaufklärung über die Empfindsamkeit zum Sturm und Drang und zur Spätaufklärung am deutlichsten ablesen. Beide Begriffe stehen in einem komplementären Verhältnis.

- Das Genie, das Ingenium, der schöpferische Erfindungsreichtum ist die zentrale produktionsästhetische Kategorie und bezieht sich auf die innovativen und kreativen Potenziale der Kunst.
- Der Geschmack hingegen ist wesentlich eine rezeptionsästhetische Kategorie und bezeichnet das Urteilsvermögen in ästhetischen Fragen.

Im Rahmen einer frühaufklärerischen, rationalistisch-klassizistischen Ästhetik wie auch im Rahmen einer sensualistischen, empfindsamen Ästhetik besteht kein Widerspruch zwischen beiden. In der rationalistischen Ästhetik sind die Regeln, nach denen der Künstler ein Kunstwerk herstellt, die gleichen, nach denen ein Rezipient es beurteilt. In der sensualistischen Ästhetik um 1700 findet jedoch schon eine Verschiebung statt: So ist Geschmack bei dem englischen Philosophen Shaftesbury ein emotives Vermögen, das auf dem subjektiven Gefühl und nicht auf allgemeinen Vernunftregeln beruht. Dennoch wird der gute Geschmack letztlich als Gemeinsinn, als ein ‚common sense', vorausgesetzt.

Erst im Kontext eines sich verändernden Geschichtsverständnisses seit der Jahrhundertmitte, mit der Selbstsetzung der Menschen als Subjekte der Geschichte und dem Bewusstsein eines potenzierten Spielraums des Herstell- und Machbaren (→ KAPITEL 7.1), wird auch der Geniebegriff zunehmend aufgewertet. Genie und Geschmack, Originalität und Nachahmung (Mimesis), Produktion und Wirkung treten in ein Oppositionsverhältnis. In Jean-François de Saint-Lamberts Artikel *Genie* (1757) in Denis Diderots *Enzyklopädie* wird das Genie explizit vom bloßen Geschmack abgegrenzt. Als Prototyp des Genies gilt nun William Shakespeare. Der französische Klassizist Jean-Baptiste Racine hingegen steht bis ins 19. Jahrhundert hinein

Aufwertung des
Genies

[handschriftlich: Moritz Nachahmungsbegr. umfasst beide Kategorien]

für den bloßen Geschmack. Während dem Genie die Merkmale der „Natürlichkeit", der „Originalität" und des „Außerordentlichen" zugesprochen werden, bleibt der Geschmack konventionell (herkömmlich), regelgeleitet und gelehrt, ein Produkt der Nachahmung:

> „Der Geschmack ist oft getrennt vom *Genie*. Das *Genie* ist reines Geschenk der Natur. Was es hervorbringt, ist das Werk eines Augenblicks. Der Geschmack dagegen ist das Produkt des Studiums und der Zeit; er legt Wert auf die Kenntnis einer Menge von feststehenden oder vorausgesetzten Regeln; er bringt nur Schönes hervor, das herkömmlich ist. Soll eine Sache schön nach den Regeln des Geschmacks sein, so muß sie geschliffen, vollendet, ausgearbeitet sein, ohne so zu scheinen. Soll sie *genial* sein, so muß sie zuweilen nachlässig sein und unregelmäßig, zerklüftet, wild aussehen. Das Erhabene und das Geniale blitzen bei Shakespeare wie in tiefer Nacht auf; doch Racine ist immer schön. Homer reich an *Genie* und Virgil reich an Anmut. Die Regeln und Gesetze des Geschmacks würden dem *Genie* Fesseln anlegen; es sprengt sie, um sich zum Erhabenen, zum Ergreifenden, zum Großartigen aufzuschwingen." (Saint-Lambert 2001, S. 127)

Im deutschen Sturm und Drang und in der Spätaufklärung wurden die Begriffe der poetischen Schöpfungskraft, der Phantasie und der individuellen Tatkraft weiter radikalisiert. Der Sturm und Drang wird deshalb auch oft als „Genieperiode" bezeichnet (Ortland 2001, S. 689). In Johann Gottfried Herders Aufsatz *Shakespear*, der 1773 im Gründungsmanifest des Sturm und Drang *Von deutscher Art und Kunst* erschien, tritt an die Stelle des klassizistischen Nachahmungsgebotes die kulturelle und historische Individualität. Und im vielleicht berühmtesten deutschsprachigen Protestgedicht des 18. Jahrhunderts, *Prometheus* (1774), deutet Goethe Shaftesburys vielzitierte Formel vom Künstler als „zweitem Schöpfer unter Jupiter" (Shaftesbury 1981, Bd. 1, S. 109) programmatisch um: Prometheus, der seit der Antike als Prototyp des sich selbst ermächtigenden, sich gegen die Götter auflehnenden Künstlers dient, gibt sich bei Goethe mit der nachgeordneten, zweiten Schöpferrolle nicht mehr zufrieden. Er spricht Zeus-Jupiter, in dem sowohl Gottvater als auch der absolutistische Herrscher konnotiert sind, jeglichen Machtanspruch ab:

> „Ich kenn nichts ärmers
> Unter der Sonn als euch Götter." (V. 13–14)

Während nur noch der naive Glaube von „Kindern", „Bettlern" und „Toren" den Führungsanspruch des Zeus gewährleistet, erhebt sich das lyrische Ich selbst zum Subjekt seiner Geschichte:

[Marginalien: Definition „Genie" in der Enzyklopädie; Erhabenheit zum Genialen; „Genieperiode"; Goethes Prometheus]

„Hast du's nicht alles selbst vollendet,
Heilig glühend Herz?" (V. 33–34)

Gegenüber einer späteren ästhetizistischen Verengung des Geniebegriffs spiegelt sich in diesem frühen Gedicht Goethes ebenso wie in

Politische Dimension des Genies der spätaufklärerischen Geniediskussion immer auch die politische
Frage nach der Möglichkeit von Subjektivierung und Individualisie-
rung innerhalb einer Gesellschaft. Mit dem Geniebegriff verbunden
ist das aufklärerische Bildungspostulat, nach dem ‚von Natur aus‘
jeder potenziell ein Original ist und erst durch korrumpierte gesellschaftliche Verhältnisse daran gehindert wird, dieses Potenzial auch
zu leben. Diese politische Dimension des Geniebegriffs wurde vor allem im Zusammenhang mit den Debatten um die Französische Revolution aktualisiert. Im Jahr 1794 stellte z. B. der Publizist Ludwig
Schubart fest, dass „jeder Mensch ein Gott" sei und „nach dem
Maas seiner Talente und Kräfte selbständig schaffen und wirken
[könne] wie ein Gott". Es komme demnach nur darauf an, dass die
Menschen lernten, „sich selbst [zu] achten" und „das geheime Gold
auf[zu]grabe[n], was jede Menschenseele – mehr oder minder, höher
oder tiefer" verschließe. Sie sollten so zu Genies werden, d. h. „freien
Zöglingen der Natur", die nicht von „eigennüzigen Priestern und
habgierigen Tirannen entstellt" und „nicht durch Despotismus ver-
krüppelt" werden. Schubart deutet zusammenfassend die amerikanische und französische Revolution als Vorzeichen eines neuen Zeitalters der Genies: „Columbus Welt machte den Anfang; und leicht
könnte Frankreich im bevorstehenden Jahrhundert zum zweitenmal
die Tongeberin der Welt werden." (Schubart 1794 in: Sauder 1977,
S. 156–158)

6.2 Empfindsamkeit als Kulturmodell

Empfindsamkeit in Europa Die Empfindsamkeit war eine gesamteuropäische Erscheinung, die
sich in England und Frankreich in den ersten Jahrzehnten des
18. Jahrhunderts unter den programmatischen Begriffen *sensibility*
und *sensibilité* durchzusetzen begann. Sie kann gleichermaßen als
„moralische, psychohistorische und literarische Tendenz" (Sauder
1995, S. 94) innerhalb der europäischen Aufklärung bezeichnet werden, die einen nachhaltigen Einfluss auf das Kunstverständnis und
die Lebenswelt vor allem bürgerlicher Schichten ausübte. Als Kulturmodell konnte sie jedoch auch adlige und höfische Kreise erreichen.
Seit Lessing anlässlich der Übersetzung von Laurence Sternes Reise-

roman *A Sentimental Journey through France and Italy* (1768) vorgeschlagen hatte, das englische Wort „sentimental" mit „empfind-
sam" zu übertragen *(Eine empfindsame Reise durch Frankreich und
Italien)*, wurde der Begriff auch im deutschen Sprachraum populär.
Die Empfindsamkeit als eine spezifische Form der Gefühlskultur des
18. Jahrhunderts ist nicht als Gegenbegriff zur Vernunft zu begreifen,
sondern als eine auf den Ausgleich von Rationalität und Emotionalität gerichtete Bewegung zu verstehen.

Im deutschsprachigen Raum sind erste Ansätze seit 1740 erkennbar, ihre größte Verbreitung erreichte die Empfindsamkeit in den
1760er-Jahren, um nach 1785 allmählich abzuklingen. Eine zweite
Welle empfindsamer Kunstproduktion setzte um 1795 ein, verlor sich
aber einerseits in der Übernahme empfindsamer Motive durch die
Romantik, andererseits in der Unterhaltungsliteratur, die oft zur Sen-
timentalität trivialisiert wurde und bis in das 19. Jahrhundert hinein
wirksam blieb (→ KAPITEL 12.3).

... und im deutsch-
sprachigen Raum

Eine genaue Abgrenzung von ‚wahren' und ‚falschen' empfindsamen Verhaltensweisen war für die Zeitgenossen so bedeutungsvoll,
dass ein umfangreiches theoretisches, popularphilosophisches und pä-
dagogisches Schrifttum zu diesem Problem entstand. Empfindsamkeit
bedeutete zunächst einfach die „Fertigkeit im Empfinden" (Karl
Heinrich Heydenreich 1790 in: Sauder 2003, S. 107), meinte jedoch
kein rein passives Verharren in sozialethisch positiv bewerteten Gefühlen wie Freundschaft, Liebe oder Mitleiden, sondern sollte immer
auch aktive Komponenten enthalten: Einerseits stand die „lebhafte
Einbildungskraft" (Carl Friedrich Pockels 1788 in: Sauder 2003,
S. 82) für rege Fantasietätigkeit. Andererseits blieb im aufklärerischen
Verständnis das empfindsame Fühlen nicht folgenlos. Freundschaft-
lichkeit, Geselligkeit und Wohltätigkeit gehörten zu den als Tugenden
des Herzens verstandenen Elementen der empfindsamen Kultur:
„Wahre Empfindsamkeit ist immer Thatenreich" (Joachim Heinrich
Campe 1785 in: Doktor/Sauder 1976, S. 83). Die positive Bestimmung der Einbildungskraft verweist auf die entscheidende Umwertung dieses poetologischen Leitbegriffs in der ersten Hälfte des
18. Jahrhunderts, die in den Schriften der Züricher Literaturtheoreti-
ker Johann Jakob Bodmer und Johann Jakob Breitinger vorbereitet
wurde. Beide betonten im Gegensatz zu Gottsched das kreative Potenzial der Einbildungskraft und zeigten an der Kategorie des „Wunder-
baren" die affektsteigernden Möglichkeiten der Dichtkunst auf.

Wahre und falsche
Empfindsamkeit

Seit Mitte der 1770er-Jahre mehrten sich Stimmen, welche die
Empfindsamkeit als Modeerscheinung bezeichneten und ihre negati-

Kritik an der
Empfindsamkeit

89

[handwritten note in left margin: 1770 — Empfindrankeit]

ven Auswirkungen kritisierten, etwa Gefühlsüberschwang, modische Affektiertheit und öffentliche Zurschaustellung intimer Emotionalität. Rasch wurde hierfür der abwertende Begriff der „Empfindelei" gefunden, während die Verknüpfung von religiösem Enthusiasmus und empfindsamer Gefühlsschau als „Schwärmerei" verurteilt wurde.

Literatur der Empfindsamkeit

Als literarische Tendenz machte sich die Empfindsamkeit in einer Vielzahl literarischer Gattungen bemerkbar, hauptsächlich im Roman, in der Idylle, in lyrischen Textsorten, im Lustspiel und im Bürgerlichen Trauerspiel. Christian Fürchtegott Gellerts *Leben der schwedischen Gräfinn von G**** (1747/48) und Sophie von La Roches *Geschichte des Fräuleins von Sternheim* (1771) sind die Marksteine des empfindsamen Romans (→ KAPITEL 12.2). Lessings Schauspiele, insbesondere *Miss Sara Sampson* (1755; → KAPITEL 10), sind Höhepunkte auf dem Gebiet der dramatischen Kunst. Salomon Gessners *Idyllen* (1756) und *Neue Idyllen* (1772) sowie Friedrich Gottlieb Klopstocks *Messias*-Dichtung (seit 1748), schließlich seine Oden und Hymnen stießen beim Lesepublikum auf eine große Resonanz. Dem Geselligkeits- und Freundschaftsideal empfindsamer Kreise entsprechend fanden der intensive Sozialkontakt und der gemeinsame Gefühlsausdruck überdies Eingang in Tagebücher, Autobiografien, Briefsammlungen und Stammbücher. Die literarischen Mittel zur Darstellung empfindsamer Gefühle waren oft begrenzt, da die affektiven Ausdrucksmöglichkeiten einem Unsagbarkeitstopos unterlagen und somit häufig elliptische Stilfiguren, Gedankenstriche oder bestimmte Losungsworte verwendet wurden.

[handwritten note in left margin: Umkt nimmt Mode-Erd. seiner Zeit auf]

Nicht nur in der Rezeption von Literatur spielte der gesellige Charakter des empfindsamen Kulturmodells eine Rolle, er kam zudem in den Freundschaftsbünden zum Ausdruck, in denen sich Schriftsteller zum gemeinsamen Diskutieren und Dichten zusammenfanden. Ein

Göttinger Hain

Musterbeispiel hierfür ist die als „Göttinger Hain" bezeichnete Autorengruppe, die von 1772 bis nach 1800 bestand, durch den Wegzug wichtiger Mitglieder jedoch seit 1775/76 an Bedeutung verlor. Zu den Autoren zählten überwiegend Studenten der Göttinger Universität wie Ludwig Christoph Heinrich Hölty, Johann Anton Leisewitz, Johann Heinrich Voß sowie Friedrich Leopold und Christian zu Stolberg, zu ihrem Umkreis gehörten Gottfried August Bürger und Matthias Claudius. Organisatorisches Zentrum des Kreises war Heinrich Christian Boie, der 1770 die Zeitschrift *Göttinger Musen-Almanach* gründete und zum Publikationsorgan des Göttinger Hains machte. Die Zusammenkünfte des Bundes standen ganz im Zeichen Klopstocks, dessen Verehrung nahezu kultische Züge annahm. Literarisch traten die Hainbündler überwiegend mit Balladen- und Liederdichtung hervor, in der sie volkstümliche Stoffe mit politischem Freiheitspathos zu verbinden suchten. Geselligkeit und Gemeinschaftsarbeit gehörten für die Hainbündler zusammen, sodass sich hier erste Ansätze von kollektiver Autorschaft finden lassen. Diese Arbeitsform wurde später von den Frühromantikern zum Programm erhoben (vgl. Hettche 2004).

Über die Literatur hinaus hatte die empfindsame Tendenz als Kulturparadigma Auswirkungen auf verschiedene Lebensbereiche. So beeinflusste sie die zeitgenössischen moralphilosophischen und pädagogischen Debatten ebenso wie die Diskussion um eine Neubestimmung der Geschlechterordnung. Sie propagierte das Ideal des gefühlsbetonten Mannes, dessen „sanfte Männlichkeit" auch die tränenselige Selbstvergessenheit im Binnenraum der Kleinfamilie umfassen konnte (vgl. Gruenter 1983). Literatur und Publizistik widmeten psychologischen Fragestellungen im Rahmen der zeitgenössischen Disziplin der „Erfahrungsseelenkunde" starke Aufmerksamkeit, Modellschulen („Philantropine") mit neuartigen und kindgerechten Unterrichtskonzepten wurden gegründet. Die empfindsame Sensibilisierung gegenüber den Mitgeschöpfen förderte nicht nur den Ausbau karitativer Einrichtungen (Armen- und Waisenhäuser), sondern führte auch zu ersten Ansätzen naturerhaltender Maßnahmen (Landschaftsparks, Tierschutz).

Über die sozialhistorische Einordnung der Empfindsamkeit wurde seit den 1970er-Jahren innerhalb der Germanistik eine intensive Debatte geführt. Dabei standen sich im Wesentlichen zwei Positionen gegenüber: die „Bürgerlichkeitsthese", die mit dem Namen Gerhard Sauders verbunden ist, und die „Verinnerlichungsthese", die nachdrücklich Lothar Pikulik vertrat. Die „Bürgerlichkeitsthese" besagt, dass die „Empfindsamkeit im Kontext der Aufklärung [...] in die Aufstiegsbewegung des Bürgertums eingebunden" sei (Sauder 1974ff., Bd. 1, S. XIII), somit als Ausdruck des gewachsenen Selbstbewusstseins bürgerlicher Schichten und damit als Emanzipation vom höfischabsolutistischen Kulturparadigma zu verstehen sei. Diesen Erklärungsansatz relativierte Sauder später geringfügig, indem er auch den Landadel als Adressaten der Empfindsamkeit verstand (vgl. Sauder 1992). Demgegenüber stellte Pikulik fest, dass „der Bürger den Gefühlskult, der Mitte des 18. Jahrhunderts in Deutschland aufkommt, nicht nur nicht nährt und trägt, sondern dass er ihn als wesensfremd empfindet" (Pikulik 1984, S. 14), dass empfindsames Verhalten somit eher zur Verinnerlichung und Absonderung von der Gesellschaft füh-

Kulturparadigma Empfindsamkeit

Forschungskontroverse

re. Nachfolgende Arbeiten griffen diese Frontstellung nicht mehr auf, sondern untersuchten die Empfindsamkeit unter diskursanalytischen oder medientheoretischen Gesichtspunkten (vgl. z. B. Wegmann 1988, Koschorke 1999). Neuerdings knüpft die Forschung an die alte Debatte in unterschiedlicher Weise wieder an:

1. Einerseits, indem die Ansätze von Sauder und Pikulik ohne gegenseitige Vermittlung zu Wort kommen (vgl. Eibl 2001),
2. andererseits, indem das Phänomen der Empfindsamkeit in den Kontext einer geschichtlich variablen Gefühlskultur gestellt wird, deren Inszenierungs- und Repräsentationsformen sozialgeschichtlich neu zu bewerten sind (vgl. Aurnhammer 2004),
3. und schließlich, indem die Sentimentalismusforschung in einen wissenschaftsgeschichtlichen Zusammenhang eingeordnet wird (vgl. Garber / Széll 2005).

6.3 Literarische Rehabilitierung der Sinnlichkeit

Mit der Aufwertung der sinnlichen Erkenntnis in Philosophie, Ästhetik und Dichtungstheorie waren auch für deren literarische Entfaltung die Voraussetzungen geschaffen worden. Die seit den 1740er-Jahren einsetzende anakreontische Dichtung kann als eindrucksvolles Beispiel für die wachsende Tendenz gelten, sinnlichen Genuss, Lebensfreude und erotisches Erlebnis in literarischer Form darzustellen. Dabei beriefen sich die Hauptvertreter der aufklärerischen Anakreontik wie Friedrich von Hagedorn (*Sammlung neuer Oden und Lieder*, 1742), Johann Wilhelm Ludwig Gleim (*Versuch in scherzhaften Liedern*, 1744/45) sowie Johann Nikolaus Götz und Johann Peter Uz (*Die Oden Anakreons in reimlosen Versen*, 1746) auf eine dem griechischen Dichter Anakreon zugeschriebene Gedichtsammlung. Typisch für die Entstehung dieser scherzhaften Lyrik war der Bezug auf gesellige Freundschaftszirkel und Dichterbünde, die in Halle, Leipzig, Hamburg und Halberstadt entstanden. Die in einem leicht verständlichen und schlichten Stil vorgetragene und auf Themen wie Liebe, Weingenuss, Naturerfahrung und Geselligkeitserlebnis fokussierte anakreontische Dichtung richtete sich kritisch gegen eine vor allem in pietistischen Kreisen propagierte asketische Lebenshaltung und besaß somit bei aller Leichtigkeit der Form ein kulturelles Protestpotenzial.

Wie kein anderer deutschsprachiger Autor des 18. Jahrhunderts machte Christoph Martin Wieland das Problem des Ausgleichs von

Anakreontik

Emanz des Rokoko ? (TV)

! vs.
• Pietismus

Rationalität und Sinnlichkeit zum Thema seiner Literatur. Ab den 1760er-Jahren wurde die Rehabilitierung der Sinnlichkeit geradezu zu seinem literarischen Programm, das er im Untertitel seines Werkes *Musarion* (1768) treffend als „Philosophie der Grazien" benennt. Gemeint ist damit zweierlei. Erstens vertritt auf der inhaltlichen Ebene die Titelfigur, die Hetäre Musarion, eine antike Philosophie der Lebenskunst, die in Abgrenzung von der platonisch-christlichen Sinnenfeindlichkeit an den Tugenden der Heiterkeit, der Lebensbejahung und dem Anerkennen der Ambivalenzen des Lebens orientiert ist:

> „Die reitzende Philosophie,
> Die was Natur und Schicksal uns gewährt,
> Vergnügt genießt, und gern den Rest entbehrt;
> Die Dinge dieser Welt gern von der schönen Seite
> Betrachtet; dem Geschick sich unterwürfig macht,
> [...]
> Und, glücklich oder nicht, die Welt;
> Für kein Elysium, für keine Hölle hält
> Nie so verderbt, als sie der Sittenrichter
> Von seinem Thron – im sechsten Stockwerk sieht."
> (Wieland 1979, S. 61)

Darüber hinaus charakterisiert die „Philosophie der Grazien" zweitens auch Wielands eigenes Programm einer literarisierten Philosophie, nämlich einer popularphilosophischen Essayistik in der Form der Literatur. Gegenüber der dogmatischen „Wuth des Systems" (Wieland 1979, S. 39) in den schulphilosophischen Abhandlungen ermöglicht die literarische Thematisierung des Problems von Rationalität und Sinnlichkeit das multiperspektivische Nebeneinander unterschiedlicher Positionen, die dialogisch vermittelt werden, ohne zugunsten einer einzigen Wahrheit aufgelöst zu werden, wie es die dogmatische Philosophie anstrebt. Auf diese Weise kann die Vielfältigkeit und Widersprüchlichkeit des Lebens in der Reflexion ihren Ausdruck finden.

Wielands bevorzugte literarische Formen waren die Verserzählung (*Musarion*), die *Comische[n] Erzählung[en]* (1765) und der satirische oder der essayistische Roman (*Geschichte des Agathon*, 1766, *Geschichte der Abderiten*, 1781). So wie Wieland die Verserzählung durch das Eliminieren eines eindeutigen moralischen Gehaltes modifizierte und aus ihr „eine neue Art von Gedichten [machte], welche zwischen dem Lehrgedichte, der Erzählung und der Komödie die Mitte hält, oder von allen dreyen etwas hat" (Brief an Gessner, 29. 8. 1766, in: Wieland 1975, Bd. 3, S. 408), so entwickelte er den

„Philosophie der Grazien"

Literarisierte Philosophie

Neue Erzählformen

Roman zum Medium der philosophischen Reflexion im literarischen Experimentierraum weiter (→ KAPITEL 12). Gemeinsam ist allen diesen Werken auf der inhaltlichen Ebene die ironische Distanzierung, häufig auch die satirische Verspottung von Vertretern weltfremder, übersteigerter moralistischer oder dogmatisch-philosophischer Positionen, die im 18. Jahrhundert mit dem Terminus der „Schwärmerei" bezeichnet wurden.

Musarion

In *Musarion* ist es die titelgebende Figur Musarion, die ihren Freund Phanias von seinen philosophischen Verirrungen ab- und auf den Boden der Tatsachen zurückbringt, nachdem dieser aus enttäuschter Liebe zum stoizistischen Asketen geworden ist und sich die Philosophen Theophron und Kleanth ins Haus geholt hat. Die unterschiedlichen Systeme der Philosophen werden von Musarion mit den Mitteln des Spiels und der Ironie gleichermaßen als „Flitterkrame von falschen Tugenden und großen Wörtern" entlarvt. Dabei steht das Verhalten der selbsternannten Weisen in krassem Kontrast zu ihren Forderungen nach „Tod der Sinnlichkeit" und rigoroser Moral: sie sind nur getrieben von Eitelkeit, Ehrgeiz, Zanklust und Geilheit.

Schwärmerkritik

Wieland entwickelt hier das Motiv der Schwärmerkritik, das auch in seinem bekanntesten Roman *Geschichte des Agathon* (erste Fassung 1766) im Zentrum steht (→ KAPITEL 12.2). Die Rolle des Phanias nimmt darin Agathon ein, der von einem materialistischen Philosophen und einer Hetäre von seiner Schwärmerei ‚geheilt' wird. *Musarion* und *Agathon* waren Wielands größte literarische Erfolge und sein Programm der literarischen Rehabilitierung der Sinnlichkeit blieb, ungeachtet aller Differenzen im Einzelnen, bis zum Ende der Epoche wirksam: etwa in Goethes *Römischen Elegien* (1795) oder Wilhelm Heinses Roman *Ardinghello und die glückseeligen Inseln* (1787).

Fragen und Anregungen

- Aus welchen Gründen wird die Aufklärungsästhetik in der Forschung als „Wirkungsästhetik" bezeichnet und wie lässt sie sich von der Ästhetik anderer Epochen abgrenzen?

- Welche Rolle spielt in der Aufklärungsästhetik die Kategorie des Erhabenen und für welche literarischen Gattungen ist sie besonders bedeutsam?

- Inwiefern treten innerhalb der Aufklärungsästhetik ab der Jahrhundertmitte Genie und Geschmack zunehmend in ein Spannungsverhältnis?

- Nennen Sie literarische und andere kulturelle Manifestationen des Kulturmodells der Empfindsamkeit im Zeitalter der Aufklärung.

- Welche Anliegen verfolgt Christoph Martin Wieland mit der Behandlung philosophischer Fragen in literarischen Formen und wie spiegelt sich dies in der Handlung seiner Werke wider?

Lektüreempfehlungen

- Alexander Gottlieb Baumgarten: Theoretische Ästhetik. Die grundlegenden Abschnitte aus der ,Aesthetica' [1750/58], übers. und hg. v. Hans Rudolf Schweizer, 2., durchgesehene Auflage, Hamburg 1988.   *Quellen*

- Johann Wolfgang Goethe: Prometheus [1773], in: ders., Sämtliche Werke, Briefe, Tagebücher und Gespräche, 40 Bde., hg. v. Hendrik Birus u. a., Frankfurt a. M. 1985ff., Bd. 1/1, S. 203f.

- Gotthold Ephraim Lessing: Laokoon oder über die Grenzen der Malerei und Poesie [1766], Stuttgart 1987.

- Gerhard Sauder (Hg.): Theorie der Empfindsamkeit und des Sturm und Drang, Stuttgart 2003.

- Christoph Martin Wieland: Musarion oder die Philosophie der Grazien [1768], Stuttgart 1979.

- Achim Aurnhammer / Dieter Martin / Robert Seidel (Hg.): Gefühlskultur in der bürgerlichen Aufklärung, Tübingen 2004. *Tagungsband, in dem die kommunikativen Inszenierungs- und Repräsentationsformen der aufklärerischen Emotionalität im Vordergrund stehen.*   *Forschung*

- Panajotis Kondylis: Die Aufklärung im Rahmen des neuzeitlichen Rationalismus [1981], Hamburg 2002. *Grundlegende Studie, in der die These von der Rehabilitierung der Sinnlichkeit im Aufklärungszeitalter im europäischen Kontext entfaltet wird.*

- Eberhard Ortland: Artikel „Genie", in: Karlheinz Barck u. a. (Hg.), Ästhetische Grundbegriffe. Historisches Wörterbuch in

7 Bänden, Bd. 2, Stuttgart 2001, S. 661–709. *Komparatistisch angelegter Handbuchartikel zum Geniebegriff.*

• **Gerhard Sauder: Empfindsamkeit.** Bd. 1: Voraussetzungen und Elemente, Bd. 3: Quellen und Dokumente, Stuttgart 1974–1980. *Grundlagenwerk der Empfindsamkeitsforschung, dessen Erklärungsansatz der Autor nachfolgend geringfügig relativierte (vgl. Sauder 1992). Bd. 2 ist bislang noch nicht erschienen.*

• **Christoph Siegrist: Ästhetik und Poetik von Gottsched bis Baumgarten,** in: Rolf Grimminger (Hg.), Hansers Sozialgeschichte der deutschen Literatur, Bd. 3: Deutsche Aufklärung bis zur Französischen Revolution (1680–1789), München 1980, S. 280–303. *Solider Überblicksartikel über die Zusammenhänge zwischen Ästhetik und Poetik in der Aufklärung.*

• **Carsten Zelle: Angenehmes Grauen. Literaturhistorische Beiträge zur Ästhetik des Schrecklichen im achtzehnten Jahrhundert,** Hamburg 1987. *Grundlegende Untersuchung zur Bedeutung des Erhabenen in der Literatur der Aufklärung.*

7 Antike und Moderne

Abbildung 11: Johann Heinrich Füssli: *Der Künstler, verzweifelnd über der Größe der antiken Trümmer* (1778–80)

Auf Johann Heinrich Füsslis Zeichnung „Der Künstler, verzweifelnd über der Größe der antiken Trümmer" (1778–80) ist das Spannungsverhältnis eines veränderten Antike-Moderne-Verständnisses zum Ausdruck gebracht. Die Kunst der Antike gilt zwar auch im 18. Jahrhundert als ein unerreichtes und vielleicht unerreichbares Ideal – bei Füssli symbolisiert in der Größe der antiken Skulpturen. Auf der anderen Seite aber geben sich die Künstler der Aufklärung mit einer bloßen Nachahmung der Antike nicht mehr zufrieden, sondern wollen über sie hinausgehen: die Rückerinnerung an die Antike erhält so eine leidende, elegische Dimension.

Seit der Renaissance gilt die Antike als die maßgebende Referenzkultur nicht nur auf den Gebieten der Kunst und Literatur, sondern auf allen Feldern kultureller Praxis von den Wissenschaften bis zur Politik. Auch die Literatur des 18. Jahrhunderts wird von der Poetologie über die Gattungen bis hin zu Einzelwerken nur verständlich vor dem Hintergrund der vielfältigen Adaption antiker Muster. Anders als zuvor aber tritt der Begriff der Antike im Zuge eines veränderten Geschichtsbewusstseins nun zunehmend in ein widerspruchsvolles Verhältnis zum Begriff der „Moderne". Dieser wird, ausgehend von Frankreichs *Querelle des anciens et des modernes* (*Streit der Alten und der Neueren*) zu einem neuen kulturellen Leitbegriff. Mit den Erfahrungen des beschleunigten Erkenntnisgewinns in Wissenschaft und Technik wird Geschichte nun als dynamischer Fortschrittsprozess verstanden, als dessen bisheriger Höhepunkt das 18. Jahrhundert erscheint. Auch die Antike gilt jetzt nur noch als eine Stufe der Menschheitsentwicklung unter anderen. Zugleich aber werden die antiken Kulturerzeugnisse und insbesondere die Kunst weiterhin als Ideal angesehen. Dieses veränderte Antike-Verständnis ist untrennbar mit dem Namen Johann Joachim Winckelmanns verknüpft, dessen erstes Werk *Gedanken über die Nachahmung der griechischen Werke in Malerei und Bildhauerkunst* (1755) zwar die „Nachahmung" noch im Titel trägt, diese aber umdeutet zur Neuschöpfung ‚im Geist der Alten'.

7.1 **Die Verzeitlichung des Denkens**
7.2 **Varianten und Funktionen der Antikerezeption**
7.3 **Schillers geschichtsphilosophische Ideengedichte**

7.1 Die Verzeitlichung des Denkens

[handschriftliche Notiz: zum 18. Jh. allg.]

[handschriftliche Notiz: Genealogie]

Verzeitlichungs-These in der Forschung

Die Verzeitlichung des Denkens gilt als eines der signifikanten Merkmale des 18. Jahrhunderts. Bereits 1936 hat Arthur O. Lovejoy dieses Phänomen als „Verzeitlichung der großen Kette der Lebewesen" („temporalizing of the great chain of beings") beschrieben, d. h. als prozesshaft-evolutionstheoretische Umformulierung des kosmologisch-biologischen Weltbildes (Lovejoy 1936, S. 242). Und Michel Foucault lokalisierte 1966 in seiner wissenschaftsgeschichtlichen Untersuchung *Die Ordnung der Dinge* den Wandel von einem metaphysisch-statischen Weltbild – den „Epistemen" der „Repräsentation", wie Foucault sagt – zu einer dynamischen Auffassung in den modernen empirischen Wissenschaften in der zweiten Hälfte des 18. Jahrhunderts.

Kollektivsingulare

Forschungsgeschichtlich einflussreich waren zudem die begriffsgeschichtlichen Untersuchungen des Historikers Reinhart Koselleck. In dem zum Standardwerk gewordenen Lexikon *Geschichtliche Grundbegriffe* (1972) zeigt Koselleck, wie sich im Zeitalter der Aufklärung neuartige Allgemeinbegriffe herausbilden, die er „Kollektivsingulare" nennt. Solche Kollektivsingulare sind z. B. der Begriff der einen „Geschichte", die an die Stelle der vielen einzelnen Regional- oder Herrschergeschichten tritt, oder der Begriff des „Fortschritts", der nun als Fortschritt der gesamten Gattung und nicht mehr nur als ein Fortschreiten auf einem bestimmten Gebiet verstanden wird. Ausgehend von diesen Beobachtungen konstatiert Koselleck ein verändertes historisches Bewusstsein. An die Stelle der alten Heilsgeschichte mit ihrem festgefügten Geschichtsplan vom Sündenfall bis zum Reich Gottes tritt nun eine dynamisierte Geschichtsauffassung, nach der die Menschen das Subjekt der Geschichte sind, die als ein offener Prozess konzipiert wird. Damit werden Traditionen als bloße Vorstufe der eigenen Gegenwart relativierbar und Zukunft wird zu einem Möglichkeitsraum unterschiedlicher „Erwartungshorizonte". Koselleck hat seine Verzeitlichungs-These vor allem an den Begriffen der Geschichte und des Fortschritts entwickelt, potenziell ließe sie sich aber an allen zentralen Kategorien des Aufklärungsdiskurses nachweisen. So wird etwa der in den metaphysischen Systemen des 17. Jahrhunderts zentrale Begriff der „Vollkommenheit" (*perfection*) im Laufe des 18. Jahrhunderts zunehmend zum Prozessbegriff der „Vervollkommnung" (*perfectibilité*) (vgl. Koselleck 1972; Stockhorst 2006).

[handschriftliche Notiz am Rand: Das auch bei KPH stark]

[handschriftliche Notiz am Rand: Anderes Traditions-Verhalten im AT → Jugay hier ! Epochentyp. zu begr.]

Verzeitlichung und Poetologie

Vor allem auf dem Gebiet der Literaturwissenschaft bzw. der Ästhetik und Poetik hat sich die Verzeitlichungs-These als außerordentlich fruchtbar erwiesen, weil die neu entdeckte Geschichtlichkeit von

Verteile. d. Ästhetik

Anfang an auch als eine Geschichtlichkeit des Schönen konzipiert wurde. Die Literaturwissenschaftler Werner Krauss / Hans Kortum (1966), Hans Robert Jauß (1970) und Peter Szondi (1974) haben diese Zusammenhänge näher herausgearbeitet.

Die *Querelle* in Frankreich

Explizit kam das veränderte Geschichtsverständnis zuerst in der literarischen Debatte *Querelle des anciens et des modernes*, dem *Streit der Alten und der Neueren*, zum Ausdruck, der im späten 17. Jahrhundert in Frankreich begann und das ganze 18. Jahrhundert über auf verschiedenen Feldern ausgetragen wurde. Im Zuge dieser Debatte wurde die „Moderne" erstmals in der Geschichte als Begriff mit positiver Bedeutung gefasst. Ausgehend von den unübersehbaren Fortschritten in Naturwissenschaften und Technik verglich Charles Perrault in seinem monumentalen Werk *Parallèles des anciens et des modernes en ce qui regarde les arts et les sciences* (*Vergleich zwischen den Alten und den Modernen, die Künste und Wissenschaften betreffend*, 1688–97) systematisch die kulturellen Leistungen der Antike mit denjenigen seiner eigenen Gegenwart im Zeitalter Ludwigs XIV. Auf sämtlichen Feldern und Wissensbereichen von den Naturwissenschaften über die Kriegskunst und Architektur bis hin zu Dichtung und bildender Kunst versuchte er, durch Vergleich die Überlegenheit der Gegenwart über die Vergangenheit zu belegen. Gleichzeitig formulierte Bernard de Fontenelle in seiner Streitschrift *Digression des anciens et des modernes* (*Plauderei über die Alten und die Modernen*, 1687) erstmals eine allgemeine Entwicklungs- und Fortschrittstheorie der menschlichen Kultur (vgl. Schröder 1990, S. 985f.).

Geschichtsphilosophie der Aufklärung

Damit legte Fontenelle die Grundlage für die geschichtsphilosophischen Modelle von Voltaire, Turgot oder Condorcet, in denen ab der Jahrhundertmitte Menschheitsgeschichte konsequent säkularisiert und zur Gattungsgeschichte erweitert wurde (vgl. Rohbeck 2004, S. 23ff.). In der deutschen Aufklärung wurde diese Neudeutung der Menschheitsgeschichte vor allem in den folgenden geschichtsphilosophischen Entwürfen thematisiert:

Lessing

Gotthold Ephraim Lessing entwickelt in seiner Schrift *Die Erziehung des Menschengeschlechts* (1780) ein dreistufiges Modell der Menschheitsgeschichte, demzufolge sich die Menschen von einer Stufe der Kindheit (Zeit des Alten Testaments, Judentum) und der Jugend (Zeit des Neuen Testaments, Christentum) hin zu einem dritten Zeitalter der Vernunft emanzipieren (→ KAPITEL 4.2).

Herder

Johann Gottfried Herder verbindet in seinem monumentalen Geschichtswerk *Ideen zu einer Philosophie der Geschichte der Menschheit* (1784–91) Einsichten der Kosmologie, Biologie und der Erkenntnistheorie zu einem umfassenden Fortschrittsmodell mit dem perspektivischen Fluchtpunkt einer allgemeinen Humanität.

Immanuel Kant versucht in seiner *Allgemeinen Geschichte in welt-bürgerlicher Absicht* (1784) das Problem des Verhältnisses von Naturgeschichte und Menschheitsgeschichte durch die Annahme einer hypothetischen „Naturabsicht" zu erklären. Antriebskraft der Geschichte sei das Prinzip des Widerstreits zwischen Egoismus und dem sozialen Vermögen, d. h. die „ungesellige Geselligkeit" der Menschen (vgl. Kittsteiner 1998). Kant

Direkt an Kant knüpft Friedrich Schiller in seiner Antrittsvorlesung als Professor für Geschichte an der Universität Jena an (*Was heißt und zu welchem Ende studiert man Universalgeschichte?*, 1789). Schiller steigert Kants hypothetisches Fortschrittsmodell, indem er die Fortschritte der Menschheitsgeschichte empirisch von den Anfängen schriftlicher Überlieferung bis zu seiner eigenen Gegenwart am Ende des 18. Jahrhunderts betrachtet. Schiller

Die großen geschichtsphilosophischen Entwürfe in Klassik, Romantik und Idealismus, etwa von Novalis, Friedrich Hölderlin, Friedrich Wilhelm Joseph Schelling, Johann Gottlieb Fichte oder Georg Wilhelm Friedrich Hegel (→ ASB TAUSCH), wären ohne diese Geschichtsphilosophie der Aufklärung nicht denkbar.

7.2 Varianten und Funktionen der Antikerezeption

Während die *Querelle* in Frankreich schon im späten 17. Jahrhundert begann, fiel der Beginn der deutschen Spielart dieser Debatte mit dem Erscheinen von Johann Joachim Winckelmanns Erstlingswerk *Gedanken über die Nachahmung der griechischen Werke in Malerei und Bildhauerkunst* aus dem Jahr 1755 zusammen. Dieses Werk zog einen Antikediskurs nach sich, der durch die zeitliche Verschiebung unter völlig anderen ideengeschichtlichen Bedingungen als in Frankreich stattfand: Er ist geprägt von den zeitgleich mit Winckelmanns Text entstandenen *Preisschriften* Jean-Jacques Rousseaus, dem *Discours sur les sciences et les arts* (*Abhandlung über die Wissenschaften und Künste*, 1750) und dem *Discours sur l'origine de l'inégalité parmi les hommes* (*Abhandlung über die Entstehung der Ungleichheit unter den Menschen*, 1755), mit denen Rousseau sowohl das fortschrittsoptimistische Geschichtsmodell in Frage stellt als auch eine republikanische Gesellschaftstheorie entwirft. Rousseau Rousseau versteht Geschichte nicht als lineares Fortschrittsgeschehen, bei dem wissenschaftlich-technische Entwicklung und politisch-kulturelle Höherentwicklung automatisch Hand in Hand gehen, sondern als einen ambivalenten Prozess, der auch mit Kosten und Verlusten verbunden ist. Beispielsweise ist die Entstehung gesellschaftlicher Ungleichheiten nach Rousseau erst ein Ergebnis des Zivilisationsprozesses, während die Menschen ursprünglich frei und gleich geboren wurden.

Winckelmanns Neudeutung der Antike

Die Strukturanalogie zwischen diesem Geschichtsmodell Rousseaus und Winckelmanns neuer Antikekonstruktion war von entscheidender Bedeutung für das Winckelmann-Verständnis und wurde von aufmerksamen Zeitgenossen wie Diderot auch sofort registriert (vgl. Diderot 1968, Bd. 1, S. 611). Winckelmanns idealisierte griechische Antike nimmt genau die systematische Stelle ein, die bei Rousseau der hypothetische unentfremdete Naturzustand hat. Sein Antikeprojekt, das er in den *Gedanken über die Nachahmung* formuliert und in der *Geschichte der Kunst des Alterthums* (1764) zu einer historisch-systematischen Kunsttheorie weiterentwickelt, lässt sich – vereinfachend – in vier Hauptaspekten zusammenfassen:

1. Gleich im ersten Satz seiner *Gedanken über die Nachahmung* stellt Winckelmann fest: „Der gute Geschmack, welcher sich mehr und mehr durch die Welt ausbreitet, hat sich angefangen zuerst unter dem Griechischen Himmel zu bilden." (Winckelmann 1965, Bd. 1, S. 7) Er verbindet also ein Fortschrittsmodell des sich ausbildenden Geschmacks mit einem historischen Relativismus: Mit dem Verweis auf den „griechischen Himmel" erklärt Winckelmann die griechische Kunst aus einer spezifischen historisch-geografischen Situation – ganz im Sinne von Montesquieus Klimatheorie, nach der alle kulturellen Phänomene jeweils nur in Abhängigkeit von klimatischen, geografischen und sozialen Begebenheiten zu bestimmen sind.

Klimatheorie

Trennung von griechischer und römischer Antike

2. Verbunden mit dieser historischen Relativierung ist die kategoriale Trennung zwischen griechischer und römischer Antike, die Winckelmann in systematischer Absicht vornimmt. Insbesondere stellt er die – vermeintliche – Natürlichkeit und Ursprünglichkeit der griechischen Antike heraus, die er am sinnfälligsten in der Nacktheit der griechischen Statuen symbolisiert sieht: „Das schönste Nackende der Cörper zeigte sich hier" (Winckelmann 1968, S. 33). Damit grenzt er seine Antiketheorie vom starren Klassizismus des Barock bzw. der französischen Hofkultur ab. Erst durch dieses Natürlichkeitspostulat rückt Winckelmanns Theorie in die Nähe des Rousseauismus.

3. Die griechische Antike wird damit drittens zu einer Art ‚goldenem Zeitalter', in dem Winckelmann Begriffspaare wie Anschauung und Idee, Geist und Körper, Natur und Kultur, die im Verlauf des Geschichtsprozesses der Moderne in Widerspruch geraten sind, noch vereint sieht. In seiner viel zitierten Beschreibung der antiken Statuengruppe des Laokoon formuliert er diese ursprüngliche Einheit: „Das allgemeine vorzügliche Kennzeichen der Griechischen Meisterstücke ist [...] eine edle Einfalt, und eine stille Größe, sowohl in der Stellung als auch im Ausdruck." (Winckelmann 1968, S. 43) Durch die Vertauschung der Attribute „edel", das als ästhetisch-moralische Kategorie eigentlich die „Größe" auszeichnet, und „still", das im normalen Sprachgebrauch auf die „Einfachheit", die „Einfalt" bezogen wäre, bringt Winckelmann hier die spannungsvolle, aber harmonische Einheit, die er in den antiken Statuen findet, zum Ausdruck.

Edle Einfalt – stille Größe

4. Schließlich ist Winckelmanns Antikeprojekt wesentlich auch als ästhetisches Erziehungsprogramm für das 18. Jahrhundert zu verstehen. Durch die unmittelbare Anschauung der antiken Kunstwerke sollen die Künstler und Kunstliebhaber seiner eigenen Zeit zu einer lebendigen, einfühlenden Auseinandersetzung mit Prinzipien der Schönheit inspiriert werden. Winckelmann selbst führt diesen Enthusiasmus in seinen Kunstbeschreibungen vor.

Ästhetische Erziehung

Die Auseinandersetzung mit Winckelmanns Thesen setzte unmittelbar nach dem Erscheinen der *Gedanken über die Nachahmung* ein und blieb bis zum Ende des 18. Jahrhunderts ein Leitmotiv in der deutschen Spielart der *Querelle*. So nahm Lessing in seinem *Laokoon oder über die Grenzen der Malerei und Poesie* (1766) Winckelmanns Beschreibung der Statue zum Ausgangspunkt. Ohne dass an dieser Stelle die Komplexität von Lessings Theorie darstellbar wäre, lässt sich doch der Kern der Auseinandersetzung in Bezug auf das Antike-Moderne-Verhältnis verdeutlichen: Lessings Kritik richtet sich auf die Überbewertung der Bildenden Künste bzw. der Plastiken bei Winckelmann, während er selbst die Dichtkunst an herausragender Position sehen möchte.

Lessings Winckelmann-Kritik

Diese Kritik steht nicht nur für den unlösbaren Streit zwischen Winckelmann als Begründer der Kunstgeschichte und Lessing als Schriftsteller um den Vorrang ihrer Betätigungsfelder, sondern auch für ein unterschiedliches Verständnis von Aufklärung. Während es Winckelmann zuerst um eine „Schule des Sehens" zu tun war, taugte für Lessing allein das sprachliche Medium der Dichtung als potenziell reflektiertere Kunst zur Aufklärung; für ihn war allein die Dich-

Poesie und bildende Kunst

tung auf die Bereiche von Wahrheit und Wirklichkeit bezogen, während er das Medium der Bildenden Kunst untrennbar mit der Funktion der Repräsentation, d. h. der bloßen Veranschaulichung von Formen, verknüpft sah. Als Repräsentationsmedium dieser Art hielt Lessing die Bildende Kunst für fest im höfischen Kulturmodell des 17. Jahrhunderts verankert, aus dem er die Kunst gerade herauslösen wollte. Hierin lag auch der Grund für seine Kritik an der Vermischung der unterschiedlichen Kunstformen, z. B. in der sogenannten „malenden Poesie", die aus seiner Perspektive als barocke „Schilderungssucht", also als bloßer Sprachschmuck, erscheint (Lessing 1985ff., Bd. 5/2, S. 15).

Lessings Interesse an der Antike war ein pragmatisches. Ihm ging es weder, wie Winckelmann, um das Erlebnis der Begegnung mit dem Altertum noch, wie der akademischen Altertumskunde, um die philologische Versenkung in den Gegenstand. Nach Nicolai war für Lessing „der gröste Theil der antiquarischen Gelehrsamkeit Charlatanerie" (Nicolai 1779 in: Lessing 1985ff., Bd. 5/2, S. 1080). Lessing ging es ganz konkret um das pragmatische Lernen aus dem „Geist des Altertums" (Lessing 1985ff., Bd. 5/2, S. 757) für die eigene Gegenwart.

Wie die Alten den Tod gebildet

In seiner Schrift *Wie die Alten den Tod gebildet* (1769) beschäftigt er sich mit der Endlichkeit des menschlichen Lebens und kontrastiert das naturalistische Todesverständnis der Antike mit der christlich-religiösen Vorstellung seiner eigenen Zeit. In der Antike, etwa in Homers *Ilias*, sind Schlaf und Tod als Zwillinge dargestellt.

Antike und christliche Todesdarstellung

Der Tod erscheint als sanfter Jüngling, der nichts Furchterregendes ausdrückt; als Bruder des Schlafes gehört er zum Leben und hat über dieses natürliche Faktum hinaus keinerlei übernatürliche Bedeutung. Dagegen tritt in der christlichen Mythologie der Tod als furchteinflößendes Skelett, als ‚Schreckensmann' mit Sense auf und inszeniert allein in dieser Bildlichkeit das ganze christliche Jenseitsarsenal von Abschreckung und Androhung der Höllenstrafen. Im Rückgriff auf die antiken Muster möchte Lessing zeigen, dass der Tod nichts ist, wovor man sich fürchten müsste. Damit verfolgte er das gleiche aufklärerische Programm wie Spinoza im *Tractatus theologico-politicus* (1670): den Menschen die Furcht zu nehmen, die von Machthabern und Theologen ausgenutzt wird, um die Gläubigen bzw. Untertanen in Abhängigkeit zu halten und ihre Urteilskraft und Vernunft zu unterdrücken (vgl. Spinoza 1994, S. 5f.).

Herder als ‚Winckelmann der Poesie'

Auch wenn Johann Gottfried Herder Lessings Winckelmann-Lesart in Einzelfragen kritisierte, teilte er doch dessen Intention, Winckelmanns Einsichten über die Bildende Kunst der Antike hinaus für eine allgemeinere, geschichtlich perspektivierte Poetologie fruchtbar zu machen. Herder wollte so gleichsam zum ‚Winckelmann der Poesie' werden. Vom Anfang seiner schriftstellerischen Tätigkeit an sah er in Winckelmann ein Vorbild und einen wichtigen Bezugspunkt. Am ausführlichsten setzte er sich in seiner Schrift *Denkmal Johann Winckelmanns* (1777) mit der Bedeutung des Kunsthistorikers auseinander.

Schon in der Form seiner Schrift stellt Herder sowohl seinen Gegenstand als auch seinen eigenen Beitrag in die Tradition von Rousseaus Kritik am höfischen Akademiewesen, indem er darauf hinweist, dass Winckelmann ein „republikanischer" Schriftsteller aus einfachen Verhältnissen gewesen sei, der jeglichen höfischen Pomp, zu dem auch die französische Hofsprache und ihre Etiketten gehörten, abgelehnt habe. Daher verfasse auch er, Herder, seine Antwortschrift auf Deutsch und überlasse es der Akademie, diese in das für Veröffentlichungen einzig zulässige Französisch zu übertragen (vgl. Herder 1985ff., Bd. 2, S. 630f.).

Herder und Rousseau

Herder denkt im Wesentlichen zwei Winckelmann'sche Einsichten kritisch weiter. Erstens radikalisiert er das Historisierungsgebot: Wer wie Winckelmann die Kunst des Altertums als eine Stufe in der historischen Genese der menschlichen Gattung begreife, dürfe diese Stufe nicht ihrerseits als Anfang jeglicher Kultur verabsolutieren, sondern müsse auch andere, frühere Kulturformen gleichberechtigt mit einbeziehen. Namentlich führt Herder die ägyptischen und etruskischen Künste an, die der griechischen historisch voraus gingen und ihre Voraussetzung bildeten. Auf diese Weise pluralisiert er Winckelmanns Griechenideal.

Pluralisierung des Antike-Ideals

Zweitens führt Herder Winckelmanns Gedanken des schaffenden Künstlers, in dessen lebendige Tätigkeit sich der moderne Künstler ebenso wie der Kunsthistoriker versetzen müsse, weiter zu einer umfassenden Produktionsästhetik: Wenn jede Kultur ihre je spezifische Mythologie und Kunst habe, so gelte dies auch für die eigene Gegenwart. Herder leitet daraus die Forderung ab, dass seine Zeitgenossen von der Antike lernen sollten, sich einen eigenen Mythenschatz zu erschaffen. Sie sollen selbst „Erfinder" und nicht Nachahmer sein. „Kurz! Als poetische Heuristik wollen wir die Mythologie der Alten studiren, um selbst Erfinder zu werden." (Herder 1985ff., Bd. 1, S. 449)

Produktions-ästhetische Umwertung

Die Einsichten von Winckelmann, Lessing und Herder führte Karl Philipp Moritz in den späten 1780er-Jahren zu einem umfassenden Antikeprogramm zwischen Spätaufklärung und früher Klassik weiter. Moritz' erklärtes Ziel war es, die Antike aus dem starren klassizistischen Gerüst zu befreien und sie für die eigene Gegenwart fruchtbar

Moritz' Antike-Schriften

zu machen, was er mit einer seiner Lieblingsvokabeln als „Verjüngung" beschrieb (→ ASB TAUSCH).

Anthusa oder Roms Alterthümer

Bereits im Titel seines Hauptwerkes zu diesem Thema, *Anthusa oder Roms Alterthümer. Ein Buch für die Menschheit* (1791), wird die Intention von Moritz erkennbar, die Antike zum Ideal der eigenen Gegenwart zu machen. Im Unterschied zu Winckelmann ist es für Moritz sowohl die griechische als auch die römische Antike, die ein solches Ideal bildet. Er stellt den Wert der Antike als Maß des Gattungswesens Mensch heraus. Die Antike habe diesen Wert allerdings nicht ‚an sich', sondern erhalte ihn erst durch die aktive Beschäftigung mit ihr. Der Wert oder „die Würde" der Auseinandersetzung mit diesem „Maß" bestehe für die Menschheit darin,

> „das Edelste, was in ihr entstanden ist, so lebhaft wie möglich vor ihr Gedächtniß zurückzurufen, und es vor ihre Einbildungskraft zu stellen, um das, wozu sie durch den Gebrauch ihrer Kräfte fähig ist, wieder fühlen zu lernen." (Moritz 2005ff., Bd. 6, S. 3)

Fest und Alltag in Rom

An Hand des römischen Alltags, am Beispiel der Feste, Riten und Sitten der einfachen Bevölkerung zeigt Moritz die Differenz der antiken zur modernen Welt: Sinnlichkeit, Anschaulichkeit, Ganzheitlichkeit, Einfachheit („Simplicität in dem öffentlichen und Privatleben der Alten"), Natürlichkeit („nichts war ihnen unheilig, was die Natur gebeut") und Diesseitsbejahung („irrdischer Lebensgenuss") sind die Merkmale, die er dem antiken heidnischen Alltagsleben zuschreibt und mit der Abstraktheit und sinnlichen Askese seiner eigenen christlichen Gegenwart kontrastiert. Das antike Rom verkörpert für Moritz den „Mittelpunkt des Schönen", des konkreten, sinnlichen, lebensweltlich verankerten und lebensbejahenden Schönen als einer ästhetischen „Weihung des wirklichen Lebens in allen seinen mannigfaltigen Zweigen" (Moritz 2005ff., Bd. 6, S. 17–21).

Götterlehre als Dichtung

Anknüpfend an Herder versteht Moritz die antiken Mythen konsequent als eine Kunstform, die eigenen Gesetzen gehorcht und nicht mit den klassizistisch-moralisierenden Maßstäben des 18. Jahrhunderts zu messen ist. Im Einleitungskapitel zu seinem erfolgreichsten Buch, der *Götterlehre* (1791), schreibt Moritz:

> „Die mythologischen Dichtungen müssen als eine Sprache der Phantasie betrachtet werden: als eine solche genommen, machen sie gleichsam eine Welt für sich aus, und sind aus dem Zusammenhange der wirklichen Dinge herausgehoben." (Moritz 1997, Bd. 2, S. 1049)

Dieser kurze Überblick über unterschiedliche Formen der Antikerezeption lässt erkennen, dass der Antikebezug in den Werken des 18. Jahrhunderts ganz unterschiedliche Funktionen haben konnte. Er konnte der Adaption antiker Formen und Muster – wie bei Winckelmann – ebenso dienen wie der Zeitkritik, etwa bei Lessing. Aber er konnte auch in direkter Kritik des klassizistischen Nachahmungsgebots als Lizenz für poetische Freiheiten fungieren wie bei Herder und Moritz.

Funktionen des Antikebezugs

7.3 Schillers geschichtsphilosophische Ideengedichte

Die Vielgestaltigkeit des geschichtsphilosophischen Denkens der Aufklärung zwischen Fortschrittsgedanken, Rousseau'scher Zivilisationskritik und Antike-Ideal wird am deutlichsten in Schillers Werken der vorklassischen Phase. Bis zu seiner Enttäuschung über den Verlauf der Französischen Revolution, die er in den Briefen *Über die ästhetische Erziehung des Menschen* (1795) reflektiert (→ ASB TAUSCH), steht Schiller noch uneingeschränkt in der fortschrittsoptimistischen geschichtsphilosophischen Tradition der Aufklärung. In seiner Jenaer Antrittsvorlesung *Was heißt und zu welchem Ende studiert man Universalgeschichte?* vom Mai 1789 ist dieser Optimismus besonders deutlich ausgesprochen, stellt Schiller doch die bisherige Menschheitsgeschichte von den Anfängen bis zum 18. Jahrhundert als einen Fortschrittsprozess auf allen Gebieten dar: Durch technische Erfindungen wurde die Natur nutzbar gemacht, durch Handel die Welt entdeckt und erschlossen, durch Gesetze die Gesellschaft befriedet und Ansätze des Völkerrechts entwickelt, die einen Weltfrieden in sichtbare Nähe rücken. Schiller zeichnet ein Bild der Menschheit in der Blüte ihrer Kultur. Diesem emphatischen Lob der Moderne stellt er die explizite Warnung vor „übertriebene[r] Bewunderung des Altertums" und „kindische[r] Sehnsucht nach vergangener Zeit" gegenüber (Schiller 1988ff., Bd. 6, S. 411ff.).

Schillers Fortschritts-optimismus

Dass innerhalb dieser grundsätzlich optimistischen Ausrichtung unterschiedliche Perspektivierungen des Verhältnisses von Antike und Moderne möglich sind, lässt sich an Schillers geschichtsphilosophischen Programmgedichten *Die Götter Griechenlandes* (1788) und *Die Künstler* (1789) zeigen. Beide Gedichte hat Schiller noch vor seiner Antrittsvorlesung in enger Zusammenarbeit mit Christoph Martin Wieland geschrieben. Für *Die Künstler* ist zudem seine Auseinandersetzung mit Karl Philipp Moritz' ästhetischer Theorie von entscheidender Bedeutung (vgl. Schiller 1988ff., Bd. 1, S. 1076f.).

Antike-Moderne-Verhältnis

In *Die Götter Griechenlandes* wird die elegische Erinnerung an die im Zivilisationsprozess verlorengegangene Unmittelbarkeit der

Die Götter Griechenlandes

griechischen Antike zur normativen Folie, vor deren Hintergrund Schiller die eigene Gegenwart kritisiert. In strikter antithetischer Strophengliederung stellt er die Vorzüge der heidnischen Antike den Verlusten der christlichen Moderne gegenüber.

Lebensbejahende Antike ...

Während sich die Antike nach Schiller durch einen sinnenfrohen, lebensbejahenden und poetischen Polytheismus auszeichnet, wird die Moderne durch eine Mischung aus asketischem und abstraktem Christentum und einem auf das Kausalitätsprinzip reduzierten naturwissenschaftlichem Weltbild charakterisiert:

„Gleich dem toten Schlag der Pendeluhr,
Dient sie knechtisch dem Gesetz der Schwere
Die entgötterte Natur!" (V. 166–168)

... und sinnenfeindliches Christentum

Die monotheistische, christliche Welt erscheint entseelt und wird durch die Attribute der Kälte und der Erstarrung beschrieben:

„Alle jene Blüten sind gefallen
Von des Nordes winterlichem Wehn.
Einen zu bereichern, unter allen,
Mußte diese Götterwelt vergehn." (V. 153–156)

Dagegen weist Schiller am Schluss des Gedichts auf den Zusammenhang zwischen Gottesvorstellung und Menschenbild hin und sieht gerade in den anthropomorphistischen, d. h. ‚vermenschlichenden' Attributen der mythischen antiken Göttergestalten einen Vorzug an Humanität:

„Da die Götter menschlicher noch waren,
Waren die Menschen göttlicher." (V. 191f.)

Die Antithese zwischen der Lebensfeindlichkeit des Christentums und der Humanität der Antike fasst Schiller in einem vergleichenden Bild zusammen, in dem er – direkt an Lessings *Wie die Alten den Tod gebildet* anschließend – die beiden Todesvorstellungen nebeneinanderstellt – auf der einen Seite das fleischlose Skelett der Moderne, auf der anderen Seite der schöne Genius der Antike:

Todesvorstellungen

„Damals trat kein gräßliches Gerippe
Vor das Bett des Sterbenden. Ein Kuß
Nahm das letzte Leben von der Lippe,
Still und traurig senkt' ein Genius
Seine Fackel [...]
Und das ernste Schicksal blickte milder
Durch den Schleier sanfter Menschlichkeit." (V. 105–112)

Debatte um Schillers *Götter*

In der zeitgenössischen Rezeption war es denn auch vor allem der religionskritische Aspekt von Schillers Moderne-Kritik, der sofort die heftigsten Proteste auslöste. Am schärfsten wurde Schillers Gedicht von dem Göttinger Hainbündler (→ KAPITEL 6.2) Friedrich Leopold Graf zu Stolberg angegriffen, der Schiller Gotteslästerung vorwarf und forderte, dass die Dichtung sich in den Grenzen des von der christlichen Religion Zulässigen zu bewegen habe (vgl. Dahnke / Leistner 1989, Bd. 1, S. 193–269).

In seinem umfangreichsten Gedicht *Die Künstler* führt Schiller beide historische Perspektiven – den Fortschrittsoptimismus und die Vergegenwärtigung der Antike – in kritischer Absicht zusammen. Hatte er Antike und Moderne in den *Göttern Griechenlandes* noch antithetisch gegenübergestellt, so verzeitlicht er sie jetzt zu einem dreistufigen, „triadischen" Geschichtsmodell. Die unentfremdete Unmittelbarkeit der Antike dient ihm dabei sowohl als Ausgangspunkt als auch perspektivischer Fluchtpunkt der Geschichte. *Die Künstler*

Ganz analog zu seiner Vorlesung über *Universalgeschichte* konstatiert Schiller am Anfang des Gedichts den Vorzug seines Jahrhunderts vor jedem bisherigen: Geschichtsphilosophie

„Wie schön, o Mensch, mit deinem Palmenzweige
Stehst du an des Jahrhunderts Neige, / [...]
Der reifste Sohn der Zeit,
Frei durch Vernunft, stark durch Gesetze" (V. 1–7)

Allerdings erinnert er daran, dass diese Errungenschaften der Moderne bereits in der Antike angelegt waren:

„Was erst, nachdem Jahrtausende verflossen,
Die älternde Vernunft erfand,
lag im Symbol des Schönen und des Großen
voraus geoffenbart dem kindischen Verstand." (V. 42–45).

Es ist diese ursprüngliche Einheit aus Schönheit und Wahrheit, Kunst und Wissenschaft, die mit Beginn der Neuzeit einem Übergewicht des wissenschaftlich-technischen Fortschritts weicht (vgl. V. 383–390). Den Künstlern weist Schiller die Aufgabe zu, die ursprüngliche Einheit wieder herzustellen und Wissenschaften und Technik zum Kunstwerk zu „adeln". Am Ende steht die erneute Versöhnung von Wissenschaft und Kunst: Einheit von Wissenschaft und Kunst

„Die Schätze, die der Denker aufgehäufet,
Wird er in euren Armen erst sich freun,
Wenn seine Wissenschaft, der Schönheit zugereifet,
Zum Kunstwerk wird geadelt seyn" (V. 402–406)

Was Jürgen Habermas für Schillers Briefe *Über die ästhetische Erziehung des Menschen* als „erste kritische Selbstreflexion der Moderne" (Habermas 1985, S. 59) beschrieben hat, ist schon im Gedicht *Die Künstler* formuliert: die Einsicht, dass die wissenschaftlich-technischen Ästhetische Selbstreflexion der Moderne

Errungenschaften immer erst kulturell wieder eingeholt werden müssen, um zum wirklichen gesellschaftlichen Fortschritt zu werden. Indem Schiller diese Einsicht in einem Gedicht ausspricht, gleichsam als „poetische Geschichtsphilosophie" (Prüfer 2002, S. 281), trägt er seiner eigenen Forderung auch in der poetischen Form Rechnung.

Fragen und Anregungen

- Erläutern Sie das Spannungsverhältnis von Antikebezug und Fortschrittsdenken in der Aufklärung.

- Welche Strukturanalogien bestehen zwischen Rousseaus Geschichtstheorie und Winckelmanns Antike-Ideal?

- Inwiefern knüpft Herder an Winckelmanns Antikeprogramm an und hinsichtlich welcher Aspekte entwickelt er es weiter?

- Erläutern Sie an Hand von Beispielen, welche unterschiedlichen Funktionen der Antikebezug in der Literatur des 18. Jahrhunderts haben kann.

- Wie lässt sich erklären, dass Schiller seine Geschichtsphilosophie auch in Gedichtform formuliert hat?

Lektüreempfehlungen

Quellen
- **Johann Gottfried Herder: Denkmal Johann Winckelmanns** [1777], in: ders., Werke in zehn Bänden, hg. v. Martin Bollacher u. a., Frankfurt a. M., 1985ff., Bd. 2, S. 630–673.

- **Gotthold Ephraim Lessing: Wie die Alten den Tod gebildet** [1769], in: ders., Werke und Briefe in 12 Bänden, hg. v. Wilfried Barner u. a., Frankfurt a. M. 1985ff., Bd. 6, S. 715–778.

- **Karl Philipp Moritz: Anthusa oder Roms Alterthümer** [1791], in: ders., Sämtliche Werke, hg. v. Anneliese Klingenberg u. a., Tübingen 2005ff., Bd. 4/1.

- **Friedrich Schiller: Die Götter Griechenlandes** [1788], in: ders., Sämtliche Werke in 5 Bänden, hg. v. Peter-André Alt u. a., München 2004, Bd. 1, S. 163–169.

- Friedrich Schiller: Die Künstler [1789], in: ders., Sämtliche Werke in 5 Bänden, hg. v. Peter-André Alt u. a., München 2004, Bd. 1, S. 173–187.

- Johann Joachim Winckelmann: Gedanken über die Nachahmung der griechischen Werke in Malerei und Bildhauerkunst [1755], Stuttgart 1995.

- Norbert Miller: Europäischer Philhellenismus zwischen Winckel- Forschung mann und Byron, in: Propyläen Geschichte der Literatur, Bd. 4: Aufklärung und Romantik 1700–1830, Berlin 1988, S. 315–366. *Europäisch vergleichender Handbuchartikel zu den wichtigsten Aspekten der Entdeckung der griechischen Antike im 18. Jahrhundert.*

- Volker Riedel: Antikerezeption in der deutschen Literatur vom Renaissance-Humanismus bis zur Gegenwart. Eine Einführung, Stuttgart 2000. *Einführende Überblicksdarstellung über Formen der Antikerezeption in der Literatur seit der Renaissance.*

- Winfried Schröder: Artikel „Querelle des anciens et des modernes", in: Hans Jörg Sandkühler (Hg.), Europäische Enzyklopädie zu Philosophie und Wissenschaften, Hamburg 1990, Bd. 3, S. 983–995. *Europäisch vergleichende Darstellung der wichtigsten Aspekte und Stationen der „Querelle" und der Geschichtsphilosophie der Aufklärung.*

- Stefanie Stockhorst (Hg.): Themenschwerpunkt „Zeitkonzepte. Zur Pluralisierung des Zeitdiskurses im langen 18. Jahrhundert", in: Das achtzehnte Jahrhundert 30, 2006, Heft 2, S. 157–252. *Aktuelle Diskussion der Wirkung und Kritik der Verzeitlichungsthese in der Forschung.*

- Peter Szondi: Antike und Moderne in der Ästhetik der Goethezeit, in: ders., Poetik und Geschichtsphilosophie, Frankfurt a. M. 1974, Bd. 1, S. 11–266. *Obgleich Szondi mit einem veralteten Aufklärungsbegriff operiert, handelt es sich um eine forschungsgeschichtlich einflussreiche Studie zum Verhältnis von Poetik und Geschichtsphilosophie seit Winckelmann.*

8 Kulturtransfer und Fremderfahrung

Abbildung 12: Kupferstich zu Guillaume Raynal / Denis Diderot: *Geschichte beider Indien* (1770ff.)

Auf dem Kupfer aus Guillaume Raynals und Denis Diderots „Geschichte beider Indien" (1770ff.) stillt eine Frau, die allegorisch die Natur personifiziert, ein weißes und ein schwarzes Kind. Ihr Blick ist auf eine Sklavenkolonne gerichtet, die durch ihre Aufpasser misshandelt wird. Die Szene ist in der ‚Neuen Welt' angesiedelt, im Hintergrund sind die Schiffe der europäischen Kolonisatoren zu sehen. In korrespondierender Körperhaltung sind die Frau und einer der gequälten Sklaven dargestellt, die beide an Mitleid und Humanität appellieren. Die aufklärerische Leitidee, dass vor der Natur alle Menschen gleich sind, wird hier mit dem Skandal des Sklavenhandels durch die vermeintlich zivilisierten Europäer kontrastiert.

Raynals und Diderots zehnbändiges Werk über die *Philosophische und politische Geschichte der Besitzungen und des Handels der Europäer in beiden Indien*, so der vollständige Titel, war nur eines von vielen Zeugnissen, in denen die zunehmende Globalisierung der kulturellen Horizonte im 18. Jahrhundert reflektiert wurde. Dabei wurden auch die Ambivalenzen der europäischen Expansion nach Asien und Amerika – dies sind die „beiden Indien" – nicht verschwiegen.

Das Medium dieser Reflexionen waren zumeist Reiseberichte, die auch im Werk von Raynal und Diderots die Quellengrundlage darstellten. In der Gattung des Reiseberichts kamen sowohl das Erfahrungsgebot der Aufklärung als auch die Horizonterweiterung und die damit verbundene Notwendigkeit der Auseinandersetzung mit kultureller Eigenheit und Fremdheit zum Ausdruck. Der Reisebericht wurde so zu einer der Hauptgattungen der Aufklärung.

In der jüngeren Aufklärungsforschung sind die Momente von Interkulturalität und Globalisierung im 18. Jahrhundert von zunehmendem Interesse. Zusammen mit traditionelleren Fragen der Komparatistik und der Untersuchungen zu literarischen Übersetzungen bilden sie den Gegenstand der Kulturtransferforschung.

8.1 Universalgeschichte und Kulturtheorie
8.2 Reiseliteratur als Forschungsfeld
8.3 Der Reisebericht als Gattung
8.4 Das Jahrhundert der Übersetzungen

8.1 Universalgeschichte und Kulturtheorie

Im 18. Jahrhundert setzten auf unterschiedlichen Gebieten das Be- wusstsein und die Reflexion einer sich zunehmend globalisierenden Welt ein. Nachdem die Erde weitgehend entdeckt und kartografiert war, trat nun die Erforschung geografischer und kultureller Beson- derheiten in den Vordergrund. Von der Mitte des Jahrhunderts an, spätestens aber mit der amerikanischen Revolution von 1776, wurde die Relativität des eurozentrischen – und das heißt bis dahin auch immer christozentrischen – Standpunktes offenbar. Seit der Aufklä- rungskritik in Klassik und Romantik wurde dem 18. Jahrhundert im- mer wieder ein mangelnder Sinn für das Individuelle und kulturell Eigenständige sowie ein seichter Vernunftuniversalismus vorgewor- fen. Demgegenüber wird das Jahrhundert in neueren Forschungen ideengeschichtlich gerade umgekehrt auch als die Epoche der Aner- kennung kultureller Verschiedenheit und der Entdeckung des Men- schenrechts auf kulturelle Identität bezeichnet. In den universal- geschichtlichen Entwürfen wird das überlieferte heilsgeschichtliche Schema durch ein innerweltliches Modell der menschlichen Gat- tungsgeschichte ersetzt. So wird etwa in Voltaires *Essay sur l'histoire générale et sur les moeurs et l'esprit des nations* (*Versuch über die allgemeine Geschichte und den Geist der Nationen*, 1756) nicht mehr das christliche Europa als Vorbild und Höhepunkt aller Zivili- sation bezeichnet, sondern mit China ein nichtchristliches Land, von dem die Bibel nicht berichtet.

Globalisierungs- erfahrung

Ob bei Voltaire, Montesquieu, Jean-Jacques Rousseau oder Denis Diderot – immer diente die Darstellung der fremden Kultur der Kri- tik an der eigenen Gesellschaft. In Montesquieus fiktivem Reisebe- richt *Lettres persannes* (*Persische Briefe*, 1721; → KAPITEL 12.1) waren es die beiden persischen Europareisenden Usbek und Rica, denen die zeitgenössischen westlichen Institutionen, Sitten und Gewohnheiten, wie etwa die Privilegien des Klerus oder die manierierten Umgangs- formen des Adels, als fremde, unverständliche und absonderliche Skurrilitäten erscheinen. Diderot schrieb in seinem *Supplément au voyage de Bougainville* (*Nachtrag zu Bougainvilles Reise*, 1771) den tahitianischen Ureinwohnern genau jene lebensbejahende Natürlich- keit zu, die in seiner eigenen Gesellschaft fehlte bzw. unterdrückt war, und entlarvte vor diesem Hintergrund deren Anspruch auf Zivi- lisiertheit als bloßen Kulturimperialismus. Und Rousseau machte in seinem *Discours sur l'origine et les fondemens de l'inégalité parmi les hommes* (*Abhandlung über den Ursprung und die Gründe der*

Fremdwahrnehmung als Selbstkritik

Ungleichheit unter den Menschen, 1762) die Figur des ‚edlen Wilden‘ zum Maßstab der Kritik an den Ungerechtigkeiten seiner eigenen Zeit.

Herders Kulturtheorie

Im deutschen Sprachraum war es vor allem Johann Gottfried Herder, der als Begründer des Kulturpluralismus oder -relativismus gelten kann. Der Philosophiehistoriker Isaiah Berlin präsentiert ihn in seinem Buch *Vico and Herder* geradezu als „champion of variety" (Berlin 1976, S. 5). In seinen *Ideen zur Philosophie der Geschichte der Menschheit* (1784–91) führte Herder aus, dass die unterschiedlichen Kulturen als Individualitäten zu verstehen seien, die durch ihre je eigenen geografischen, geschichtlichen und sprachlichen Voraussetzungen geprägt sind. Die unterschiedlichen ‚Stimmen der Völker‘ bilden zusammen jene ‚eine Stimme‘, die von Herder im Sinne seines Humanitätsideals als Einheit der Menschheitsgeschichte konzipiert wird (→ KAPITEL 7).

8.2 Reiseliteratur als Forschungsfeld

Die in den 1970er-Jahren einsetzende sozialgeschichtliche Erforschung des 18. Jahrhunderts hat die zwar seit langem bekannten, jedoch kaum in einem Zusammenhang gesehenen medien- und kommunikationsgeschichtlichen Dimensionen der Aufklärungsbewegung sichtbar werden lassen. Zwei Erklärungsmodelle haben die zu Tage tretenden historischen Entwicklungen zu bündeln versucht: Das Kulturtransferkonzept und die Kommunikationsgeschichte

Kulturtransferforschung

Gegenstände der Kulturtransferforschung (u. a. vertreten von Michel Espagne, Michael Werner und Hans-Jürgen Lüsebrink) sind der Umgang aufnehmender Kulturen mit Elementen fremder Kulturen sowie die Untersuchung der entscheidenden Vermittlungsinstanzen dieses Prozesses. Hierbei können Objekte (z. B. antike Kunst), Praktiken (etwa technische Verfahren), Texte (u. a. Reiseberichte) und Diskurse (z. B. nationale Vorurteile) oder die Vermittlerfiguren (etwa Übersetzer) und Vermittlungskanäle (z. B. der Buchmarkt) im Vordergrund stehen. Untersucht werden auch die Auswahlverfahren für den Umgang mit bestimmten Kulturgütern und deren Aneignungsmuster (Übersetzung, Nachahmung).

Historische Kommunikationsforschung

Aus einer anderen Perspektive hat die historische Kommunikationsforschung (u. a. vertreten von Hans Erich Bödeker) verschiedene Elemente und Institutionen des Erfahrungs- und Ideenaustausches in der Epoche der Aufklärung in den Blick genommen und als einen übergreifenden, sozialen und dynamischen Prozess analysiert. Untersuchungsgegenstände sind hier beispielsweise Universitäten, Buchhandel und literarischer Markt, Pressewesen und Zeitschriften, Kaffeehäuser, gesellige Sozietäten und Assoziationen, Briefwechsel und Lektürepraktiken.

In beiden Forschungsansätzen spielen die Reisen von Fürsten, Adligen, Gelehrten und Gebildeten, mitunter auch von unterbürgerlichen Schichten, sowie ihre schriftlich fixierten Hinterlassenschaften eine entscheidende Rolle. Der Kulturhistoriker Michael Maurer hat das Reisen als einen „paradigmatisch ideale[n] Gegenstand einer erneuerten Kulturgeschichte" und den Reisebericht als die „soziale Leitgattung" bürgerlicher Kreise in der zweiten Hälfte des 18. Jahrhunderts bezeichnet (Maurer 1999, S. 296). Von der Reisekleidung bis zu den Transportmitteln, vom Straßenbau bis zum Postroutenwesen, von ständisch differenzierten Reiseformen bis zu deren realen Gefahren, von der Reisevorbereitung mit schriftlichen Materialien bis zur Niederschrift der Fremderfahrung, von der wissenschaftlichen Erschließung der Welt bis zu den vorurteilsbehafteten Länderstereotypen reicht das Themenspektrum der historischen Reiseforschung, die sich mit der „gelebten Realität des Reisens" befasst (Maurer 1999, S. 299).

Reiseberichte gehörten im Zeitalter der Aufklärung zu den beliebtesten Lesestoffen der Epoche, was sich nicht nur an den überlieferten Bestandslisten und Ausleihzahlen der Leihbibliotheken erkennen lässt, sondern auch an der quantitativen Dimension der Reisebuchproduktion. Die Datenbank der 1992 gegründeten Eutiner Forschungsstelle zur historischen Reisekultur weist rund 8 500 Titel oft mehrbändiger und umfangreicher gedruckter Reiseschriften des 18. Jahrhunderts nach, wobei diese Zahl sowohl faktografische Berichte, Handbücher und Vorbereitungsliteratur als auch fiktive Reiseromane und -erzählungen umfasst. Ein noch wenig erforschter Bereich sind die handschriftlich überlieferten Quellen des Reisens, die sich vor allem in der adlig-fürstlichen Sphäre und im Umkreis landesfürstlicher Verwaltungsbehörden finden lassen (vgl. Rees / Siebers 2005).

Für den Umgang mit schriftlichen Quellen des Reisens, seien es gedruckte Berichte oder handschriftliche Aufzeichnungen, erste skizzenhafte Notizen oder ausformulierte Beschreibungen, gilt die bisher nicht immer beachtete methodische Vorgabe, dass keine Reise in genau der Form stattgefunden hat, wie später darüber geschrieben

Gegenstände der Reiseforschung

Quantitative Dimensionen

Reiseberichte als historische Quellen

wurde: „‚wahre Reisebeschreibungen‘ gibt es ebensowenig wie die ‚objektiven Quellen‘, die sich Historiker häufiger wünschen" (Griep 1991, S. 137). Die Berichterstattung über das Reisen unterliegt vielfältigen literarischen Vorbedingungen und Maßgaben (z. B. die situative Anpassung an die gewünschte Berichtsform oder die Aussonderung des ‚Uninteressanten‘), mentalitätsgeschichtlichen Einflüssen (etwa Länderstereotypen) und ganz praktischen funktionalen Erfordernissen (wie z. B. den Ansprüchen eines fürstlichen Auftraggebers). Andererseits bieten Reiseberichte einzigartige Einblicke in den Entstehungsprozess von Fremd- und Fremdheitswahrnehmung. Der Kulturhistoriker Peter Burke hat diesen besonderen Status von Reiseberichten als geschichtliche Quellen zu bestimmen versucht: Die Berichte haben für den Historiker den unschätzbaren Vorteil, dass Außenstehende vieles wahrnehmen, was aus der Innenperspektive überhaupt nicht sichtbar wird. Die Fremden registrieren, was den Einheimischen aus Gewohnheit so vertraut und alltäglich ist, dass sie es gar nicht mehr erwähnen. Auf der anderen Seite sind die ausländischen Reisenden trotz ihrer unbefangeneren Außenperspektive keine neutralen Beobachter, die das Gesehene gleichsam objektiv widerspiegeln. Ihre Schilderungen sind vielmehr interpretative Konstruktionen, die durch die mentalen Schemata und impliziten Bewertungen der Wahrnehmenden geprägt sind. „Reisende beschreiben nicht nur, was sie sehen", stellt Burke fest, „sondern sie berichten vieles, was sie nur vom Hörensagen kennen oder was sie sich aus einheimischen Quellen angelesen haben." (Burke 1996, S. 25ff.) Und immer steht in den Berichten der Fremden auch ihre eigene Herkunftskultur im Hintergrund.

Kulturanthropologie
des Reisens

Diese Sichtweise findet sich bereits bei dem Kulturanthropologen Michael Harbsmeier, der jeden Reisebericht „als eine Art unfreiwilliger Selbstdarstellung der Ausgangskultur" des Reisenden verstanden wissen möchte (Harbsmeier 1982, S. 2). Dieses positive oder negative Wechselverhältnis ist bereits von den Zeitgenossen ausgedrückt worden, etwa wenn Georg Christoph Lichtenberg 1775 formulierte: „Ich bin eigentlich nach England gegangen um deutsch schreiben zu lernen." (Lichtenberg 1967ff., Bd. 1, S. 371) und Johann Gottfried Herder 1788 in Rom notierte: „seit ich Italien kenne, bin ich sehr gern ein Deutscher" (Herder 1988, S. 195). Reiseberichte des 18. Jahrhunderts können somit sowohl über die literarische Gestaltung der Formen und Funktionen von Fremdheitserfahrung als auch über die Erwartungen und Wahrnehmungsmuster der Reisenden und des Lesepublikums ihrer Berichte Auskunft geben.

8.3 Der Reisebericht als Gattung

Fast alle der noch heute bekannten Autorinnen und Autoren des
18. Jahrhunderts haben Reiseaufzeichnungen hinterlassen. Die Formen dieser Reisezeugnisse sind äußerst vielfältig: So findet man Tagebücher, Briefe, Chroniken, episodenhafte Erzählungen, autobiografische Aufzeichnungen, amtliche Journale, gelehrte Berichte oder
topografische Übersichten. Die literarische Gestaltung ist dabei vielfach von den besonderen Umständen der jeweiligen Reise und ihren
funktionalen Zwecksetzungen geprägt. Als soziale Muster galten für
die Fahrt in das europäische Ausland bis in das Zeitalter der Aufklä-
rung hinein die in der adlig-höfischen Sphäre verbreitete Kavaliers-   **Kavalierstour und**
tour und als deren Gegenstück die in bürgerlichen Kreisen gepflegte   **Gelehrtenreise**
Gelehrten- und Gebildetenreise. Während die „Tour" eines jungen
„Kavaliers" – so der zeitgenössische Ausdruck für einen heranwach-
senden Adligen – darauf angelegt war, Lebensführung und weltmän-
nisches Verhalten in der höfischen Welt kennenzulernen, führte die
gelehrte Reise oft zu den historischen Stätten der antiken Bildung, zu
berühmten Universitäten und Bibliotheken. Beide Reisearten dienten
dazu, sich innerhalb des entsprechenden sozialen Bezugskreises und
oft darüber hinaus bekannt zu machen, Kontakte zu knüpfen und
Bildungsgüter – seien sie materiell, etwa in Form von Kunstgegen-
ständen, seien sie geistig, etwa in Form von Sprachkompetenz – zu
erwerben. Der enorme Anstieg der gedruckten Reisebücher, die Er-
probung differenzierter Darstellungsweisen und die Wertschätzung
didaktischer Genres in der Aufklärungszeit ließen die zweite Hälfte
des 18. Jahrhunderts zum „Höhe- und Wendepunkt" der Gattungsgeschichte werden (Brenner 1993, S. 283).

Das Ziel des Reiseberichts war zunächst die umfassende und genaue Informationsvermittlung. Erst im Verlauf des 18. Jahrhunderts
begann eine zunehmende „Literarisierung" der Form, indem Darstel-   **Literarisierung der**
lungsmittel verwendet wurden, die auch die ‚schöne Literatur' kenn-   **Gattung**
zeichnen (vgl. Hentschel 1999, S. 15–43). Ein Musterbeispiel der
Verknüpfung von detaillierter Berichterstattung, individuellem Er-
zählgestus und ästhetisch-politischer Reflexion ist Georg Forsters Bericht über seine Fahrt in die Niederlande, nach England und Frankreich im Jahre 1790, der unter dem Titel *Ansichten vom Niederrhein*
(1791–94) erschien. Das Werk zählt neben der *Reise um die Welt*
(1778–80) zu Forsters bedeutendsten schriftstellerischen Arbeiten.
Der Autor, als Teilnehmer an der zweiten Weltumsegelung von James
Cook (1772–75) bereits in Jugendjahren eine Berühmtheit, wurde

von dem 21-jährigen Alexander von Humboldt begleitet. In seiner Reisebeschreibung löste sich Forster von der vorherrschenden faktografischen Tendenz der Gattung, indem er die Darstellung von geografischen, naturgeschichtlichen, wirtschaftlichen und politischen Verhältnissen mit alltagskulturellen Beobachtungen und ästhetischer Kritik zu verbinden suchte. Seine Darstellungsmethode ist naturwissenschaftlich: Sie geht vom einzelnen Gegenstand zum Allgemeinen über, vom Faktischen zur Reflexion, sie macht den Denkprozess der Wirklichkeitsaneignung sichtbar (ASB KOŠENINA). Der Titel *Ansichten* verweist sowohl auf das Flüchtige und Unabgeschlossene des Reiseeindrucks als auch auf den engen Zusammenhang von sinnlicher Anschauung und reflektierender Begrifflichkeit. Forsters Reisebericht erfüllt damit eine grundlegende Intention des aufklärerischen, am Selbstdenken und am eigenständigen Vernunftgebrauch orientierten Selbstverständnisses.

Forsters Beschreibungsverfahren

Exemplarisch für dieses Verfahren ist seine Beschreibung des Amsterdamer Hafens. Nachdem er das Hafengelände von verschiedenen Standpunkten aus betrachtet hat, sich die Docks der Admiralität und der Ostindischen Kompagnie zeigen ließ und einen Stapellauf erlebte, fasst er seine Eindrücke zusammen:

„Ich weile noch einen Augenblick auf diesem Schauplatz der umfassenden Geschäftigkeit; denn sie ist es, der die Stadt und selbst die Republik ihr Daseyn und ihre Größe verdanken, und in der Betrachtung dieses Phänomens werden zugleich die Hauptzüge des Nationalcharakters offenbar." (Forster 1969, S. 718)

Forster verbindet in diesem Gedankengang die ökonomische („Geschäftigkeit"), die politische („Republik") und die kulturelle („Nationalcharakter") Sphäre zu einem sich wechselweise bedingenden Gesamtbild. Diese Verdichtung wird noch gesteigert, als sich der Berichterstatter gedanklich in die „Mitte des Hafens" versetzt, um seine Wahrnehmung des vielgliedrigen Geschehens zu veranschaulichen:

„Also, nicht dem Auge allein, sondern auch dem Verstand erscheint Amsterdam von der Wasserseite in seinem höchsten Glanze. Ich stelle mich in Gedanken in die Mitte des Hafens, und betrachte links und rechts die Gruppen von vielen hundert Schiffen aus allen Gegenden von Europa [. . .]." (Forster 1969, S. 719)

Dann beschreibt er das „Gewühl des fleißigen Bienenschwarmes", die „zauberähnliche Bewegung so vieler segelnder Schiffe und Boote", den „Eifer der Gewinnsucht", der hier vorherrscht, und die Rolle der Naturwissenschaften: die Vernunft „knüpfte ferne Welttheile an einander, führte Nationen zusammen, häufte die Produkte aller verschiedenen Zonen". Schließlich fasst er zusammen:

> „Dies ist mir der Totaleindruck aller dieser unendlich mannigfalti- **Forsters** gen, zu Einem Ganzen vereinigten Gegenstände, die vereinzelt und **„Totaleindruck"** zergliedert so klein und unbedeutend erscheinen. [...] Das Ganze ist nur da für die Phantasie, die es aus einer gewissen Entfernung unbefangen beobachtet und die größeren Resultate mit künstleri- scher Einheit begabt [...]." (Forster 1969, S. 719f.).

Forster gelingt es in dieser Passage zu zeigen, wie in der Ansicht des Amsterdamer Hafens historische Prozesse in der Art eines Brennspie- gels zusammengeführt und gleichzeitig entziffert werden können: Wirtschaftstätigkeit und Wissenschaftsentwicklung bedingen sich, die Weltgesellschaft – und damit der Einfluss fremder Kulturen – ist durch die eingeführten und hier umgeschlagenen Produkte präsent, der europäische Hafenplatz ist in den globalen Handel eingebunden, überdies ist die ökonomisch-politische Analyse mit ästhetischen Wahrnehmungsweisen („zauberähnliche Bewegung") verknüpfbar. Die Funktion des Reiseberichts ist es nach Forster, diese empirische Wirklichkeit in der „Phantasie" zu einem Ganzen, zu einem „Total- eindruck" zusammenzusetzen. Dieser Begriff des „Totaleindrucks" wird später von Alexander von Humboldt in seinen Reiseberichten und von Friedrich Schlegel in seinen geschichtsphilosophischen Über- legungen aufgenommen und fruchtbar gemacht.

Das Forster'sche Modell einer politisch-ästhetischen Reisebericht- **Reiseberichte** erstattung ist in dieser Form in der Spätaufklärung einzigartig geblie- **der Spätaufklärung** ben, doch lassen sich seine Haupttendenzen in einer eher ästhetisie- renden Richtung etwa bei Karl Philipp Moritz (*Reisen eines Deutschen in England im Jahre 1782*, 1783) und in einem kon- sequent politisierenden Stil bei Joachim Friedrich Christoph Schulz (*Reise eines Liefländers von Riga nach Warschau*, 1795/96) oder Jo- hann Gottfried Seume (*Spaziergang nach Syrakus im Jahre 1802*, 1803) erkennen.

Obwohl die deutschen Fürstentümer über keine eigenen überseei- schen Kolonien verfügten, gab es doch einige deutsche Intellektuelle, die seit dem 18. Jahrhundert auch die außereuropäische Welt erkun- **Welt- und** deten. Zumeist waren sie als wissenschaftliche Experten oder Überset- **Forschungsreisen** zer unterwegs, so z.B. Carsten Niebuhr (*Beschreibung von Arabien*, 1772) oder Georg Forster als wissenschaftlicher Begleiter bei Cooks zweiter Weltumsegelung. Der sicherlich berühmteste deutsche Weltrei- **Alexander** sende ist aber Alexander von Humboldt, der im Jahr 1799 seine ge- **von Humboldt** samte Erbschaft nutzte, um aus der Enge der spätabsolutistischen preußischen Verhältnisse zu entfliehen (für die Humboldts Bezeichnung des Familiensitzes in Tegel als „Schloß Langeweil" sprichwörtlich ist) und in die Weite der Welt aufzubrechen. Zusammen mit dem französischen Wissenschaftler Aimé Bonpland unternahm er von

Lateinamerika-Reise

1799 bis 1804 seine ausgedehnte Reise nach Lateinamerika, deren Ergebnisse er später in den Werken *Voyage aux régions équinoxiales de Nouveaux Continent* (*Reise in die Äquinoktial-Gegenden des Neuen Kontinents*, 1805–34) sowie der *Relation historique* (*Historischer Bericht*, 1814–25) veröffentlichte. Humboldt war einer der ersten, der das Stereotyp von der vermeintlichen Geschichtslosigkeit Amerikas in Frage stellte und der die eigenständige Kulturentwicklung der unterschiedlichen indianischen Stämme, vor allem in der vorspanischen Zeit, untersuchte. So hat er während seiner Reise Grammatiken und Wortlisten zahlreicher indianischer Sprachen gesammelt, die heute zum größten Teil nur noch bekannt sind, weil Humboldt sie aufgeschrieben hat. Nicht zuletzt aus diesem Grund hat der venezolanische Freiheitskämpfer Simón Bolívar Alexander von Humboldt enthusiastisch als ‚zweiten Entdecker' Amerikas gefeiert.

8.4 Das Jahrhundert der Übersetzungen

Es war Georg Wilhelm Friedrich Hegel, der in seinen *Vorlesungen über die Philosophie der Geschichte* (1837) zuerst darauf hingewiesen hat, dass im Zeitalter der großen Entdeckungen den Reisen in die Welt im deutschen Sprachraum seit der Reformation die Reise in die „Innenwelt" entspricht. Ausgehend von der Koinzidenz der Ereignisse – der Entdeckung Amerikas und dem Auftreten Luthers – um das Epochenjahr 1500, stellte Hegel fest:

> „Während die übrige Welt hinaus ist nach Ostindien, Amerika, – aus ist, Reichthümer zu gewinnen, eine weltliche Herrschaft zusammenzubringen [...], ist es ein einfacher Mönch, der das Dieses, das die Christenheit vormals in einem irdischen, steinernen Grab suchte, vielmehr in dem tieferen Grabe der absoluten Identität alles Sinnlichen und Äußerlichen, in dem Geiste findet, und dem Herzen zeigt." (Hegel 2003, Bd. 12, S. 522)

Tatsächlich war in Deutschland seit der Katastrophe des Dreißigjährigen Krieges das Bewusstsein einer geschichtlichen Verspätung verbreitet, die nur durch Aneignung und Übersetzung von kulturellen bzw. geistigen Phänomenen anderer Literaturen auszugleichen sei.

Stellenwert des Übersetzens

Die „Lust am Übersetzen", der von Friedrich Schlegel unterstellte

„angeborene Trieb des Deutschen, daß er das Fremde liebt" (Schlegel 1975, S. 17), mag hierin seinen Ursprung haben. So steht am Beginn der Aufklärungsbewegung in Deutschland Johann Christoph Gottscheds Versuch, die unterbrochene deutsche Tradition durch die Aneignung und Transformation der westeuropäischen Tradition zu ergänzen und anschlussfähig zu machen. Und von Lessings Übertragung der historischen und geschichtsphilosophischen Werke Voltaires und Rousseaus bis hin zu Goethes Übersetzung von Diderots *Le Neveu de Rameau* (*Rameaus Neffe*, 1804; entstanden 1774), ließe sich die Literaturgeschichte des 18. Jahrhunderts mit Fug und Recht auch als Übersetzungsgeschichte schreiben. Als Goethe im frühen 19. Jahrhundert sein Konzept einer „Weltliteratur" entwickelte, rief er im Grunde nur die gängige literarische Praxis des 18. Jahrhunderts wieder auf und brachte sie gegen die nationalisierenden Tendenzen der Romantik in Stellung.

Weltliteratur

Bis zur Mitte des 18. Jahrhunderts überwogen Übersetzungen aus dem Französischen, Italienischen und Spanischen. Dies änderte sich etwa ab der Jahrhundertmitte, als Übersetzungen aus dem Englischen zunehmend an Einfluss gewannen. Zu nennen wären hier z. B. Johann Jakob Bodmers Übersetzung von John Miltons *Paradise Lost* (1667, *Das verlorene Paradies*, 1732ff.) und deren Wirkung auf Friedrich Gottlieb Klopstock oder auf Christoph Martin Wielands Prosa-Übertragung der Dramen William Shakespeares (→ KAPITEL 11.1). Die Hexameter-Übertragungen der Homerischen Epen durch Johann Heinrich Voß sind konstitutiv für die Genese des deutschen Griechen-Klassizismus (→ KAPITEL 7).

Für eine komparatistische Beschäftigung mit literarischen Übersetzungsprozessen ist aber nicht nur die Frage entscheidend, was übersetzt wird, sondern auch mit welcher Intention und innerhalb welcher Konstellationen bestimmte Autoren übertragen werden. So hat der Literaturhistoriker Lawrence Price in einer älteren grundlegenden Studie gezeigt, dass sich in der Shakespeare-Rezeption in Deutschland ganz unterschiedliche Paradigmen unterscheiden lassen (vgl. Price 1961). In jüngeren Arbeiten haben dies Fania Oz-Salzberger und Norbert Waszek für die Rezeption der schottischen Aufklärung in Deutschland weiter ausgeführt (vgl. Oz-Salzberger 1995; Waszek 1988).

Funktionen der Übersetzung

Fragen und Anregungen

- Nennen Sie verschiedene Ebenen des Kulturtransfers und erklären Sie den Zusammenhang von materiellen und ideellen Austauschprozessen.

- Beschreiben Sie das Wechselverhältnis, in dem in der Universalgeschichte der Aufklärung die Begriffe des „Universalismus" und des „Kulturpluralismus" stehen.

- Inwiefern kann die Reiseliteratur als Leitgattung der Aufklärung gelten?

- Welche Motivationen für Reisen im 18. Jahrhundert lassen sich unterscheiden und welche Folgen hat dies für die Deutung der Quellen?

- Welche Rolle spielen Übersetzungen bei der Konstitution der deutschen Literatur des 18. Jahrhunderts? Nennen Sie Beispiele besonders bedeutender literarischer Übersetzungen und begründen Sie dies.

Lektüreempfehlungen

Quellen
- **Denis Diderot: Nachtrag zu Bougainvilles Reise oder Gespräch zwischen A. und B. über die Unsitte, moralische Ideen an gewisse physische Handlungen zu knüpfen, zu denen sie nicht passen** [1771], Frankfurt a. M. 1965.

- **Georg Forster: Ansichten vom Niederrhein, von Brabant, Flandern, Holland, England und Frankreich, im April, Mai und Junius 1790** [1791–94], in: ders., Werke in vier Bänden, hg. v. Gerhard Steiner, Bd. 2, Frankfurt a. M. 1969, S. 367–869.

- **Montesquieu: Persische Briefe** [1721], übers. und hg. v. Peter Schunck, Stuttgart 1991.

- **Karl Philipp Moritz: Reisen eines Deutschen in England im Jahr 1782** [1783]. Mit einem Nachwort v. Heide Hollmer, Frankfurt a. M. 2000.

- **Johann Gottfried Seume: Spaziergang nach Syrakus im Jahre 1802** [1803], hg. v. Jörg Drews, Frankfurt a. M. 2004.

- Hermann Bausinger / Klaus Beyrer / Gottfried Korff (Hg.): Reise- Forschung
  kultur. Von der Pilgerfahrt zum modernen Tourismus, München
  1991, 2. Auflage 1999. *Sammelband mit über 40 Beiträgen zu
  allen Aspekten des Reisens und der Reiseliteratur.*

- Peter J. Brenner: Der Reisebericht in der deutschen Literatur. Ein
  Forschungsüberblick als Vorstudie einer Gattungsgeschichte,
  Tübingen 1990, 2. unveränderte Auflage 1992. *Grundlegender
  Forschungsbericht zur literaturwissenschaftlichen Beschäftigung
  mit Reiseliteratur.*

- Armin Paul Frank / Horst Turk (Hg.): Die literarische Übersetzung
  in Deutschland. Studien zu ihrer Kulturgeschichte in der Neuzeit,
  Berlin 2004. *Ergebnisse des Sonderforschungsbereiches 309 „Die
  literarische Übersetzung" (1985–1996).*

- Manfred Koch: Weimaraner Weltbewohner. Zur Genese von
  Goethes Begriff ,Weltliteratur', Tübingen 2002. *Diese Untersuchung widerlegt das Vorurteil über den generalisierenden Universalismus und referiert verständlich die wichtigsten kulturpluralisti-
  schen Positionen.*

- Hans-Jürgen Lüsebrink (Hg.): Das Europa der Aufklärung und die
  außereuropäische koloniale Welt, Göttingen 2006. *Umfassender
  Tagungsband zum globalen Wissenstransfer und zur Interkulturalität im 18. Jahrhundert.*

- Weltliteratur. Die Lust am Übersetzen im Jahrhundert Goethes.
  Eine Ausstellung des Deutschen Literaturarchivs im Schiller-
  Nationalmuseum Marbach am Neckar, hg. v. Reinhard Tgahrt,
  Marbach 1982. *Hervorragend kommentierter Katalog, der die
  Vielfalt literarischer Übersetzungen im 18. Jahrhundert
  veranschaulicht.*

9 Pluralisierung des Gattungsspektrums

Abbildung 13: Johann Rudolf Schellenberg: Kupferstich zu Lichtwers Fabel *Der Fuchs* (1777)

Der Kupferstich des Schweizer Künstlers Johann Rudolf Schellenberg ist als Bildbeigabe zu einer 1777 erschienenen Fabelsammlung erschienen: Ein Fuchs liest in einem illustrierten Buch – es handelt sich, wie in der dazugehörigen, in Versen dargebotenen Fabel von Magnus Gottfried Lichtwer erzählt wird, um die „weltberühmte Vulpiade,/ Sonst Reinecke der Fuchs genannt". Nach der Lektüre wundert sich der Fuchs über die ihm zugeschriebenen verwerflichen Handlungen: „So stehn hier viel von meinen Thaten,/ Davon ich keine Sylbe weiß." (Lichtwer 1995, S. 230) Der Künstler hat hier das komplexe Wirkungsgefüge der Gattung der Fabel – das Spiel mit den Charaktereigenschaften der Tierfiguren sowie die Anwendung der lehrhaften Erkenntnis auf die Lebenssituation des Lesers – zusammengefasst: Er zeigt den Fuchs in seiner natürlichen Umgebung (Gegenwartsbezug), als traditionell schlaues Tier (Fabeltradition), als verschlagenen Helden (im „Reynke de Vos"-Epos geschildert) und als selbstreflexives Lebewesen (das Selbst- und Fremdbild vergleichen kann).

Johann Christoph Gottsched machte 1752 den mittelalterlichen „Reynke de Vos"-Stoff in einer kommentierten Übersetzung aus dem Niederdeutschen wieder zugänglich, die Goethe für seine Bearbeitung *Reineke Fuchs* (1794) benutzte. Das gelehrt-antiquarische, das poetologische und das poetische Interesse an der Fabel nahm seit 1740 zu und führte zu ihrer Wiederbelebung als Form der didaktischen Poesie. Sie kann als ein Musterbeispiel für die Erweiterung des Gattungsspektrums in der Literatur des 18. Jahrhunderts gelten. In gleicher Weise sind die Erzählung, der Dialog und der Essay – literarische Formen, deren Ursprünge auf die Antike oder die Renaissance zurückgehen – im Zeitalter der Aufklärung erneut aufgegriffen, umgeformt oder erstmals in die deutsche Literatur eingeführt worden. Die Offenheit für die Pluralisierung des zeitgenössischen Gattungsrepertoires folgte u. a. aus einer Krise der traditionellen normativ-rhetorischen Gattungspoetik, die zunehmend von historischen und empirischen Betrachtungen der Einzelgattungen abgelöst wurde. Im Verlauf dieses Prozesses wurden auch die neuen Leitgattungen des bürgerlich-gebildeten Publikums, das bürgerliche Trauerspiel und der Roman, in die Aufklärungsliteratur integriert.

9.1 Wandel der Gattungspoetik
9.2 Fabel und Erzählung
9.3 Dialog und Essay

9.1 Wandel der Gattungspoetik

Der heutige Leser ist es gewohnt, die „schöne Literatur" in Gestalt einer Gattungstrias von Lyrik, Epik und Dramatik wahrzunehmen. Diese – durchaus umstrittene – Einteilung der Dichtkunst in drei Hauptgattungen bildete sich jedoch erst im letzten Jahrzehnt des 18. Jahrhunderts im Umkreis von Goethe, Schiller und den Brüdern August Wilhelm und Friedrich Schlegel heraus. Sie war zunächst nur auf die an der Vorbildhaftigkeit der griechischen Antike orientierte, in diesem Sinne „klassische" moderne Dichtung jenes Autorenkreises begrenzt, setzte sich aber bald als Gliederungsmodell der Literatur insgesamt durch. Bis zu jenem Zeitpunkt war die frühneuzeitliche Gattungspoetik ganz anderen Ordnungsmustern gefolgt. So ging etwa der Humanist Julius Caesar Scaliger (*Poetices libri septem* [*Sieben Bücher über die Dichtkunst*], 1561) von einem allgemeinen Gattungskonzept aus, welches auf antiken Autoritäten wie Aristoteles und rhetorischen Vorgaben fußte, und verknüpfte dieses Konzept mit einem enzyklopädischen Kompendium der Einzelgattungen, das sich auf exemplarische herausragende Einzelwerke berief.

Klassische und humanistische Gattungspoetik

Eine solche Gattungslehre wurde im 18. Jahrhundert zunehmend der Kritik unterworfen, da sie den aufklärerischen Ansprüchen an eine auf Erfahrung und Vernunft gegründete Poetik nicht mehr genügte. Im Zuge dieser Kritik kam es zu einer „Phase der Unsicherheit in der Gattungspoetik" um 1750 (Trappen 2001, S. 123). Hierzu trugen verschiedene Entwicklungen bei:

Gattungspoetik um 1750

- Die – der Philosophie Christian Wolffs folgende – rationale Fundierung und moralische Normierung der Dichtungslehre durch Johann Christoph Gottsched (→ KAPITEL 10.1).
- Die Herausbildung einer philosophischen Ästhetik (etwa durch Alexander Gottlieb Baumgarten oder Moses Mendelssohn), welche zu einer Aufwertung der sinnlichen Erkenntniskräfte und zu einem psychologisch begründeten Wirkungsmodell der Literatur führte (→ KAPITEL 6).
- Die Diskussion um den Stellenwert der modernen Dichtung gegenüber antiken Mustern (*Querelle des anciens et des modernes*), die in der Poetik eine durchgreifende Historisierung (Verzeitlichung) der Einzelgattungen zur Folge hatte (Gotthold Ephraim Lessing, Johann Gottfried Herder; → KAPITEL 7.2).
- Das zunehmende Interesse an gattungspoetologischen Spezialfragen etwa zur Bewertung des Lehrgedichts, des bürgerlichen Trauer-

spiels oder des Romans, dem vorwiegend im Medium der Zeitschrift nachgegangen wurde.

Auf diese Situation wurde in der zweiten Hälfte des 18. Jahrhunderts in unterschiedlicher Weise reagiert: Einmal, indem die herkömmliche Gattungspoetik im aufklärerischen Sinne umgebildet wurde, zum anderen, indem an deren Stelle eine anlassgebundene empirische Erörterung von Einzelgattungen trat. Johann Jakob Engel versuchte in seiner Fragment gebliebenen Untersuchung *Anfangsgründe einer Theorie der Dichtungsarten* (1783), die Gattungspoetik anhand ästhetischer Maßstäbe systematisch zu begründen. Dazu berief er sich u. a. auf die psychologische Ästhetik Moses Mendelssohns und ordnete die Gattungen nach den logisch ineinandergreifenden Kriterien der Materie (Wirklichkeitssicht der Dichtung), der Form (Darstellungsmodus der Dichtung) und der Wirkung (emotionale Reaktion des Rezipienten). Engels Ansatz erwuchs jedoch bereits ein Jahrzehnt später im Klassifikationsmodell der Gattungstrias eine wirkungsvolle Konkurrenz. Die zweite Haupttendenz der aufklärerischen Gattungspoetik bestand – aus Skepsis gegenüber der Möglichkeit einer umfassenden Gattungslehre – darin, das Profil einzelner Genres historisch herauszuarbeiten. Dies führte zu einer intensiven und breiten Diskussion von Spezialproblemen der Einzelgattungen, die je nach Bedarf und aktuellem Anlass erörtert wurden. Beispielhaft hierfür sind Lessings Stellungnahmen zu einer Reihe von Gattungsfragen, etwa zur Fabel (*Fabeln. Drei Bücher. Nebst Abhandlungen mit dieser Dichtart verwandten Inhalts*, 1759), zum Trauerspiel (*Hamburgische Dramaturgie*, 1767–69) oder zum Epigramm (*Zerstreute Anmerkungen über das Epigramm und einige der vornehmsten Epigrammatisten*, 1771).

Das flexible methodische Verfahren der historischen Gattungstheorie entsprach dem instrumentellen Literaturverständnis der Aufklärung, das auf die lehrhafte und nutzbringende Funktion der Dichtung ausgerichtet war (→ KAPITEL 5.1). Deshalb zeigte man sich in gattungstypologischer Sicht auch offen für den Rückgriff auf ältere Formen der didaktischen Literatur, die eine leicht fassliche inhaltliche Aussage und eine intensive Leseransprache zu verbinden wussten. Hierzu gehörten insbesondere literarische Kleinformen wie Fabel, Vers- und Prosaerzählung, Kalendergeschichte, Brief, Dialog, Anekdote, Epigramm oder Aphorismus – allesamt Gattungen, die im 18. Jahrhundert eine Hochzeit in Verbreitung und Beliebtheit erreichten (vgl. Hilzinger 2002). Bemerkenswert ist dabei, dass mit Fabel und Dialog zwei literarische Formen wiederbelebt wurden, die – auf antike Vorbilder zurückgehend – bereits im Reformationszeitalter

Systematische Gattungstheorie

Historische Gattungstheorie

Aufwertung kleiner literarischer Formen

zur Propagierung moralischen und religiösen Wissens genutzt worden waren. Mit der Prosaerzählung in ihren verschiedenen Formvarianten und dem Essay wurden zwei Gattungen in die deutsche Literatur eingeführt, die noch heute geläufig und eng mit ihrem typischen Publikationsort – der periodischen Presse – verbunden sind. Denn die mediale Voraussetzung für den Erfolg der kleinen literarischen Formen war die enorm wachsende Zahl der periodischen Druckmedien, für die sich die oft auf Kürze und Pointierung angelegten Genres besonders gut eigneten (→ KAPITEL 13).

Insgesamt kann für das 18. Jahrhundert von einer Erweiterung des Gattungsspektrums gesprochen werden, da etliche neu konzipierte oder wiederbelebte literarische Formen zu Leitgattungen des stetig wachsenden Theater- bzw. Lesepublikums wurden, wie etwa das bürgerliche Trauerspiel (→ KAPITEL 10) oder der Roman (→ KAPITEL 12). Auch die komische Dichtung erfuhr mit der Individualisierung der Komödienfiguren und dem zu satirisch-parodistischen Zwecken genutzten komischen Epos eine Neubewertung. Ganz wesentliche literarische Innovationen fanden im Bereich der Prosaformen statt, zu denen auch die publizistischen und sachliterarischen Genres wie der populärwissenschaftliche Aufsatz oder der Reisebericht zählten. Die aus der Frühen Neuzeit überlieferten rhetorisch geprägten Gedichtformen entfalteten sich in unterschiedlicher Richtung: Während die Lehrdichtung unmittelbar für die wissensvermittelnde Funktion der Aufklärungsliteratur genutzt werden konnte, entwickelte sich mit der Naturdichtung sowie der religiös grundierten biblischen Poesie und Odendichtung ein neuer, empfindsamer und oft geselliger Ton des versgebundenen Sprechens. Andererseits fand die traditionsreiche gelehrte Gelegenheitsdichtung, die zu personalen Anlässen (Geburt, Taufe, Hochzeit, Tod) verfasst wurde, seit den 1750er-Jahren keinen Resonanzraum mehr in der Leserschaft.

Erweiterung des Gattungsspektrums

9.2 Fabel und Erzählung

Mit seinem *Versuch in poetischen Fabeln und Erzehlungen* (1738) setzte der Hamburger Handelssekretär und Schriftsteller Friedrich von Hagedorn einen ersten Markstein in der Geschichte der aufklärerischen Fabeldichtung. Er orientierte sich dabei am Vorbild des französischen Autors Jean de La Fontaine, dessen *Fables choisies* (*Ausgewählte Fabeln*, 1668–94) europaweite Popularität genossen. La Fontaines ausschließlich in Versform dargebotene Fabeln zeichne-

Vorbilder und Traditionen

ten sich durch Klarheit und Leichtigkeit des Stils sowie durch Originalität in Wortschatz und Rhythmus aus. Diese Eigenschaften vermochte Hagedorn in seine Sammlung zu übertragen, wobei er die Übergänge zwischen belehrender Fabel und erfindungsreicher Erzählung fließend gestaltete. Eine solche unterhaltsame und gefällige Erzählweise kritisierte Lessing in seiner Bestandsaufnahme der zeitgenössischen Fabeltheorie (*Fabeln*, 1759) grundlegend. Er warf La Fontaine und seinen deutschen Nachfolgern eine „lustige Schwatzhaftigkeit" vor, welche die „Fabel zu einem anmutigen poetischen Spielwerke" gemacht habe und die „Präcision und Kürze" der antiken Vorbilder vermissen lasse (Lessing 1985ff., Bd. 4, S. 400f., 398). Lessing bezog sich auf die Fabelsammlung des legendären griechischen Dichters Äsop (6. Jh. v. Chr.), dessen knappe, an Philosophie und Rhetorik orientierte Stillage er für dieses Genre wieder verbindlich machen wollte. Deshalb bevorzugte er die Prosafabel, deren Nutzen er darin sah, einen Erfahrungsgrundsatz exemplarisch in seiner Entstehungsweise, als „anschauende Erkenntnis" (Lessing 1985ff., Bd. 4, S. 385), begreiflich zu machen.

Als eine poetische Form des uneigentlichen Sprechens weist die Gattung der Fabel verschiedene Merkmale auf, die dem auf Lehrhaftigkeit und Nutzanwendung gerichteten Literaturbegriff der Aufklärung sehr entgegenkamen:

Gattungsmerkmale der Fabel

- Sie spricht eine philosophische oder moralische Wahrheit mittels eines begrenzten, typenhaft charakterisierten Figurenkatalogs aus (Fuchs, Wolf, Löwe, Pferd, Esel, Lamm, Frosch usw.);
- sie ist in der Regel zweigliedrig in eine beispielgebende Handlung und einen allgemeinen Lehrsatz aufgeteilt;
- die Handlungsführung ist oft dialogisch auf zwei Parteien beschränkt;
- sie enthält ein Anwendungssignal, mit dem die Anthropomorphisierung, d. h. die Zuweisung menschlicher Verhaltensweisen zu Tieren oder Naturgegenständen, entschlüsselt und auf die Lebenssituation des Lesers bezogen werden kann.

Christian Fürchtegott Gellert fasste diese Eigenschaften in seiner Fabel *Die Biene und die Henne* (1746) in der Schlussfolgerung zusammen: „Dem, der nicht viel Verstand besitzt, / die Wahrheit durch ein Bild zu sagen." (Gellert 1979, S. 73) Die rund fünfzig Dichter, die zwischen 1740 und 1770 die Fabel „zur meistgelesenen Gattung der Aufklärung" werden ließen (Bardt 1999, S. 269), verstanden sich dabei weniger als Neuerer, sondern vielmehr als Bearbeiter und Fortsetzer der Gattungstradition mit aufklärerischen Mitteln.

Während Hagedorn der eleganteste der deutschen Fabeldichter war, galt Lessing als der pointierteste und Gellert als der erfolgreichste Autor dieses Genres. Gellerts *Fabeln und Erzählungen* (1746–48) waren zuvor in zahlreichen Zeitschriften und Almanachen erschienen und wurden in kurzen Abständen immer wieder neu aufgelegt. Seine Popularität verdankte Gellert der Alltagsnähe seiner Fabelstoffe sowie der Natürlichkeit und Prägnanz seines Stils. Bürgerliche Tugenden, Pflichtgefühl, Fleiß und nützliche Tätigkeit waren die moralphilosophischen Maßstäbe seiner Fabeldichtung, die zu Lebensklugheit und gesittetem Verhalten anleiten sollte. Ähnliche Ziele verfolgte der Halberstädter Regierungsreferendar und Autor Magnus Gottfried Lichtwer, der zu den typischen Vertretern der didaktischen Literatur der Aufklärung zählt und durch seine *Vier Bücher Aesopischer Fabeln in gebundener Schreib-Art* (1748) einem breiteren Publikum bekannt wurde. In seiner Fabel *Die Katzen und der Hausherr* schilderte er das nächtliche Treiben einer Katzenschar, die durch einen impulsiven Hausbesitzer vertrieben wird:

> „Tier' und Menschen schliefen feste,
> Selbst der Hausprophete schwieg,
> Als ein Schwarm geschwänzter Gäste
> Von den nächsten Dächern stieg.
>
> [...]
>
> Endlich tanzten alle Katzen,
> Poltern, lärmen, daß es kracht,
> Zischen, heulen, sprudeln, kratzen,
> Bis der Herr im Haus erwacht.
>
> Dieser springt mit einem Prügel
> In dem finstern Saal herum,
> Schlägt um sich, zerstört den Spiegel,
> Wirft ein Dutzend Schalen um.
>
> Stolpert über ein'ge Späne,
> Stürzt im Fallen auf die Uhr
> Und zerbricht zwo Reihen Zähne:
> Blinder Eifer schadet nur." (Lichtwer 2002, S. 43f.)

Lichtwers Fabel entspricht vollständig den Anforderungen der Gattung einschließlich der Formulierung eines Lehrsatzes bzw. einer Merkregel am Schluss, die in diesem Fall sogar sprichwörtlich wurde. Die in der Fabel angelegte Tendenz, Kritik an bestimmten menschlichen Charaktereigenschaften und Verhaltensweisen zu üben, wurde in der

Fabeldichter im
18. Jahrhundert

Moralische Erziehung
bei Lichtwer

Kritische Tendenzen
bei Pfeffel

Spätaufklärung in Bezug auf soziale und politische Zustände u. a. von Christian August Fischer (*Politische Fabeln*, 1796) und Gottlieb Konrad Pfeffel aktualisiert. In seinen *Fabeln, der Helvetischen Gesellschaft gewidmet* (1783) rief der elsässische Pädagoge Pfeffel in fabulöser Einkleidung etwa zur Befehlsverweigerung in den Söldnerheeren, zum Widerstand gegen ungerechte Behandlung durch die Obrigkeit sowie zur Abschaffung überlebter Privilegien des Adels auf.

Fabel und Erzählung im Vergleich

Viele Autoren wählten für die Sammlungen ihrer kürzeren oder mittellangen Texte die Titelformulierung „Fabeln und Erzählungen". Die enge Verwandtschaft der beiden Formen zeigte sich darin, dass wichtige erzählerische Strukturelemente übereinstimmten und die Übergänge nicht selten fließend waren. Während der poetologische Status der Fabel jedoch ausführlich erörtert wurde, gab es kaum gattungstheoretische Erläuterungen zur Erzählung, die oft der Romanform zugeordnet oder nur in grob umrissenen allgemeinen Sammelkategorien vermischten Inhalts zusammengefasst wurde. Ein Grund hierfür war die – im Gegensatz zum begrenzten Motivspektrum der Fabel – sehr große thematische Vielfalt der Erzählung. Für beide Genres war die Vers- oder Prosaform möglich, wobei die Verserzählung etwa mit Hagedorn einsetzte und seit den 1780er-Jahren wieder an Bedeutung verlor. Der erfolgreichste und virtuoseste Autor dieser Gattung war Christoph Martin Wieland (z. B. mit *Musarion*, 1768; → KAPITEL 6.3).

Die Prosaerzählung erlebte im Zeitalter der Aufklärung einen enormen Aufschwung, der zu einem Gutteil auf der Entfaltung des Zeitschriftenwesens beruhte, da das Genre den Anforderungen der periodischen Presse an Aktualität, Kürze und Verständlichkeit besonders entgegenkam. Die Prosaerzählung bezog ihre wesentlichen Entwicklungsimpulse deshalb aus dem zunächst in England verbreiteten Zeitschriftentypus der Moralischen Wochenschriften (→ KAPITEL 13.2) sowie

Moralische Erzählung

aus französischen Vorbildern. Für die moralische Erzählung wurden Jean-François Marmontels *Contes moraux* (*Moralische Erzählungen*, 1761) musterbildend, die auf Traditionen des Lustspiel zurückgriffen und in Themenwahl und Ausführung häufig die pädagogischen und charakterlichen Fehlentwicklungen innerhalb der bürgerlichen Lebenswelt nachzeichneten. Diese Tendenz wurde insbesondere von Sophie von La Roche aufgenommen, die in ihren *Moralischen Erzählungen im Geschmacke Marmontels* (1782–84) die empfindsame Grundstimmung ihrer Figuren betonte. Johann Heinrich Merck aktualisierte mit der *Geschichte des Herrn Oheim* (1778) und *Herr Oheim der Jüngere* (1781/82) das sozialkritische Potenzial der moralischen Erzählung: In der einen Beispielgeschichte schildert er den Rückzug eines Ministers aus der korrupten Hofgesellschaft in die glückliche Existenz eines Landwirts, in der anderen hingegen zeichnet er als ironisches Gegenstück die wirtschaftlichen Zwänge und Beschränkungen des Landlebens nach, die dessen Sohn resignieren und in eine höfische Anstellung zurückkehren lassen.

Als Repräsentant der philosophischen Erzählung gilt Voltaire, der mit *Zadig, ou La destinée* (*Zadig oder Das Schicksal*, 1747) ein Grundmodell des Genres schuf, das in oft orientalisch-märchenhafter Verkleidung zur Kritik aktueller philosophischer Strömungen und Ideengehalte genutzt wurde. An Voltaire knüpfte Gottlob Benjamin Pfeils Sammlung *Versuch in moralischen Erzählungen* (1757) an, in der theologische und moralphilosophische Probleme anhand anschaulicher Beispielerzählungen abgehandelt wurden. Wieland veröffentlichte zahlreiche philosophische Erzählungen in seiner Zeitschrift *Der Teutsche Merkur* (1773–89) und nutzte sie ebenfalls als reflektierendes Zwischenspiel in seinen größeren Romanwerken. Die Gestaltungsmöglichkeiten der Gattung schöpfte Johann Karl Wezel aus, indem er in seinen *Satirischen Erzählungen* (1777/78) teilweise scharfe Religionskritik übte und mit dem oft allzu idealistischen Reformgeist wohlmeinender Aufklärer ins Gericht ging. Philosophische Erzählung

Auch die Ursprünge der Kriminalerzählung lassen sich im Zeitalter der Aufklärung finden. Sie beruhte oft auf Fallsammlungen, die für juristische Ausbildungszwecke aus Prozessakten zusammengestellt wurden. Berühmt wurde die französische Sammlung *Causes célèbres et intéressantes* (1734–43; *Berühmte und interessante Rechtsfälle*, 1747–67) von François Gayot de Pitaval. Zu den ersten Autoren von Kriminalgeschichten in Deutschland zählten August Gottlieb Meißner (*Skizzen*, 1778–96) und Friedrich Schiller, dessen Erzählung *Der Verbrecher aus Infamie* (1786) in überarbeiteter Fassung unter dem Titel *Der Verbrecher aus verlorener Ehre* (1792) bekannt wurde (→ ASB KOŠENINA). Kriminalerzählung

9.3 Dialog und Essay

Der Dialog als selbstständige Gattung geht auf antike Muster zurück und wird insbesondere im Renaissancehumanismus und in der Reformationszeit als Form der gesprächsweisen Erörterung und Unterrichtung genutzt (→ ASB KELLER). In der Aufklärung wurde der Dialog zu einer hoch geschätzten und weit verbreiteten Textsorte, weil er drei Dialog als selbstständige Gattung

135

kommunikative Grundvoraussetzungen der aufgeklärten Literatur-
praxis erfüllte:

• Wahrheitsfindung wurde als Prozess verstanden, der sich aus der
  Polarität unterschiedlicher Standpunkte ergab,
• die Gesprächsform galt vor allem in bürgerlichen Kreisen als anerkannte gesellschaftliche Umgangsweise und
• die aktive Einbeziehung des zu belehrenden Dialogpartners war er-
  wünscht (vgl. Fries / Weimar 1997, S. 355).

Dialogische Formen in diesem aufklärerischen Sinn benutzte Christian Thomasius bereits Ende des 17. Jahrhunderts in seinem literaturkritischen Journal *Monats-Gespräche* (1688–90), doch als eigenständige Gattung entwickelte sich der Dialog erst zu Beginn des
18. Jahrhunderts, zunächst in den seit den 1710er-Jahren erscheinenden Moralischen Wochenschriften (→ KAPITEL 13.2). Hier diente er zur
Darlegung moralischer Fragen, zur Kontrastierung gegensätzlicher
Charaktertypen oder zur Illustration der leichten Konversation, d. h.
der Kunst des Gesprächs, im bürgerlich-geselligen Kreis. An diesen
Konversationston knüpfte auch Wieland in seinen zahlreichen poli-
tisch-philosophischen Gesprächsschriften an (z. B. *Neue Götter-
gespräche*, 1791; *Gespräche unter vier Augen*, 1799), ohne die beleh-
rend-moralischen Intentionen aufzunehmen. Ihm kam es vielmehr
darauf an, den mehrstimmigen Austausch von unterschiedlichen
Standpunkten vorzuführen, um eine Meinungsbildung zu ermöglichen und voreilige Parteinahmen zu vermeiden.

Der Anspruch auf Denk- und Redefreiheit, die Entfaltung verschiedener Sichtweisen eines Problems und die Entwicklung eines Ge-
dankens als Prozess waren die Voraussetzungen des philosophischen
Dialogs, der u. a. von Moses Mendelssohn (*Philosophische Gespräche*, 1755) und Johann Jakob Engel (*Der Philosoph für die Welt*,
1785–1800) gepflegt wurde. Bei diesen Autoren stand die Wechsel-
rede im Zeichen der sokratischen Methode, für die die Erkenntnis-
suche wichtiger war als die Klärung letztgültiger Wahrheiten. Im
Dialog wurde die Wahrheitsfindung als Kommunikationsprozess vorgeführt, in den alle Gesprächspartner einbezogen waren, so dass Ein-
wände, Fragen und Zweifel bei der Gedankenführung berücksichtigt
werden mussten. Als Stellungnahme zur Reformbedürftigkeit des
Freimaurertums veröffentlichte Lessing seine Schrift *Ernst und Falk.
Gespräche für Freymäurer* (1778–80). In fünf Dialogen wurden einerseits die humanitären Intentionen und Tätigkeiten der Freimaurer-
logen gewürdigt, andererseits jedoch deren äußere Abschließung und
innere Hierarchie kritisiert. Wegen dieser Mängel – so lautet die

**Philosophischer
Dialog**

Schlussfolgerung aus dem Gespräch – seien die Logen zur Förderung einer aufgeklärten Gesellschaftsverfassung nicht geeignet. Die *Freimaurergespräche* können sowohl in literarisch-künstlerischer als auch in philosophisch-pädagogischer Hinsicht als ein Musterbeispiel des Dialogs der Aufklärung gelten.

Die Wertschätzung der Gesprächsform war im 18. Jahrhundert so verbreitet, dass mit Blick auf die französische Literatur von einer „Dialogisierung der Aufklärung" (Galle 1983, S. 209) gesprochen werden konnte. Diese führte seit den 1760er-Jahren in Frankreich, England und Deutschland zur Herausbildung der neuartigen Gattung des Dialogromans, in dem das Figurengespräch vorherrschte und der kaum erläuternde Begleittexte enthielt. Neben den durchaus experimentellen Möglichkeiten dieser Romanform, die insbesondere in Denis Diderots *Jacques le fataliste et son maître* (*Jakob, der Fatalist, und sein Herr*, 1796 [posthum]; entstanden 1773–75) entfaltet wurden, traten rasch deren Erzählprobleme hervor: Das auf zeitliche Gegenwärtigkeit ausgerichtete Darstellungsverfahren eignete sich weder für historische und biografische Stoffe noch für die Konzentration auf einen Helden. Mit Wielands *Araspes und Panthea. Eine moralische Geschichte, in einer Reyhe von Unterredungen* (1760) erschien der erste deutsche Dialogroman, der in Friedrich Traugott Hase (*Gustav Aldermann*, 1779) und August Gottlieb Meißner (*Alcibiades*, 1781–88) weitere Vertreter fand. Ein Publikumserfolg war Johann Jakob Engels Roman *Herr Lorenz Stark. Ein Charakter-Gemälde*, der zuerst 1795/96 in Schillers Zeitschrift *Die Horen* erschien (Buchfassung 1801). Engel nutzte die Dialogform, um einen Generationenkonflikt zwischen dem streng rationalistisch und ökonomisch denkenden Kaufmann Lorenz Stark und seinem vorgeblich vergnügungssüchtigen und moralisch unzuverlässigen Sohn Karl darzustellen. In einem wechselseitigen Lernprozess wird der Sohn von den schwärmerischen Begleiterscheinungen seines empfindsamen Charakters befreit und die engstirnige Vorurteilshaftigkeit des Vaters korrigiert.

Dialogroman

Mit seinen *Essais* (1580) begründete Michel de Montaigne im 16. Jahrhundert ein literarisches Genre, das im deutschen Sprachbereich über den englischen Rezeptionsweg wahrgenommen (Francis Bacon, *Essayes*, 1597; Moralische Wochenschriften seit 1710) und in der zweiten Hälfte des 18. Jahrhundert im Wesentlichen durch Englandreisende wie Georg Christoph Lichtenberg, Georg Forster, Karl Philipp Moritz oder Helfrich Peter Sturz eingeführt wurde. Der Adressat des Essays ist der gebildete Leser, dem eine allgemeinverständliche, nicht zu lange Betrachtung über einen kulturellen Gegen-

Form des Essays

stand vorgelegt wird, die weder über eine strenge Systematik noch eine spezielle Fachterminologie verfügt. Vielmehr ist der Essay vom subjektiven Erfahrungsschatz des Autors und der kenntnisreichen Einlassung auf das Thema geprägt, dessen Aspektreichtum dargelegt werden soll. In diesem Sinne verfasste etwa Lichtenberg seine Aufsätze z. B. über die Einrichtung eines Seebades an der Ostsee oder über die Schonung der Augen nach übermäßiger Lektüre (→ KAPITEL 5.2) oder Georg Forster seine Betrachtung *Über Leckereyen* (1788), die eine kulturvergleichende Untersuchung des Geschmackssinns enthält. Die Verbreitung des Essays als anerkannte Prosaform der Aufklärung wurde durch die ästhetische Aufwertung von Witz, Originalität und populärer Schreibkunst begünstigt.

Der popularphilosophische Essay

Der Essay wurde zur genuinen Darstellungsform der Popularphilosophie seit 1750, die es sich zur Aufgabe gemacht hatte, der systematischen Schulphilosophie eine elegante, einem größeren Leserkreis zugängliche Alltagsphilosophie an die Seite zu stellen. Diese sollte keineswegs nur die Erkenntnisse der Schulphilosophie popularisieren, sondern als Denkstil die Ausübung und Anwendung vernunftgemäßen Philosophierens in praktischer Absicht vorführen. Ihre Themen fand sie im gesamten Spektrum des aufklärerischen Ideenguts, insbesondere jedoch auf sozialethischem, psychologischem, pädagogischem und politischem Gebiet. Einer der bedeutendsten popularphilosophischen Autoren war der Breslauer Privatgelehrte Christian Garve. Sein umfangreiches Werk besteht zum Großteil aus Essaysammlungen, deren einzelne Beiträge zuvor in Zeitschriften erschienen waren. Seine *Versuche über verschiedene Gegenstände aus der Moral, der Litteratur und dem gesellschaftlichen Leben* (1796–1802)

Garves Modell von Öffentlichkeit

enthalten auch die Abhandlung *Ueber die öffentliche Meinung* (1802; entstanden um 1795), in der er Redefreiheit, Publizität und die Rolle des Schriftstellers in der ständisch-absolutistischen Gesellschaft untersuchte. Dabei bestimmte er die Aufklärung als „Ausbreitung und Cultur der Vernunft", die auf eine öffentliche Meinung angewiesen sei: Eine solche „giebt es daher nur in einer [...] Nation, in welcher Viele selbst denken und ein eignes Urtheil fällen". Gelingt es, einen Konsens über praktische Reformschritte zu erreichen, so sei „der Zeitpunkt da, wo die Veränderung unumgänglich ist; wo aber auch die Reform mit dem glücklichsten Erfolge unternommen wird" (Garve 1985, S. 317, 310, 324). Mit diesem Öffentlichkeitsmodell stand Garve im Einklang mit den programmatischen Ideen der Aufklärung, der er mit seinem essayistischen Werk zu größter Resonanz verhalf.

Fragen und Anregungen

- Was kennzeichnete die Gattungspoetik der Aufklärung vor der Entstehung der Gattungstrias (Lyrik, Epik, Dramatik)?

- Welche mediengeschichtlichen Voraussetzungen begünstigten die Verbreitung kleiner literarischer Formen?

- Erläutern Sie den Zusammenhang von Fabelrezeption und Literaturauffassung der Aufklärung.

- Warum kommen die Gattungen Dialog und Essay dem Denkstil der Aufklärung in besonderer Weise entgegen?

Lektüreempfehlungen

- **Johann Jakob Engel: Herr Lorenz Stark. Ein Charaktergemälde** [1795/96], mit einem Nachwort hg. v. Alexander Košenina und Matthias Wehrhahn, St. Ingbert 1991.   *Quellen*

- **Ludwig Rohner (Hg.): Deutsche Essays. Prosa aus zwei Jahrhunderten,** Bd. 1: Essays avant la lettre [1749–1800], Neuwied/Berlin 1968.

- **Werner Schubert (Hg.): Deutschsprachige Erzähler von Gottsched bis Nicolai,** Leipzig 1979.

- **Manfred Windfuhr (Hg.): Deutsche Fabeln des 18. Jahrhunderts,** Stuttgart 2002.

- **Theo Elm/Peter Hasubek (Hg.): Fabel und Parabel. Kultur- geschichtliche Prozesse im 18. Jahrhundert,** München 1994. *Sammelband mit Einzelstudien zu den wichtigsten Fabeldichtern der deutschen und europäischen Aufklärung.*   *Forschung*

- **Sonja Hilzinger, u. a.: Kleine literarische Formen in Einzel- darstellungen,** Stuttgart 2002. *Übersichtswerk zur ersten Orientie- rung mit Artikeln zu Anekdote, Aphorismus, Epigramm und Fabel.*

- **Jürgen Jacobs: Die deutsche Erzählung im Zeitalter der Aufklärung,** in: Karl Konrad Polheim (Hg.), Handbuch der deutschen Erzählung, Düsseldorf 1981, S. 56–71. *Bisher einzige*

Überblicksdarstellung zu den verschiedenen Formen der Prosaerzählung im 18. Jahrhundert.

- John A. McCarthy: Crossing Boundaries. A Theory and History of Essay Writing in German, 1680–1815, Philadelphia 1989. *Einzige Gesamtdarstellung zu Entstehung und Entwicklung der essayistischen Schreibweise in der Aufklärungsepoche.*

- Stefan Trappen: Gattungspoetik. Studien zur Poetik des 16. bis 19. Jahrhunderts und zur Geschichte der triadischen Gattungslehre, Heidelberg 2001. *Detaillierte Untersuchung zum Wandel der Gattungspoetik in der Aufklärung (S. 91–197).*

- Hans-Gerhard Winter: Dialog und Dialogroman in der Aufklärung. Mit einer Analyse von J. J. Engels Gesprächstheorie, Darmstadt 1974. *Anregende, europäisch vergleichende Analyse zu Theorie und Praxis des literarischen Dialogs im 18. Jahrhundert.*

10 Drama der Frühaufklärung und Bürgerliches Trauerspiel

Abbildung 14: Daniel Nikolaus Chodowiecki: *Häusliche Scene (Entlassung einer Dienstmagd)* (2. Hälfte 18. Jahrhundert)

Auf Daniel Nikolaus Chodowieckis Gemälde „Häusliche Scene" ist die Entlassung einer Dienstmagd wegen der Unterschlagung von Haushaltsgeldern dargestellt. Der Zweck solcher Darstellungen ist zum einen die moralische Abschreckung und Warnung (symbolisiert durch den Zeigefinger der Hausdame), zum anderen, Mitleid beim Betrachter zu erwecken (symbolisiert in den Tränen der Reue des Dienstmädchens). Es sind damit in Chodowieckis Gemälde die gleichen Wirkungen beabsichtigt wie in den zahllosen Bürgerlichen Trauerspielen, die seit George Lillos „The London Merchant" aus dem Jahr 1731 die europäischen Bühnen eroberten.

Wie in der zeitgleich entstehenden Gattung des empfindsamen Briefromans wird in den Bürgerlichen Trauerspielen die Welt des Privaten, des Hauses und der Familie, d. h. die „bürgerliche" Welt, zum Gegenstand gemacht. Figuren wie das gefallene Dienstmädchen, fehlgeleitete Kaufmannssöhne oder ungezählte verführte Bürgers- wie Adelstöchter sind die tragischen Helden der Stücke. Am Ende steht die Zerstörung der Familienstrukturen oder gar – als traumatischste aller bürgerlichen Tragödien – der Bankrott des Hauses. In der Literaturwissenschaft vom frühen 19. bis zum späten 20. Jahrhundert wurde das Bürgerliche Trauerspiel zu derjenigen Dramenform erklärt, in der die Emanzipation der Kunst aus dem höfischen Repräsentationszusammenhang am exemplarischsten zum Ausdruck komme. In der neueren Forschung wird diese einseitige Festlegung zunehmend differenziert. Zum einen wird auf die Bedeutung der bislang meist vernachlässigten und abgewerteten Dramenformen der Frühaufklärung hingewiesen. Zum anderen hat man die vermeintliche Einheitlichkeit der Gattung Bürgerliches Trauerspiel als unreflektierte Übernahme einer Selbstzuschreibung des 18. Jahrhunderts entlarvt, unter der viele literarische Einzelwerke subsumiert wurden, die möglicherweise gar nicht die gleichen Gattungsmerkmale aufweisen. Dies gilt insbesondere und paradoxerweise für den Begründer der Gattung in Deutschland, Gotthold Ephraim Lessing.

10.1 Das Drama der Gottsched-Schule
10.2 Lessings Theorie des Trauerspiels
10.3 Lessings Bürgerliche Trauerspiele

10.1 Das Drama der Gottsched-Schule

Auch wenn die Stücke von Johann Christoph und Luise Adelgunde Victorie Gottsched heute nicht mehr gelesen oder aufgeführt werden, markierten sie doch den Anfang des aufklärerischen Dramas. In Zusammenarbeit mit der Schauspielerin und Intendantin Caroline Neuber reformierten die Gottscheds das deutsche Theater und machten Leipzig zu einem der wichtigsten literarischen Zentren der Frühaufklärung (→ KAPITEL 2.3). Zu ihren vielfältigen Arbeiten gehörten Übersetzungen der entsprechenden westeuropäischen Muster von Pierre Corneille, Jean-Baptiste Racine, Voltaire oder Joseph Addison ebenso wie ein dramentheoretisches Programm, das Johann Christoph Gottsched in seinem *Versuch einer Critischen Dichtkunst* (in vier überarbeiteten Auflagen zwischen 1730 und 1751) und in programmatischen Abhandlungen, Vorreden oder Vorträgen entwickelte, so z. B. in der 1729 gehaltenen Rede *Die Schauspiele und besonders die Tragödien sind aus einer wohlbestellten Republik nicht zu verbannen*. Die Dramen der sogenannten Gottsched-Schule, die sich wesentlich aus ihren beiden Namenspatronen konstituierte, wurden ab 1740 in der periodischen Schrift *Die Deutsche Schaubühne* publiziert, in der pro Ausgabe mindestens je drei Trauer- und Lustspiele erschienen.

Theaterreform der Gottscheds

Im Anschluss an die antike Poetik von Aristoteles, an das *Buch von der deutschen Poeterey* (1624) von Martin Opitz als die wichtigste deutschsprachige Poetik des 17. Jahrhunderts sowie an den französischen Klassizismus bestimmte Johann Christoph Gottsched die beiden antiken dramatischen Gattungen der Tragödie (Trauerspiel) und der Komödie (Lustspiel) in neuer Weise und passte sie den Bedürfnissen eines aufgeklärten Stadtbürgertums an. Damit verbunden war die Entheroisierung der Tragödie und die Aufwertung der Komödie als ernst zu nehmende literarische Gattung jenseits von Verlachstücken, Zoten (Sottisen) und Hanswurstiaden. Schon in der unmittelbaren Wirkungsgeschichte (u. a. in Lessings *XVII. Literaturbrief*, 1759) wurden Gottscheds Gattungsfestlegungen als übertriebener Normativismus kritisiert. Diese Einschätzung prägte lange Zeit auch die Werturteile der Forschung. Historisch betrachtet aber legte Gottsched allererst die Basis, von der aus im weiteren Verlauf des 18. Jahrhunderts Mischformen wie Bürgerliches Trauerspiel, ernste Komödie oder auch die Mittelgattung des Schauspiels entwickelt werden konnten, bevor in der Weimarer Klassik und im Deutschen Idealismus am Ende des Jahrhunderts die antiken Gattungsgrenzen erneut als vermeintlich „natürliche" begründet wurden.

Gottscheds Klassizismus

Als wichtigste dramatische Gattung galt seit jeher die strengen Regeln folgende Tragödie, während die Komödie seit der Antike ein regelloseres und unkonventionelleres Dasein geführt hatte. Die Besonderheiten der Tragödie der Aufklärung lassen sich am besten in Abgrenzung zum vorhergehenden 17. Jahrhundert („Barock") und zur nachfolgenden Klassik verdeutlichen. So diente die heroische Tragödie in der Barockpoetik wesentlich der Abhärtung und Abstumpfung, um im Zeitalter der konfessionellen Bürgerkriege des 17. Jahrhunderts für die zu erwartenden Schicksalsschläge gewappnet zu sein (→ ASB KELLER), während das optimistische Weltbild der Aufklärung keine Tragik als metaphysische Grundgegebenheit kannte. Geschichte erschien jetzt nicht mehr als schicksalhaft, aber auch noch nicht als unhintergehbare dialektische Widerspruchsstruktur objektiver Wertekonflikte wie später in Hegels Tragik-Verständnis (*Vorlesungen über die Ästhetik*, 1817ff.). Vielmehr wurde Geschichte als Praxisform vernunftbegabter und lernfähiger Subjekte begriffen. Katastrophen, Paradoxien oder dilemmatische Entscheidungssituationen als signifikante Merkmale des Tragischen wurden zwar nicht geleugnet, sie waren jedoch der Konfliktlösungskompetenz der Akteure potenziell zugänglich.

Aufgeklärtes Weltbild und Tragik

Die zu seiner Zeit das Theater beherrschenden Spätformen der Barocktragödie beschreibt Gottsched in der Vorrede seines *Sterbenden Cato* (1731) als ein einziges heterogenes Durcheinander absurder Elemente:

Spätformen des Barockdramas

> „Lauter schwülstige und mit Harlekins Lustbarkeiten untermengte Haupt- und Staatsaktionen, lauter unnatürliche Romanstreiche und Liebeswirrungen, lauter pöbelhafte Fratzen und Zoten waren dasjenige, was man daselbst zu sehen bekam." (Gottsched 1967, S. 15)

Senecas Tragödien, das wichtigste antike Vorbild für die Barockdramaturgie, sind für Gottsched wegen „Schwulst" und „Unnatürlichkeit" „unerträglich", wie er in der *Critischen Dichtkunst* bemerkt (Gottsched 1982, S. 621).

Gottscheds Dramaturgie ist als ein Versuch zu verstehen, durch unterschiedliche Reformen Ordnung in diese als Chaos erfahrene Situation zu bringen. Neben der Funktionsbestimmung der dramatischen Gattungen gehört hierher zuerst Gottscheds Konzeption der Mimesis (Nachahmung): Durch die Orientierung an Kategorien wie Wahrscheinlichkeit und Angemessenheit sollen Theaterstücke zu Nachahmungen der Natur werden. Wahrscheinlichkeit ist dabei gerade nicht im Sinne exakter Abbildung zu verstehen. Gottsched ist sich der spezifischen ästhetischen Differenz zwischen einem fiktionalen Drama

Nachahmung und Wahrscheinlichkeit

und einer diskursiven Abhandlung, die auf Wahrheit abzielt, bewusst. Die Handlung eines Dramas ist eine „mögliche", aber gerade nicht „wirkliche" Begebenheit. Sie ist somit als eine „Geschichte aus einer anderen Welt" zu verstehen (Gottsched 1982, S. 150).

Wichtigstes Mittel, um ein Theaterstück als solches kenntlich zu machen, war für Gottsched das konsequente Einhalten der drei Einheiten von Handlung, Zeit und Ort, die auf die antike Poetik des Aristoteles zurückgehen: Die Einheit der Handlung fordert die Beschränkung des Bühnengeschehens auf eine deutlich erkennbare Haupthandlung; die Einheit des Ortes fordert das Unterlassen von Schauplatzwechseln oder räumlichen Sprüngen; die Einheit der Zeit fordert das Unterlassen von Zeitsprüngen zwischen den Akten und die Annäherung von gespielter Zeit und Spielzeit. Durch das Weglassen aller die Bühnen- und Handlungssituation störenden barocken Ornamente – wie z. B. das Auftreten von Geistern, Göttern oder kommentierenden Chören – sollten sich die Zuschauer auf die dargestellte Handlung konzentrieren können. Auch der die Szenenwechsel überbrückende Harlekin oder Hanswurst hatte keinen Platz mehr. Formal wurde der Illusionscharakter durch die strenge Reimform und das Versmaß des Alexandriners betont. Drei Einheiten

Im Angemessenheits- und Wahrscheinlichkeitsgebot war auch Gottscheds Bestehen auf der Ständeklausel begründet, d. h. auf der Regel, dass die hohe Gattung der Tragödie (*haute tragédie*) ausschließlich für hohe Standespersonen reserviert ist. Gottsched motivierte dieses Gebot poetologisch, nicht aber politisch. Zum einen konzipierte er seine Stücke ausdrücklich für ein sozial gemischtes städtisches Publikum, in dem alle dargestellten Tugenden und Laster als ständeübergreifende zu verstehen sein sollten: Ständeklausel

> „Sind denn nicht die meisten Begebenheiten und Zufälle dieses Lebens allen Menschen gemein? Sind wir nicht zu einerlei Tugend und Laster fähig und geneigt? Kann nicht ein Edler und Bürger eben das im Kleinen ausüben, was Fürsten und Helden im Großen getan?" (Gottsched 1972a, S. 8f.)

Zum anderen ging es in Gottscheds Tragödien trotz des „hohen" Personals nicht um die barocke Bewährung durch alle Schicksalshärten, die Förderung der stoischen Kardinaltugend der *constantia* unter Aufbietung von Leib und Leben, vielmehr wurden Formen rationalen und richtigen („tugendhaften") politischen Handelns in Konfliktsituationen diskutiert.

So stehen sich in Gottscheds erster und bekanntester Tragödie, dem *Sterbenden Cato* von 1731 (einer Adaption der Cato-Dramen

145

Joseph Addisons, 1713 und François Deschamps, 1715) die Repräsentanten zweier unterschiedlicher politischer Ordnungen gegenüber: Der tugendhafte Cato repräsentiert das republikanische Prinzip aufgeklärter Politik, während der lasterhafte Cäsar als Vertreter eines despotischen Absolutismus vorgeführt wird. Auch wenn Cato sich – den Gattungsgesetzen der Tragödie gemäß – am Schluss erdolcht, weil er keine Möglichkeit mehr sieht, die Republik zu retten, handelt es sich nicht um ein stoizistisches Märtyrerdrama. Vielmehr problematisiert Gottsched den Sinn des Märtyrertodes, wenn er im Augenblick von Catos Tod die rettenden Flotten eines Verbündeten im Hafen von Rom einlaufen lässt. Der Schluss changiert so zwischen heroischer und voreiliger Handlung Catos.

Entheroisierung

Noch deutlicher wird die rationale Entheroisierung der Tragödie in Gottscheds spätem Trauerspiel *Parisische Bluthochzeit König Heinrichs von Navarra* (1744). In Anlehnung an Voltaires Versepos *Henriade* (1723/1728), einem der wichtigsten literarischen Gründungsmanifeste der europäischen Aufklärung, macht Gottsched hier den französischen König Heinrich IV. zum Muster eines aufgeklärten Regenten. Während Gottscheds Protagonist, der Protestant und spätere König Heinrich von Navarra, für die Trennung von Kirche und Staat sowie für Toleranz gegenüber abweichenden Religionsmeinungen zur Vermeidung konfessioneller Bürgerkriege plädiert, will sein Gegenspieler, der katholische König Karl IX., den Konflikt zwischen Protestanten und Katholiken gewaltsam lösen – wie es historisch in der Bartholomäusnacht (am 24. August 1572) tatsächlich versucht wurde. Bezeichnend ist auch hier der Schluss des Trauerspiels. Gottsched spaltet den tragischen Untergang auf zwei Figuren auf, von denen nur Heinrichs Heerführer den gattungstypischen Märtyrertod stirbt. Als Heinrich selbst sich dagegen vor die Alternative gestellt sieht, für die Reformation zu sterben oder zum Katholizismus zu konvertieren, geht er nicht stoisch in den Untergang, sondern entscheidet sich für die Konversion, um zukünftig – zu „rechter Zeit" – noch verändernd eingreifen zu können. Das Stück schließt mit den Worten:

Gottsched und Voltaire

> „Die Klugheit, liebster Prinz, heißt uns zuweilen schweigen;/ Doch wird zu rechter Zeit, sich auch die Großmuth zeigen./ Der Tag erscheint noch wohl, daran die Wahrheit siegt,/ Wenn durch des Himmels Schutz der Irrthum unterliegt." (Gottsched 1968ff., Bd. 2, S. 275)

Wie Voltaire mit der *Henriade* die traditionelle Gattung des heroischen Versepos, des *Heldengedichts* an die Inhalte der Aufklärung anpasst, so transformiert Gottsched hier im gleichen Sinn die heroische Tragödie.

Während Gottscheds Trauerspiele in ihrer ganzen Anlage und Thematik eher auf das republikanische Schauspiel der Spätaufklärung verweisen (→ KAPITEL 11.4), sind die Komödien der Gottsched-Schule unmittelbare Vorläufer des Bürgerlichen Trauerspiels. Hier bewegt sich das gesamte qua Ständeklausel aus den Tragödien ausgeschlossene bürgerliche Personal und städtische Milieu vom Kaufmann über den Professor bis zum Studenten, und hier wird auch die bürgerliche Familie zum Schauplatz der ständischen Auseinandersetzungen. Dabei propagiert Gottsched gegen die Nachahmung von höfischem und adligem Lebensstil ein eigenständiges bürgerliches Selbstbewusstsein.

In der Forschung werden die Lustspiele der Gottsched-Schule nach ihrem Entstehungsort als Sächsische Typenkomödie bezeichnet. Ihre Figuren sind typische Vertreter eines bestimmten Standes, einer Berufsgruppe oder auch einer philosophischen oder moralischen Position, was zumeist schon durch ihre Namen kenntlich gemacht ist (so heißen Gelehrte beispielsweise „Vielwitz", „Sinnreich" oder „Jambus"). Nicht gemeint ist, dass die Figuren bloße unveränderliche Schablonen oder Klischees wären. Gerade die Figuren in den Komödien von Luise Adelgunde Victorie Gottsched sind jenseits der gängigen Stereotype gezeichnet: sie können starke, kluge und vernünftige Frauen (*Testament*, 1745) ebenso sein wie schwache und empfindsame Hausväter (*Hausfranzösinn*, 1744). Auch werden Tugenden in ihren Stücken nicht als gottgegeben vorausgesetzt, sondern als Folge von Lernprozessen ausgewiesen.

So geht es in dem Lustspiel *Die ungleiche Heirat* (1743) um den reichen Kaufmannssohn Willibald, der in die verarmte Adelsfamilie Ahnenstolz einheiraten möchte. Obwohl die Familie außer ihrem Titel und dem entsprechenden Habitus nicht mehr viel besitzt, muss der Kaufmann die demütigende Erfahrung machen, dass er unabhängig von seinem ökonomischen Status allein durch seinen angeborenen Stand immer als ein Mensch zweiter Klasse gelten wird: „Gnädige Frau, sagen sie mir nur, wie viel es kostet, daß ich meinen Bürger nich bey jeder Sylbe von neuem einschlucken muss. Die Summe soll mich nicht gereuen; aber daß ich es ewig anhören soll, daß mein Vater ein ehrlicher Mann und sonst nichts gewesen, das fällt mir mit der Zeit fast unerträglich", empört er sich (Gottsched 1972b, Bd. 4, S. 133). Am Schluss verzichtet er auf die Heirat.

Häufig wird in der Forschung zwischen der Sächsischen Typenkomödie und dem etwa zeitgleich ebenfalls in Leipzig von Christian

Rührende Komödie

Fürchtegott Gellert aus Frankreich übernommenen Gattungstyp der Rührenden Komödie (*comédie larmoyante*) unterschieden (vgl. z. B. Alt 2007, S. 232ff.). Die Rührende Komödie wird dabei zumeist als eine „empfindsamere" Variante der „rationaleren" Typenkomödie charakterisiert, weil ihre Wirkungsabsicht eher emotives Mitfühlen an Stelle von verstandesmäßiger Einsicht sei. Allerdings ist eine trennscharfe Abgrenzung schwierig und es gibt zahlreiche Mischformen, die zudem – wie etwa die Komödien Johann Elias Schlegels – ebenfalls in der *Deutschen Schaubühne* der Gottsched-Schule erschienen. Gleiche Abgrenzungsschwierigkeiten gelten für Gotthold Ephraim Lessing, dessen dramatische Frühwerke (*Der junge Gelehrte*, 1748; *Die alte Jungfer*, 1749; *Der Freigeist*, 1749) sämtlich Typenkomödien sind, der aber ebenso Gellerts Antrittsvorlesung *Pro comoedia commovente* von 1751 übersetzte und auf die Verwandtschaft zwischen (französischer) Rührkomödie und (englischem) Bürgerlichen Trauerspiel hinwies.

10.2 Lessings Theorie des Trauerspiels

Bürgerlichkeit

Das Bürgerliche Trauerspiel ist ein Drama mit tragischem Ausgang, der sich in der Sphäre des „Bürgerlichen" ereignet. „Bürgerlich" ist dabei in einem mehrfachen Sinn und immer in Abgrenzung zum Hohen Trauerspiel und dessen Heroismus zu verstehen. Im Bürgerlichen Trauerspiel fallen die Ständeschranken, das Personal kann auch aus bürgerlichen Schichten, aus dem Klein- oder Landadel oder dem militärischen Adel stammen. Schauplatz der Handlung ist nicht die hohe Staatssphäre oder das politische Feld, sondern die Familie, der Bereich des häuslichen Alltags und des Betriebs. Die Konfliktsituation entsteht zumeist aus einem Übergriff der Welt des Hofes auf die Welt der Familie.

Anspruch auf Natürlichkeit

Dabei gilt die Familie als der Bereich der natürlichen Geselligkeit, die auf Liebe und Tugend basiert, während die Welt des Hofes, die ‚große Welt' als Bereich des Scheins, des Gekünstelten, der Verstellung (*dissimulatio*), der Lüge und Intrige dargestellt wird. August Wilhelm Iffland, Schauspieler, Intendant und einer der wichtigsten Trauerspielautoren des späten 18. Jahrhunderts, hat diesen Gegensatz auf die einprägsame Formel *Kabale und Liebe* gebracht, unter der Friedrich Schillers Trauerspiel *Luise Millerin* (1784) berühmt wurde. Die im Bürgerlichen Trauerspiel propagierten Tugenden sollten nicht nur für einige wenige gültig sein, sondern für die ganze Gattung, die Menschen als Menschen.

In die deutsche Literatur wurde die Gattung durch Gotthold Ephraim Lessing eingeführt. Sein erstes Bürgerliches Trauerspiel, *Miß Sara Sampson*, wurde 1755 im Beisein des Autors in Frankfurt an der Oder uraufgeführt und fand sofort eine ganze Reihe von Nachahmern. Noch im selben Jahr stellte Johann Gottlob Benjamin Pfeil in seiner Schrift *Vom bürgerlichen Trauerspiele* die charakteristischen Merkmale der Gattung zusammen. Gerade am Beispiel Lessings lässt sich aber das Spannungsverhältnis von Gattungstypologie und literarischem Einzelwerk gut studieren. Während Werke wie George Lillos *The London Merchant* (1731) oder Pfeils *Lucie Woodvil* (1756) und viele andere Bürgerliche Trauerspiele nach den immer gleichen Mustern auf eine bestimmte Publikumserwartung hin geschrieben wurden und somit nach einem Terminus der Geschichtswissenschaft eine serielle Quelle darstellen, ging Lessing von Anfang an über diese Merkmale hinaus. Zuerst hat Cornelia Mönch in ihrer Studie *Abschrecken oder Mitleiden* darauf aufmerksam gemacht, dass die Werke von Lillo, Pfeil und deren Epigonen sämtlich moralische Abschreckungsdramen sind, in denen die Hauptfiguren am Schluss der Verdammnis anheim fallen und gerade nicht das von Lessing geforderte Mitleid des Publikums verdienen (vgl. Mönch 1993). Es ergibt sich so die paradoxe Situation, dass die Stücke des Begründers und berühmtesten Autors der Gattung Bürgerliches Trauerspiel in der deutschen Literatur mit den Publikumserwartungen an diese Gattung nicht unbedingt zur Deckung zu bringen sind.

Gattungstypologie und literarisches Einzelwerk

Denn der Zweck in Lessings Trauerspielen ist nie moralische Abschreckung oder Verurteilung von Lastern. Lessing will keine Exempelstücke für eine feststehende Tugendlehre zum Zwecke der Indoktrination schreiben, sondern realistische Miniaturmodelle des wirklichen Lebens in seiner ganzen Komplexität, wie er im 79. Stück der *Hamburgischen Dramaturgie* (1768) sagt, „ein Schattenriß von dem Ganzen". Dazu gehört, dass er keine Heiligen, Heroen oder Bösewichter vorführt, keine bloßen „Gerippe von Tugenden und Lastern", sondern „gemischte Charaktere" jenseits moralisierender Schwarz-Weiß-Zeichnung (Lessing 1985ff., Bd. 6, S. 577). Tugenden und Laster lassen sich in diesem Konzept nicht eindeutig der bürgerlichen und der höfischen Sphäre zuordnen:

Gemischte Charaktere

> „Die Menschen sind am Hofe, in der Stadt und auf dem Lande Menschen; Geschöpfe, bei welchen das Gute und das Böse einander die Wage hält. Schwachheiten und Laster zu fliehen, muß man nicht den Hof, sondern das Leben verlassen." (Lessing 1985ff., Bd. 2, S. 179)

Das Handeln der Akteure ergibt sich ausschließlich aus ihrer psychischen Disposition und der Logik der Situation. In allen Konfliktsituationen werden die Figuren als eigenverantwortliche Subjekte dargestellt, nicht als Ausgelieferte an ein übermächtiges Schicksal oder den göttlichen Ratschluss im Sinne der Theodizeelehre. Im Gegensatz zu älteren Deutungen werden Lessings Werke daher in der neueren Forschung als Dramen „reiner gesellschaftlicher Immanenz" gelesen (Rochow 1999, S. 124).

Die Wirkungsabsicht der Tragödie, wie Lessing sie seinen poetologischen Überlegungen *Briefe über das Trauerspiel* (1756ff.) entwickelt, besteht nicht im Erregen von Schauder und Bewunderung wie in der Barockpoetik, aber auch nicht im Lernen am Exempel wie in der Gottsched-Schule, sondern in der Ausbildung emotionaler Intelligenz und konkreter Urteilsfähigkeit. Das Schlüsselwort für diese Kompetenzen ist das „Mitleid", wobei Lessing zwei ideengeschichtliche Komponenten verknüpft: Im Anschluss an die aristotelische Katharsis-Lehre bestimmt er den Zweck einer Tragödie in der Reinigung unserer Affekte hin zu der geläuterten Stufe des Mitleidens (griechisch *eleos*). Zugleich ist Lessings Begriff des Mitleidens durch die Sympathielehren der schottischen Moralphilosophen wie Adam Ferguson oder David Hume geprägt. Den Begriff des Mitleids fasst er als „Mitleiden" (*sym-pathia*) im Sinne der sozialen Tugend des Sich-Hinein-Versetzens in andere. Daher kann Lessing die „sich fühlende Menschlichkeit", als einzige „Absicht des Trauerspiels" bezeichnen (Lessing 1985ff., Bd. 3, S. 757).

Im Gegensatz zum blinden Befolgen eines allgemeinen Lehrsatzes (das Lessing in seinen Dramen als „Halsstarrigkeit der Tugend" kritisiert), knüpft Lessing an den antiken Tugendbegriff an (griechisch *arete*) im Sinne einer Haltung oder Disposition, in einer gegebenen konkreten Situation das Angemessene und Richtige zu fühlen und dann entsprechend zu urteilen und zu handeln. Hierfür sind Erfahrungswissen und Urteilsfähigkeit wichtiger als Regelkenntnis und Standhaftigkeit, weil sonst die Tugend ein bloßes „Gespenst, das in der Luft zerfließet" bleibt (*Miß Sara Sampson*, I, 7). In Lessings Stücken sind es – neben dem Dienstpersonal – meist die Frauenfiguren, die jeglichen moralischen Rigorismus im Sinne des konkreten Erfahrungswissens korrigieren. Frauen sind nicht nur titelgebenden Figuren, sondern auch das ‚klügere Geschlecht', während die Männerfiguren durch Prinzipienstarre oder Neigung zur Übereilung charakterisiert werden.

Lessings Mitleidskonzeption

Lessings Tugendbegriff

10.3 Lessings Bürgerliche Trauerspiele

All diese Merkmale sind bereits in Lessings erstem bürgerlichen Trauerspiel *Miß Sara Sampson* (1755) zu beobachten. Obwohl die Handlung alle Merkmale der gattungstypischen Konstellation eines zerstörerischen Eingriffes höfischer Verführer und Intriganten in die Ordnung der (hier kleinadligen oder patrizischen) Familie Sampson aufweist, zeigt Lessing die Figuren in einem komplexen Beziehungsgeflecht, das keine eindeutige Rollenzuschreibung erlaubt. Deshalb erstreckt sich das Konzept des Mitleidens auf alle Figuren, auch auf die beiden Vertreter der höfischen Welt, Mellefont und Marwood.

Standeskonflikte

So geht Saras Verführer Mellefont nicht in der Rolle des Intriganten auf: Gleich zu Beginn des Stückes ist er in emotionaler Verwirrung, weil er angesichts seiner Liebe zu Sara die höfischen Kardinaltugenden der Standhaftigkeit (*constantia*) und der Fähigkeit zur Verstellung (*dissimulatio*) schwanken sieht und auf dem Weg zum empfindsamen Liebhaber ist: „Wo ist die alte Standhaftigkeit, mit der ich ein schönes Auge konnte weinen sehen? Wo ist die Gabe der Verstellung hin, durch die ich sein und sagen konnte, was ich wollte?" (I, 5) Im Verlauf des Stückes scheint Mellefont zunehmend bereit, sein höfisches Lotterleben hinter sich zu lassen und Sara zu heiraten, auch wenn sich das „rebellische Etwas" (IV, 1) seiner Triebe noch sträubt.

... und gemischte Charaktere

Aber auch die Schuld der Marwood – immerhin die Mörderin der Titelfigur – wird reflektiert. Als ehemalige Geliebte Mellefonts und verlassene Mutter des gemeinsamen Kindes kann sie mindestens mit gleicher Berechtigung Eheansprüche an Mellefont geltend machen wie Sara. Marwood selbst macht Sara im entscheidenden Dialog vor dem Mord auf die Vergleichbarkeit ihrer Situation als Verführte und Betrogene aufmerksam: „Wir Frauenzimmer sollten billig jede Beleidigung, die einer einzigen von uns erwiesen wird, zu Beleidigungen des ganzen Geschlechts und zu einer allgemeinen Sache machen." (IV, 8) Erst nachdem Sara kategorisch jedes Verständnis für Marwood verweigert und ihr aus der Position der Tugendwächterin ihr lasterhaftes Verhalten vorrechnet (IV, 8), nutzt Marwood im Affekt die Gelegenheit von Saras Ohnmacht, um das Riechsalz mit dem Gift zu vertauschen, das sie eigentlich für sich selbst und ihre Tochter vorgesehen hatte (IV, 9).

Marwoods Tat

Der tragische Ausgang erscheint so als eine Verkettung aus Irrtümern, Übereilungen und Unüberlegtheiten. Folgerichtig tritt der pater familias, Sir William Sampson, auch nicht als Tugendrichter auf.

Tragik als Irrtum

Unter anderem durch die Überzeugungsarbeit seines Dieners hat er längst eingesehen, dass es entgegen seinen moralischen Prinzipien das Beste ist, Sara zu verzeihen und Mellefont als Schwiegersohn zu akzeptieren. Und nachdem die Katastrophe ihren Lauf genommen hat, wählt Sampson am Ende die wahrscheinlich einzig verbleibende vernünftige Handlungsmöglichkeit: er gründet aus den verbliebenen Figuren der Konfliktparteien eine neue Familie, indem er Marwoods Tochter adoptiert. Lessing führt dem Publikum in *Miß Sara Sampson* nicht die Unausweichlichkeit der Tragik vor, sondern im Gegenteil das Unnötige an ihr.

Gleiches gilt auch für Lessings zweites und zugleich letztes Bürgerlichen Trauerspiel, *Emilia Galotti* (erste Vorarbeiten seit 1754, Uraufführung 1772; vgl. Ter Nedden 1986, S. 164–237). Allerdings trieb Lessing hier die immanente Reflexion der Gattungsmerkmale noch weiter, was zur Folge hatte, dass von den frühesten zeitgenössischen Rezensenten bis zur aktuellen germanistischen Forschung weithin Unklarheit über die Bedeutung des Stückes herrscht. Obwohl *Emilia Galotti* zu einem der meistinterpretierten Texte der deutschen Literaturgeschichte gehört, ist es geradezu ein Topos der Forschung, die widersprüchliche Vielfalt seiner Deutungen zu beklagen. Karl S. Guthke hat daher bereits 1975 eine Interpretationspause für das Stück gefordert (vgl. Guthke 1975, S. 33). Zuletzt hat Monika Fick die wichtigsten Deutungsansätze zusammengestellt und dabei politische, soziologische, werkimmanent-geistesgeschichtliche, psychoanalytische und feministische Interpretationen unterschieden (vgl. Fick 2004, S. 317). Jede Deutungsperspektive aktualisiert unterschiedliche Momente des Stückes, die von Lessing bereits angelegt sind. Komplexität und Widersprüchlichkeit der Deutungsmöglichkeiten lassen sich somit als Ausdruck der Ambivalenzen und inneren Spannungen des Dargestellten verstehen.

Auf der einen Seite modernisierte Lessing in *Emilia Galotti* mit dem vom römischen Historiker Livius überlieferten Virginia-Motiv einen realgeschichtlichen und eminent politischen Stoff (vgl. Fick 2004, S. 316f.): Um seine Tochter Virginia vor der Versklavung durch den Tyrannen Appius Claudius zu retten, ersticht Virginius sie. Durch diese heroische Tat erkennen die Bürger und Soldaten den Unrechtscharakter von Appius' Regime, stürzen den Tyrannen und stellen in einem Volksaufstand die alten Freiheiten wieder her.

Auf der anderen Seite wählte Lessing für dieses staatspolitische Sujet nicht die prädestinierte Form der Hohen Tragödie, sondern nannte sein Stück ein Bürgerliches Trauerspiel und behauptete in einem Brief

Deutungsansätze der Emilia Galotti

auch für Tell

Virginia-Motiv

Lessings Selbstdeutung

an Nicolai vom 21. Januar 1758, dass ihn am Stoff allein die „bürgerlichen", familiären Konstellationen interessierten (Lessing 1985ff., Bd. 11/1, S. 267). Auch hatte Lessing keine Schwierigkeiten, *Emilia Galotti* 1772 zum Geburtstag der Fürstin in Braunschweig zur Uraufführung zu bringen: Der Herzog von Braunschweig-Wolfenbüttel, der Lessing später im Fragmentenstreit 1777 Publikationsverbot erteilte (→ KAPITEL 4.2), hatte anscheinend keine politische Anstößigkeit entdeckt.

Dabei ist das gattungsimmanente Spannungsfeld des Stückes zwischen ständeübergreifender familiärer Geselligkeitsform und der Welt des Hofes konfrontativ angelegt und die politischen Aspekte des Stoffes sind deutlich ersichtlich. Die massivste Kritik am Hofe übt eine der Vertreterinnen des Hofes selbst: die vom Prinzen verlassene Gräfin Orsina, deren Empörung über die absolutistische Machtordnung Lessing mit einer direkten Anspielung auf den Volksaufstand der antiken Livius-Vorlage verknüpft. **Politische Dimension des Stoffes**

Der mit der literarischen Form des Bürgerlichen Trauerspiels verbundene Verzicht auf alle staatspolitischen Gegenstände gelang nicht mehr, weil die gesellschaftliche Voraussetzung der Arbeitsteilung zwischen einer häuslichen Sphäre der Ökonomie und eines weisen, aufgeklärten absolutistischen Herrschers, der die politischen Rahmenbedingungen garantiert, nicht mehr gegeben war. Die Konfliktlösungsinstanz der Familie als Sphäre allgemeiner Humanität und natürlicher Geselligkeit scheiterte an den absolutistischen Machtansprüchen, das Mitleiden schlug angesichts der Verhältnisse in Empörung um. Durch diese – gewollte oder ungewollte – Re-Politisierung des Dramas wurde Lessing zum Anreger der Geschichts- und Gesellschaftsdramen der Spätaufklärung und des Sturm und Drang (→ KAPITEL 11). **Re-Politisierung des Trauerspiels**

Fragen und Anregungen

- Inwiefern lässt sich Gottscheds Verhältnis zur Tragödie des 17. Jahrhunderts zugleich als Anknüpfung und Abgrenzung beschreiben?

- Inwiefern können die Komödien der Gottsched-Schule eher als deren Tragödien als Vorläufer des deutschen Bürgerlichen Trauerspiels verstanden werden?

- Was bedeutet „bürgerlich" innerhalb der Gattungsbezeichnung Bürgerliches Trauerspiel?

- Wie bestimmt Lessing die Wirkungsabsicht eines Trauerspiels?

- Erläutern Sie am Beispiel von *Miß Sara Sampson* und *Emilia Galotti* Lessings Theorie der „gemischten Charaktere".

- In welchem Spannungsverhältnis stehen Stoff und Gattung in Lessings *Emilia Galotti*?

Lektüreempfehlungen

Quellen
- **Johann Christoph Gottsched: Sterbender Cato** [1732], hg. v. Horst Steinmetz, Stuttgart 1967.

- **Johann Christoph Gottsched: Schriften zur Literatur,** hg. v. Horst Steinmetz, Stuttgart 1972.

- **Gotthold Ephraim Lessing: Miß Sara Sampson** [1755], Stuttgart 2005. – Auch in: ders., Werke und Briefe in 12 Bänden, hg. v. Wilfried Barner u. a., Frankfurt a. M. 1985ff., Bd. 3, S. 431–526.

- **Gotthold Ephraim Lessing: Emilia Galotti** [1772], Stuttgart 1995. – Auch in: ders., Werke und Briefe in 12 Bänden, hg. v. Wilfried Barner u. a., Frankfurt a. M. 1985ff., Bd. 7, S. 291–372.

- **Friedrich Schiller: Kabale und Liebe** [1784], Stuttgart 2005. – Auch in: ders., Sämtliche Werke, hg. v. Peter-André Alt u. a., München 2004, Bd. 1, S. 755–858.

Forschung
- **Peter-André Alt: Tragödie der Aufklärung. Eine Einführung,** Stuttgart 2002. *Solide Einführung in das Thema.*

- **Monika Fick: Lessing-Handbuch. Leben – Werk – Wirkung,** 2. durchgesehene und ergänzte Auflage, Stuttgart 2004. *Sehr gute und aktuelle Darstellung des Forschungsstandes inklusive Deutungsperspektiven zu allen Werken Lessings. In den Einzeldeutungen stark um Abgrenzung zu älteren sozialgeschichtlichen Arbeiten bemüht.*

- **Karl S. Guthke: Das deutsche bürgerliche Trauerspiel,** 6. vollständig überarbeitete und erweiterte Auflage, Stuttgart 2006. *Aktuell überarbeitetes Standardwerk zum Bürgerlichen Trauerspiel. Enthält eine umfassende kommentierte Bibliografie bis 2006,*

Forschungspositionen und Interpretationsansätze. Unerlässlich für eine vertiefte Beschäftigung mit dem Gegenstand.

- **Christian Erich Rochow: Das bürgerliche Trauerspiel,** Stuttgart 1999. *Einführende Überblicksdarstellung zum Bürgerlichen Trauerspiel. Kontextualisiert die Gattung zwischen Vor- und Frühgeschichte des Aufklärungsdramas und späten Trivialformen. Bietet zudem Inhaltsangaben zu 28 Bürgerlichen Trauerspielen.*

- **Franziska Schößler: Einführung in das bürgerliche Trauerspiel und das soziale Drama,** Darmstadt 2003. *Gut lesbare und aktuelle einführende Darstellung in die wichtigsten Aspekte der Gattung.*

11 Geschichts- und Gesellschaftsdrama

Abbildung 15: Rembrandt: *Die Nachtwache* (1642)

Rembrandts Gemälde „Die Nachtwache" (1642) zeigt Amsterdamer Kaufleute, die die Belange der Gesellschaft selbst in die Hand nehmen: nachts verteidigen sie die Republik gegen ihre Feinde, während sie tagsüber durch Handel und Gewerbe den Reichtum mehren. Das Bild bringt das veränderte Staatsverständnis bürgerlicher Partizipation in der niederländischen Republik des 16. und 17. Jahrhunderts zur Darstellung. In diesem neuen Selbstverständnis finden Goethe („Egmont", 1775–87) und Schiller („Don Karlos", 1784–88) einen Referenzhorizont für ein neuartiges Geschichtsdrama. Schiller macht im „Don Karlos" und in seiner gleichzeitig geschriebenen historischen Darstellung des niederländischen Befreiungskrieges darauf aufmerksam, dass der Aufstand in den Niederlanden ein „schöne[s] Denkmal bürgerlicher Stärke" sei, weil hier nicht einzelne „kolossalische Menschen", sondern eine ganze Nation, gebaut auf Toleranz und Handelsgeist, gegen den Militärapparat des Habsburgischen Imperiums erfolgreich Widerstand geleistet habe (Schiller 2004, Bd. 4, S. 33ff.).

Dieses veränderte Staats- und Geschichtsverständnis war die Basis für die ab 1770 in der Periode des Sturm und Drang einsetzende Transformation des Historiendramas. Nicht mehr die Geschichte als Exempel für die großen Taten großer Männer (wie in der klassischen Tragödie) war jetzt Gegenstand des Dramas, sondern Geschichte, die als sozialer Prozess verstanden wurde. Da alle Gesellschaftsschichten an diesem Prozess teilhatten, sollten sie möglichst auch alle auf der Bühne vertreten sein. Die Geschichts- und Sozialdramen sollten zu möglichst panoramaartigen Darstellungen dieses Prozesses werden.

11.1 **Innovationen des Dramas im Sturm und Drang**
11.2 **Goethes *Götz von Berlichingen***
11.3 **Die Komödie als Medium der Sozialkritik bei Lenz**
11.4 **Schillers frühe Historiendramen**

11.1 Innovationen des Dramas im Sturm und Drang

Es sind vor allem zwei Rezeptionslinien, an denen sich die poetologischen Innovationen des Dramas in Sturm und Drang festmachen lassen: erstens die Shakespeare-Rezeption, und zweitens die Rezeption des darstellungstechnischen Begriff des Tableaus, wie er seit den 1750er-Jahren von Denis Diderot und Sebastien Mercier in Frankreich entwickelt worden ist.

Die Werke William Shakespeares (1564–1616) wurden seit Mitte der 1750er-Jahre unter anderem von Christoph Martin Wieland ins Deutsche übertragen. In Gotthold Ephraim Lessings *Briefen die neueste Literatur betreffend* (XVII. Brief, 1760) oder in Heinrich Wilhelm von Gerstenbergs *Briefen über Merkwürdigkeiten der Litteratur* (1766–67) wurden sie als Vorbild für ein modernes nationales Drama empfohlen. Wichtige Dokumente der zunehmenden Shakespeare-Begeisterung im Sturm und Drang sind z. B. Johann Gottfried Herders *Shakespear* (1773; entstanden 1771), Goethes *Rede zum Shakespeare-Tag* (1771) oder die *Anmerkungen übers Theater* (1773) von Jakob Michael Reinhold Lenz. Als Friedrich Schiller schließlich mit *Die Räuber* (1781) den Wettbewerb um den inoffiziellen Titel des ‚deutschen Shakespeare‘ für sich entschied, war er bereits Nachzügler in einer langen Traditionsreihe der Shakespeare-Aneignung. (Für Schiller selbst hatte dieser Titel eher negative Folgen, weil die Theater häufig lieber Shakespeares Originale auf die Bühne brachten als Schillers Nachahmungen.)

Shakespeare wurde zur Chiffre und zum Losungswort für die schon von Zeitgenossen sogenannten Genie-Ästhetiker (→ KAPITEL 6.1) und stand vor allem für Antiklassizismus, Natürlichkeit und Volkstümlichkeit. Die klassizistische Form der Hohen Tragödie – d. h. die drei Einheiten von Handlung, Ort und Zeit, das Alexandriner-Versmaß und die Ständeklausel (→ KAPITEL 10.1) – wurde ebenso aufgelöst wie die traditionellen dramatischen Gattungsformen insgesamt. Dargestellt wurde jetzt eine neue Themenvielfalt, und vom Staatsmann bis zum Handwerker traten alle gesellschaftlichen Schichten auf. Die ganze Nation und ihre lebendige Geschichte sollten auf diese Weise zum Gegenstand werden. „Lastträger und Totengräber" neben „Königinnen und Prinzen", wie der preußische König Friedrich II. in *De la literature allemande* bemängelte (Friedrich II. 1780 in: Steinmetz 1985, S. 81f.; → KAPITEL 3.4). Im deutschen Sturm und Drang wurde das Dramenpersonal u. a. aus Bauern, Soldaten, Kindsmörderinnen

Shakespeare-Rezeption

Auflösung der klassizistischen Form

oder Raubrittern rekrutiert. Symptomatisch ist auch die Vorliebe für Robin-Hood-Gestalten im shakespeare-inspirierten deutschen Drama. Wie Goethes Götz oder Schillers Karl Moor in *Die Räuber* ist der Protagonist häufig ein „Mann, den die Fürsten hassen und zu dem die Bedrängten sich wenden." (*Götz von Berlichingen*, I. Akt)

Tableau Der Begriff des Tableaus wurde von Frankreich aus durch Denis Diderot in die dramentheoretische Diskussion eingebracht und von Lessing in seiner Schrift *Das Theater des Herrn Diderot* (1760) im deutschen Sprachraum bekannt gemacht. „Tableau", französisch für „Gemälde", meinte die Selbstständigkeit der einzelnen Szene, in der eine gesellschaftliche Situation anschaulich wird, weil die relevanten „Stände" (ein weiterer wichtiger Begriff in Diderots Konzeption) dargestellt sind. Das Tableau sollte die Handlung in ihrer gesellschaftlichen Vermittlung verstehbar machen und bildete damit den Gegenbegriff zum „coup de théatre" (Theaterstreich), der eine auf jähe Wendungen, willkürliche Verläufe angelegte Handlungsführung beschrieb. Sebastien Mercier erweiterte und radikalisierte den Diderot'schen Tableau-Begriff in seiner Schrift *Du Théatre ou Nouvel Essai sur l'Art Dramatique* (1773, *Neuer Versuch über die Schauspielkunst*, 1776), indem er ihn ausdrücklich auf alle Stände bezog, während Diderot das Dienstpersonal und andere plebejische Schichten ausgenommen hatte. Mercier wies dem Dichter die Aufgabe zu, für das ganze Volk zu schreiben, und gerade denjenigen eine Stimme zu verleihen, die im gesellschaftlichen Diskurs sonst nicht gehört wurden.

11.2 Goethes *Götz von Berlichingen*

Entstehung Alle diese Innovationen sind bereits realisiert im ersten Drama der Sturm und Drang-Periode, Goethes *Götz von Berlichingen mit der eisernen Hand. Ein Schauspiel*. Das Stück, im Selbstverlag veröffentlicht im Juni 1773, ist das Erstlingswerk des bis dahin unbekannten 23-jährigen Autors. Geschrieben hat Goethe das Drama bereits im Winter 1771 unter dem Titel *Geschichte Gottfriedens von Berlichingen mit der eisernen Hand* (1832 wurde diese Fassung als *Urgötz* in die Werkausgabe letzter Hand aufgenommen). Goethes *Götz* wurde sofort zum Gründungsmanifest der Sturm und Drang-Periode; die Sozialdramen von Jakob Michael Reinhold Lenz knüpfen hier ebenso an wie die Historiendramen Friedrich Schillers.

Obgleich sich in *Götz* durchaus noch Elemente des Bürgerlichen Trauerspiels finden lassen (z. B. die Figur der intriganten femme fatale Adelheid), sind diese jetzt jedoch ganz anders perspektiviert. So geht es in *Götz* nicht um eine Familiengeschichte, sondern um das historische Panorama des Epochenumbruchs um 1500. Anders als im Drama der Empfindsamkeit lenkt Goethe die Aufmerksamkeit nicht auf die psychischen Vorgänge seiner Figuren, sondern auf ihr Verhalten und ihre gesellschaftliche Position innerhalb dieses Umbruchs. Bereits ein Blick in das Personenverzeichnis verdeutlicht den Anspruch auf historische Vollständigkeit: Vom Kaiser Maximilan bis zu den Bauern und Zigeunern sind alle relevanten gesellschaftlichen Schichten und Stände vertreten (teilweise angereichert durch Verweise auf historische Persönlichkeiten wie z. B. Bruder Martin, der leicht als Martin Luther zu erkennen ist). Die Einheiten der Handlung, des Ortes und der Zeit sind aufgegeben zu Gunsten einander ablösender eigenständiger Tableaus, was die 56 Szenen (in der Urfassung sogar 59) überhaupt erst ermöglicht, das Stück aber praktisch unaufführbar macht. Für den Handlungsverlauf sind diese Szenen teilweise völlig unerheblich, sie dienen allein der Vollständigkeit des Panoramas.

Historisches Panorama

Grob lässt sich das Personal des Stücks in Repräsentanten zweier Gruppen aufteilen: Die untergehende Zeit des mittelalterlichen Feudalsystems wird repräsentiert durch Kaiser Maximilian, die Reichsritter (Götz, Selbitz, Sickingen), treue Knappen und Gesellen sowie die Außenseitergruppe der Zigeuner, die den kranken Götz pflegen. Auf der anderen Seite finden sich die Vertreter der neuen Welt des Absolutismus mit den Machteliten des Fürsten (hier der Bischof von Bamberg) dem Hofadel (vor allem repräsentiert durch Adelbert von Weislingen und Adelheid von Walldorf, denen ihr Stand bereits im Vornamen eingeschrieben ist), sowie den Fürstenberatern. Auch die Stadtbewohner, die Kaufleute und Ratsherrn von Nürnberg und Heilbronn, werden als Vertreter der modernen Welt vorgeführt. Eine ambivalente Rolle spielen die Bauern: Während sie zu Beginn des Stückes noch als treue Freunde von Götz vorgeführt werden, symbolisiert der Bauernaufstand im V. Akt die aus den Fugen geratene Welt.

Spätmittelalter vs. Absolutismus

Die Geschichte von Götz und Weislingen wird strikt parallel geführt mit der gesamtgesellschaftlichen Umbruchsgeschichte. Als Freunde, die ursprünglich unzertrennlich waren, dann aber getrennte Wege gehen, repräsentieren sie zwei unterschiedliche Reaktionsweisen des Adels auf den gesellschaftlichen Wandel: Während Götz bei der alten ritterlichen Lebensweise bleibt und am Faustrecht festhält, macht Weislingen Karriere am Hof, wo die Hofadligen nicht wegen ihrer ritterlichen Tugenden geschätzt werden, sondern wegen ihrer „Stärke im Disputieren" (I, Bamberger Hof).

Wandel des Adels

Verfallsformen

Komplementär zu Weislingens Karriere verlaufen der Niedergang von Götz und derjenige von Kaiser Maximilian. Beide sind gezeichnet durch Attribute des zunehmenden Verfalls und der Verstümmelung: Götz erscheint am Ende als ein antiquiertes Modell, das nicht mehr in die Zeiten passt: „Suchtest du den Götz? Der ist lang hin. Sie haben mich nach und nach verstümmelt, meine Hand, meine Freiheit, Güter und guten Namen." (V, Heilbronn, im Turm) Die Stellung Kaiser Maximilians im Alten Reich wird mit einer Seele in einem „krüppligen Körper" (III, Saal) verglichen, wie Götz wird auch der Kaiser gegen Ende des Stückes „alt und mißmutig" (IV, Adelheidens Schloß), „schwer krank" (IV, Jagsthausen) und stirbt schließlich zeitgleich mit Götz, der das Stück mit einer düsteren Prognose auf die neuen Zeiten enden lässt: „Schließt eure Herzen sorgfältiger als eure Tore. Es kommen die Zeiten des Betrugs [...]. Die Nichtswürdigen werden regieren mit List, und der Edle wird in ihre Netze fallen" (V, Heilbronn, im Turm). Maximilians designierter Nachfolger, Karl V., befindet dagegen sich bereits in den Fängen der femme fatale Adelheid. Durch die Verknüpfung der Handlung mit den beiden historisch belegten Kaiser-Figuren wird das Drama in den denkbar größten gesellschaftlichen Rahmen situiert.

Die Konfliktlinien des Stückes zwischen alter und neuer Welt, zwischen der von Götz repräsentierten und vom alten Kaiser garantierten „Freiheit" und dem verkommenen Despotismus des Absolutismus, verweisen sämtlich in Goethes eigene Gegenwart, wodurch *Götz* zur Zeitkritik im historischen Gewand wird. Goethe nimmt Momente der Absolutismuskritik von Montesquieu bis Justus Möser auf (→ KAPI-TEL 3.1). Was seinem *Götz* auf Anhieb seine ungeheure Sprengkraft verliehen hat, ist die geglückte Zusammenführung von politischer Zeitkritik und ästhetisch-poetologischer Kritik an den überlieferten Dramenformen. So wie der Ritter Götz der scheinhaften Welt des Absolutismus und seinem römischen Rechtssystem Widerstand leistet, so sprengt der Autor Goethe die vermeintlichen Ketten der klassizistischen Regelpoetik, die als literarisches Komplement des Absolutismus wahrgenommen wurde.

Zeitkritik und Formkritik

Und so wie Götz als Feind verlogener und scheinhafter „Explikationen" auftritt und stattdessen für eine transparente Identität von Sprechen und Handeln steht („Kein Wort mehr davon! Ich bin ein Feind von Explikationen; man betriegt sich oder den andern, und meist beide." I, Jagsthausen), so wird auch die Handlung des Stückes nicht weitläufig ‚erklärt', sondern vielmehr ‚gezeigt'. Alle Figuren werden konsequent durch ihre Sprache charakterisiert. Der klaren,

Charakterisierung durch Sprache

‚volkstümlichen' Muttersprache auf Seiten von Götz und seinen Getreuen steht das unvollkommen angelernte Latein und die scheinhaftempfindsame Sprache am Hof gegenüber.

11.3 Die Komödie als Medium der Sozialkritik bei Lenz

Die Dramen von Jakob Michael Reinhold Lenz waren lange Zeit fast vergessen und wurden erst im Laufe des 20. Jahrhunderts wiederentdeckt. Heute gelten sie unbestritten als wichtigste literarische Manifestationen der Sturm und Drang-Periode neben Goethes *Götz*. Die Forschung hat damit eine Deutung wieder eingeholt, die auch schon in der unmittelbaren Wirkungsgeschichte formuliert wurde, hat doch bereits 1774 Christian Heinrich Schmid in einem Vergleich der Dramaturgie von Goethe und Lenz die Komplementarität der Leistungen beider auf dem Feld von Tragödie und Komödie festgestellt:

Goethe und Lenz

> „Mit gleich großer Lebhaftigkeit geboren, mit gleich starken oder fast noch stärkern Hange zum Sonderbaren, mit gleich emsigen Beobachtungsgeiste, mit gleich fleißiger Lectüre der Britten, mit wenigerer Natur im Ausdruck der Leidenschaften und Ausbildung der Character, aber mit reicherem Humor im Komischen, hat er das Lustspiel auf eben die Art reformirt, wie Göthe das Trauerspiel." (Schmid 1774 in: Luserke 1997, S. 267)

Wie Goethes *Götz* sind auch Lenz' Stücke formal innovative offene Dramen mit schnellen Szenen- und Ortswechseln: in *Der Hofmeister* (1774) und in *Die Soldaten* (1776) jeweils 35 Szenen und eine jeweils mehrjährige Handlungszeit. Typisch sind zudem eine Fülle von literarischen Anspielungen sowie die immanente Reflexion der eigenen poetologischen Voraussetzungen. So wird z. B. in den *Soldaten* das zugrunde liegende Gattungsmuster der Komödie ironisch gebrochen, indem auf der Bühne „falsche" Kunstverständnisse demonstriert werden: die Offiziere verstehen eine Komödie als bloße Unterhaltung, als „Divertissement", zu dem man die Bürgersmädchen mitnimmt, um sie später verführen zu können (I, 3).

Formale Innovationen bei Lenz

Wie schon bei Lessing (→ KAPITEL 3.3) so hat auch bei Lenz eine Komödie nichts mit Lachstücken oder leichter Unterhaltung zu tun, wie er in seiner poetologischen Programmschrift *Anmerkungen übers Theater* (1771–73) ausführt. Während die Tragödie einen Helden voraussetze, „eine Person, die Schöpfer ihrer Begebenheiten" ist, stelle die Komödie eine Situation, „eine Begebenheit" dar: „Meiner Mei-

Lenz' Komödiendefinition

nung nach wäre immer der Hauptgegenstand einer Komödie eine Sache, einer Tragödie eine Person." (Lenz 2001, S. 398f.) Anders als in der Hohen Tragödie oder im Bürgerlichen Trauerspiel geht es Lenz in der Komödie nicht um individuelle Verhaltensweisen und deren psychologische Motivation, sondern um das Machtspiel gesellschaftlicher Kräfte („die Sache"). Konsequent führt er daher die Figuren als Gefangene ihres Standes vor, die nicht mehr „Schöpfer ihrer Begebenheiten" sind. Seine Komödien werden so zu Gesellschaftsdramen – ganz analog zum „komischen Roman" in der Tradition Henry Fieldings, der zugleich Gesellschaftsroman ist (→ KAPITEL 12.2).

Ständepanorama   Ausdrücklich soll die Komödie ein Panorama der ganzen Gesellschaft liefern, wobei gerade die unteren Stände so dargestellt werden sollen, „wie sie sind; nicht wie sie Personen aus einer höheren Sphäre sich vorstellen" (Lenz 1992, Bd. 3, S. 326):

> „Ich nenne durchaus Komödie nicht eine Vorstellung die bloß Lachen erregt, sondern eine Vorstellung die für jedermann ist. Tragödie ist nur für den ernsthaftern Teil des Publikums [...]. Die Komödien [...] aber waren für das Volk, und der Unterschied von Lachen und Weinen war nur eine Erfindung späterer Kunstrichter. [...] Komödie ist Gemälde der menschlichen Gesellschaft, und wenn die ernsthaft wird, kann das Gemälde nicht lachend werden. [...] Daher müssen unsere deutschen Komödienschreiber komisch und tragisch zugleich schreiben, weil das Volk, für das sie schreiben, oder doch wenigstens schreiben sollten, ein solcher Mischmasch von Kultur und Rohigkeit, Sittigkeit und Wildheit ist." (Lenz 2001, S. 419f.)

Dieses Changieren zwischen Komödie und Tragödie führt in der Forschung zu einer unterschiedlichen Klassifizierung der Lenz'schen Dramen, die in älteren Darstellungen zum Teil auch dem Bürgerlichen Trauerspiel zugeordnet wurden (so z. B. bei Szondi 1973).

Gesellschaftskritik   Die Stoffe von Lenz' gesellschaftskritischen Stücken waren durchweg hochaktuell: In *Der Hofmeister* geht es um Fragen eines mangelhaften Bildungssystems, in *Die Soldaten* um das Problem einer militarisierten Gesellschaft, die mit den Folgen dieser Militarisierung nicht mehr zurecht kommt.

Adel und Intelligenz   Das Personal des *Hofmeisters* lässt sich grob in Vertreter des Gelehrtenstandes auf der einen Seite und des Adels bzw. der höheren Gesellschaftsschichten auf der anderen unterteilen und wird im Personenverzeichnis des Stückes auch so ausgewiesen: Hofmeister, Pastoren und Schulmeister stehen hier Geheimen Räten, Majoren und Grafen gegenüber. Wie sich das Verhältnis zwischen beiden Gruppen darstellt, machen Majorin von Berg und Graf Wermuth gegenüber dem Hauslehrer Läuffer gleich zu Beginn deutlich, als der es wagt, sich in eine Diskussion über aktuelle Theaterstücke einzumischen:

> „MAJORIN. Merk Er sich, mein Freund! daß Domestiken in Gesellschaften von Standespersonen nicht mitreden. Geh Er auf sein Zimmer. Wer hat ihn gefragt?
> *(Läuffer tritt einige Schritte zurück.)*
> GRAF. Vermutlich der Hofmeister, den Sie dem jungen Herrn bestimmt?]...]
> MAJORIN. Er kommt ganz frisch von der hohen Schule. – Geh er nur! Er hört ja, daß man von ihm spricht; desto weniger schickt es sich, stehen zu bleiben.
> *(Läuffer geht mit einem steifen Kompliment ab)"* (I, 3)

Der Lehrer wird gehalten als Tagelöhner und Lakai; er ist nicht gesellschafts- und erst recht nicht heiratsfähig. Dramentechnisch setzt Lenz diesen Status um, indem er Läuffer gar nicht mehr mitreden lässt und ihn allein über die Regieanweisungen als einen Gedemütigten charakterisiert. Der soziale Status des Protagonisten ist schon im Namen angelegt: Läuffer ist sowohl der Lakai und Diener, der für andere laufen muss, als auch der von Stelle zu Stelle laufende Tagelöhner und nicht zuletzt der Flüchtende, der Davon-Laufende.

Charakterisierung durch Regieanweisung

In den *Soldaten* nimmt Lenz die Konflikte zwischen Zivilgesellschaft und dem Soldatenstand in den Blick. Die von einem Offizier verführte, entwürdigte Marie Wesener und ihr Versprochener Stolzius werden konsequent als Opfer der gesellschaftlichen Verhältnisse dargestellt. Stolzius verliert jedes Selbstwertgefühl und macht sich zunächst zum Lakaien der Täter, indem er als Diener unter den Soldaten lebt, um schließlich den Offizier und sich selbst zu vergiften.

Zivilgesellschaft und Militär

Marie wird zerstört zwischen zwei sie gleichermaßen zum Objekt degradierenden standestypischen Verhaltensweisen: Ihr Vater verspricht sich vom Werben des Offiziers einen Profit; die Soldaten sind einzig auf Verführung aus. Marie ist hilflos verstrickt in diese Verhältnisse, die sie nicht zu lösen weiß. Erscheint sie zu Anfang noch als lebendige junge Frau, so wird sie im Verlauf des Stückes immer passiver, was sich in zunehmenden Sprachverlust zeigt. Am Ende steht der völlige Zusammenbruch bürgerlichen Lebens. Sowohl Marie als auch ihr Vater begegnen sich beinahe leblos und können nicht einmal mehr selbst von der Bühne abtreten, sondern werden weggetragen: „Beide wälzen sich halbtot auf der Erde. Eine Menge Leute versammeln sich um sie und tragen sie fort." (V, 4)

Zusammenbruch bürgerlichen Lebens

Die Schlüsse von Lenz' tragischen Komödien sind ambivalent, sie wurden als „gewaltsame Harmonisierungen" bezeichnet (Luserke

Ambivalenz der Dramenschlüsse

1997, S. 201). So weist das Schlusstableau im *Hofmeister* scheinbar alle Insignien einer Auflösung der Konflikte im Sinne des Dramas der Empfindsamkeit auf: in einer große Versöhnungsszene werden die gestörten Familienbeziehungen mit tränennassen Augen wieder hergestellt; gleichzeitig werden das Privaterziehungssystem in Frage und die Möglichkeit öffentlicher Mädchenschulen zur Diskussion gestellt. Auch in den *Soldaten* werden in der Schlussszene Tränen des Mitleids über Maries Schicksal vergossen, und sogar die gesellschaftlichen Ursachen der Ereignisse sowie mögliche Lösungsstrategien diskutiert. Auffällig ist allerdings, dass die Hauptbetroffenen der Ereignisse von diesen Schlussdiskussionen ausgeschlossen bleiben: die hohe Gesellschaft bleibt unter sich. Lenz' Schlussszenen wurden auf diese Weise zugleich zu bitteren Parodien auf den harmonisierenden Dramenschluss der Empfindsamkeit, wie er z. B. Lessing in *Minna von Barnhelm* (1767) noch möglich war.

11.4 Schillers frühe Historiendramen

Forschungskonjunktur

Schillers frühe Dramen haben in der germanistischen Forschung Konjunktur – und das nicht nur wegen des 200. Todestages mit zahlreichen neuen Publikationen (vgl. Safranski 2004, Luserke-Jaqui 2005, Hofmann 2006 u. a.), sondern auch und vor allem wegen ihrer Attraktivität als Forschungsgegenstand: Sie erlauben Verbindungen zu anderen Disziplinen und entstanden überdies wie kaum ein anderes Werk als ein öffentliches „work in progress" im Dialog mit dem Publikum, das in unterschiedlichen Entstehungsphasen und Umarbeitungen transparent ist. Während Schillers Dramen vom Erstlingswerk *Die Räuber* (1781) über das „republikanische Schauspiel" *Die Verschwörung des Fiesko zu Genua* (1783) und das Kriminalstück in Form eines Bürgerlichen Trauerspiels *Kabale und Liebe* (1784) bis hin zu *Don Karlos* (1787) traditionell als Sturm und Drang-Phase des späteren Klassikers gedeutet wurden, werden sie in neueren Forschungen als literarische Reflexionen auf die Voraussetzungen der Aufklärung gelesen (vgl. Hofmann 2003, S. 23–35).

Drei Deutungsansätze

Die grundlegenden sozialgeschichtlichen Deutungen (vgl. Glaser 1980, Schulte-Sasse 1980) wurden in den letzten Jahren vor allem um wissenschafts- und mediengeschichtliche Zugangsweisen ergänzt:

Anthropologie

1. Schiller wird als einer der exemplarischen Autoren der „anthropologischen Wende" der Spätaufklärung gelesen (vgl. Riedel 1985, Darsow 2000). Seine frühen Dramen gelten als literarisches Expe-

riment über die Grundlagen der medizinisch-anthropologischen Diskussionen des 18. Jahrhunderts. Querverbindungen zwischen dem Medium der Literatur und der Wissenschaft werden besonders am Beispiel der Anthropologie beleuchtet, also an derjenigen neuen Wissenschaft, in der der „ganze Mensch" (Schings 1994) thematisiert wird: seine geistig-körperliche Natur und die Wechselbeziehungen zwischen Physischem und Psychischem (→ KAPITEL 5.3; ASB KOŠENINA). Schiller beschäftigte sich während seines Medizinstudiums (1776–80) mit diesem Thema und studierte unter anderem die Theorien der französischen Materialisten La Mettrie oder Helvétius. So ist etwa die Geschichte von Franz Moor, einer der Hauptfiguren aus *Die Räuber,* bereits in Schillers medizinischer Dissertation *Versuch über den Zusammenhang der thierischen Natur des Menschen mit seiner geistigen* (1780) als psychologische Fallstudie abgedruckt (vgl. Darsow 2000, S. 18–21).

2. Schillers frühe Dramen stehen auch zu den methodischen Fragen der Geschichtswissenschaft, die sich in der zweiten Hälfte des 18. Jahrhunderts als akademisches Fach konstituierte, in einer direkten Beziehung. *Die Verschwörung des Fiesko zu Genua* und vor allem *Don Karlos* (ebenso wie später *Wallenstein,* 1799) sind unmittelbar mit historischen Studien Schillers verbunden, die er im Zusammenhang mit seiner Jenaer Geschichtsprofessur (1789–91) anstellte. Seine *Geschichte des Abfalls der Vereinigten Niederlande von der spanischen Regierung* (1788) entstand parallel zu *Don Karlos* und ist das geschichtswissenschaftliche Komplementärwerk zur Dramatisierung des gleichen Stoffes. Will Schiller in dem Geschichtswerk an den bürgerlichen Befreiungskampf erinnern, so geht es im historischen Drama darum, die je individuellen Möglichkeiten und Ambivalenzen solchen politischen Handelns auszuloten. Zur Verbindung von literarischer und wissenschaftlicher Narratologie in Schillers Werk sowie zur generellen Frage des neu entstehenden historischen Bewusstseins im 18. Jahrhundert liegen einschlägige Forschungen vor (vgl. Dann / Oellers / Osterkamp 1995, Fulda 1996, Hofmann 2006).

Literatur und Geschichts-wissenschaft

3. Insbesondere *Don Karlos* hat Schiller als „Medienexperiment" (Stockinger 2006) im öffentlichen Diskurs geplant und realisiert: vom ersten Entwurf des Stückes im so genannten „Bauerbacher Plan" (März / April 1783) über die kommentierten Vorabdrucke in *Thalia* (März 1785, die so genannten *Thalia-Fragmente*) und die verschiedenen Druck- und Bühnenfassungen mit verändertem Personal und unterschiedlichen Gattungsbezeichnungen bis hin zur

Medientheoretische Ansätze

rückblickenden Selbstrezension in *Briefe über Don Karlos* (1788, zu den unterschiedlichen Entstehungsstufen vgl. zuletzt Luserke-Jaqui 2005, S. 92–95). Hieraus ergibt sich ein weites mediengeschichtliches Forschungsfeld von Fragen, wie ein Werk von einem freien Autor auf dem literarischen Markt des 18. Jahrhunderts platziert werden konnte, über Probleme der Zensur und andere Eingriffe der Intendanten bis hin zur Problematisierung der Einheit des Werkbegriffes (vgl. Stockinger 2006).

Transformation des Bürgerlichen Trauerspiels

Wie kein zweiter deutschsprachiger Autor des späten 18. Jahrhunderts transformierte Schiller das Bürgerliche Trauerspiel zum Historiendrama. Alle seine frühen Dramen sind „Familiengemälde", aber in der Familie werden die politischen, anthropologischen und poetologischen Diskurse seiner Zeit zusammengeführt. Die Vater-Figuren Schillers sind immer zugleich auch politische Herrscher, ob es sich um den über Reichsgerichtsbarkeit verfügenden Fürsten Maximilian Mohr in *Die Räuber* handelt oder um den spanischen König Philipp II. in *Don Karlos,* den „reichste[n] Mann in der getauften Welt", in dessen Reich die Sonne nie untergeht. (V. 861f.)

Zeitkritik

Zudem weisen Schillers frühe Dramen durchweg eine zeitkritisch-politische Stoßrichtung auf. Zumeist haben sie Rebellionen und Aufstände zum Gegenstand, so etwa *Die Räuber,* die nach Schillers Absicht gar kein Historiendrama, sondern Gegenwartsstück sein sollten. Nur gegen Schillers Proteste wurde die Handlung vom Mannheimer Intendanten in die *Götz*-Zeit des 16. Jahrhunderts verlegt. Auch in *Don Karlos* ist der politisch-republikanische Diskurs des 18. Jahrhunderts in andere historische Zeiten projiziert. Ausgehend vom Unabhängigkeitskrieg der Niederlande gegen das spanische Herrscherhaus macht Schiller hier die geschichtsphilosophischen Kategorien des Fortschritts zum Gegenstand des Dramas und konfrontiert die Alte Welt der Intoleranz mit der Moderne. Der Thronfolger, Elisabeth und vor allem der Marquis Posa stehen für die Werte der Aufklärung wie Gedankenfreiheit und Toleranz, die Posa unmittelbar einfordert: „[...] Geben Sie / Die unnatürliche Vergött'rung auf, / Die uns vernichtet. Werden Sie uns Muster / Des Ewigen und Wahren. [...] Geben Sie Gedankenfreiheit." (V. 3206–3216). Dem stehen die Mächte der Vergangenheit gegenüber, die besonders im 90-jährigen Großinquisitor personifiziert wird.

Natur und Geschichte

In Schillers von Jean-Jacques Rousseau geprägtem Geschichtsbild (→ KAPITEL 7.3) lässt sich der tragische Konflikt allgemein beschreiben als Verlust der ursprünglichen, natürlichen Familienordnung in den Zeiten des modernen Despotismus bei gleichzeitigem Bewusstsein, dass es zum Naturzustand kein Zurück gibt. Innerhalb dieses Spannungsfeldes führt Schiller in seinen Figuren mögliche Verhaltensmuster vor, die allesamt ambivalent bleiben. Eine Lösung des Konfliktes wird nicht innerhalb der Dramen vorgeführt, sondern dem Reflexionsvermögen des Publikums anheimgestellt.

Auf der poetologischen Ebene schließlich sind Schillers frühe Stücke Dramen der gescheiterten Empfindsamkeit. Die Poetologie der Empfindsamkeit, die auf allgemeinen Werten wie Humanität, Liebe und Mitleid beruht, wird gebrochen an den Verhältnissen. Der Hausvater als Garant dieser Ordnung wird seiner Rolle nicht mehr gerecht. In *Die Räuber* verhallen die „Tränen des Mitleids" ungehört (I, 1), was Karl in seiner Anklage an den Vater zur Ursache seines Rachefeldzuges macht: „Menschen haben Menschheit vor mir verborgen, da ich an Menschheit appellierte, weg dann von mir Sympathie und menschliche Schonung! – Ich habe keinen Vater mehr, ich habe keine Liebe mehr" (I, 3). Schließlich sind auch in *Don Karlos* die Tränen der Empfindsamkeit ein Leitmotiv, wobei in ihrer Motivation zwischen aufrichtigen Gefühlen, Pathos und Selbstmitleid zu unterscheiden ist. Als besonders trügerisch erweisen sich die Tränen König Philipps, der, kaum dass die Tränen getrocknet sind, seinen Sohn Karlos dem Großinquisitor übergibt.

Anders als im empfindsamen Drama ist in Schillers frühen Dramen die intendierte Wirkungsabsicht nicht harmonisierendes Mitleid, sondern die Empörung und Erregung angesichts der Verhältnisse. Bezeichnend sind die Schilderungen der tumultartigen Reaktionen des zeitgenössischen Publikums angesichts einer Aufführung der *Räuber*:

> „Das Theater glich einem Irrenhaus, rollende Augen, geballte Fäuste, stampfende Füße, heisere Aufschreie im Zuschauerraum! Fremde Menschen fielen einander schluchzend in die Arme, Frauen wankten, einer Ohnmacht nahe, zur Türe. Es war eine allgemeine Auflösung wie im Chaos, aus dessen Nebeln eine neue Schöpfung hervorbricht!" (Anonymes Dokument, zitiert nach: Luserke-Jaqui 2005, S. 8)

Noch 1805 verbannte der Wiener Zensor *Die Räuber* von allen Spielplänen des Landes, weil es ein „unmoralisches, alle Bande der Gesellschaft auflösendes Theaterstück [sei], weder nach der Idee des Verfassers noch in irgendeiner Umarbeitung zur theatralischen Vorstellung geeignet" (zitiert nach: Luserke-Jaqui 2005, S. 15).

Fragen und Anregungen

- Beschreiben Sie, welche Merkmale Shakespeares Dramen in der deutschen Literatur seit Lessing zugeschrieben werden.

- Wie ist der dramentheoretische Begriff des Tableaus zu bestimmen? Welche Funktion hat er?

- Welches sind die formalen Innovationen in Goethes *Götz von Berlichingen*?

- Inwiefern versteht Lenz die Komödie als Sozialdrama?

- Inwiefern können Schillers frühe Dramen als Selbstreflexion der Aufklärung verstanden werden?

- Nennen Sie Aspekte, durch welche sich Goethe, Lenz oder Schiller vom Drama der Empfindsamkeit abzusetzen versuchen.

Lektüreempfehlungen

Quellen
- Johann Wolfgang Goethe: Götz von Berlichingen mit der eisernen Hand. Ein Schauspiel [1773], Stuttgart 1989. – Auch in: ders., Sämtliche Werke. Briefe, Tagebücher und Gespräche, hg. v. Friedmar Apel u. a, Frankfurt a. M. 1985ff., Bd. 4, S. 279–390.

- Jakob Michael Reinhold Lenz: Der Hofmeister [1774], in: ders., Werke, hg. v. Friedrich Voit, Stuttgart 2001, S. 9–100.

- Jakob Michael Reinhold Lenz: Die Soldaten [1776], in: ders., Werke, hg. v. Friedrich Voit, Stuttgart 2001, S. 173–236.

- Friedrich Schiller: Die Räuber. Ein Schauspiel [1781], Stuttgart 2001 – Auch in: ders., Sämtliche Werke in 5 Bänden, hg. v. Peter-André Alt u. a., München 2004, Bd. 1, S. 481–618.

- Friedrich Schiller: Don Karlos. Infant von Spanien. Ein dramatisches Gedicht [1787], Stuttgart 2001 – Auch in: ders., Sämtliche Werke in 5 Bänden, hg. v. Peter-André Alt u. a., München 2004, Bd. 2, S. 7–268.

- Nicholas Boyle: Goethe. Der Dichter in seiner Zeit, 2 Bde., Forschung
München 1995–99, Bd. 1, S. 115–270. *Kulturgeschichtlich angelegte, einführende Darstellung zur Entstehung des „Götz von Berlichingen" im Kontext seiner Zeit.*

- Michael Hofmann: Schiller. Epoche – Werke – Wirkung, München
2003. *Handbuch mit einführenden Deutungsperspektiven und
bibliografischen Hinweisen. Kontextualisierung Schillers im Rahmen der Spätaufklärung.*

- Matthias Luserke: Sturm und Drang, Stuttgart 1997. *Einführende
Überblicksdarstellung der Periode. Kontextualisierung des Sturm
und Drang als Phase innerhalb der Epoche der Aufklärung. Mit
hilfreichen Hinweisen insbesondere zur Lenz-Forschung.*

- Matthias Luserke-Jaqui (Hg.): Schiller-Handbuch. Leben – Werk –
Wirkung, Stuttgart 2005. *Enthält Überblicksartikel und Bibliografie zu den Einzelwerken.*

12 Die Neupositionierung des Romans

Abbildung 16: Eberhard Siegfried Henne: Titelkupfer aus dem *Taschenbuch für Damen auf das Jahr 1807*

Auf dem Titelkupfer aus dem „Taschenbuch für Damen auf das Jahr 1807" sind die Veränderungen des Leseverhaltens im Zuge der „Leserevolution" des späten 18. Jahrhunderts erkennbar. Diese Revolution manifestiert sich nicht nur in der Veränderung der Buchgröße zum handlichen Oktavformat, sondern ebenso in neuen Möbelstücken wie dem Nachttisch und einer veränderten Zeiteinteilung. Und auch im literarischen Gattungsspektrum schlug sich das neue Leseverhalten nieder: insbesondere die Romanlektüre nahm nun sprunghaft zu, wobei Leserinnen den größten Teil des Publikums ausmachten.

Begleitet wurde die zunehmende Romanlektüre vom Misstrauen der Theologen. Davon zeugen unzählige Abhandlungen über die schädliche Wirkung der Romane von der *Mythoscopia Romantica oder Discours von den so benanten Romans* (1698) des calvinistischen Pfarrers Gotthard Heidegger bis hin zur Forderung nach Verbot von Goethes *Werther* (1774) durch den Hamburger Hauptpastor Johann Melchior Goeze. Für die Autoren der Aufklärung ist es dagegen gerade die Zwischenstellung zwischen Unterhaltungsliteratur und ernst zu nehmender Gattung, die den Roman als Medium der Aufklärung attraktiv macht. In der Vorrede zu seinem Roman *Herrmann und Ulrike* (1780) weist Johann Karl Wezel die Gattung als diejenige „Dichtungsart" aus, „die am meisten verachtet und am meisten gelesen wird" und daher als diejenige epische Form, die dem Aufklärungszeitalter am angemessensten ist. Sie werde so zur „wahren bürgerlichen Epopee" (Wezel 1997ff., Bd. 3, S. 9). Durch seine Popularität ist der Roman in besonderer Weise zur Breitenaufklärung geeignet. Und durch seine prosaische Form und sein Wahrscheinlichkeitsgebot weist er eine Nähe zu Sachliteraturformen wie der Geschichtsschreibung, dem Reisebericht, dem Briefsteller, der Autobiografie oder dem Erziehungstraktat auf und entspricht so dem pragmatischen, auf gesellschaftliche Wirksamkeit ausgerichteten Literaturbegriff der Aufklärung.

12.1 Romantheorie und Romantypen
12.2 Zwischen Empfindsamkeit und Empfindsamkeitskritik
12.3 Empirisierung und Popularisierung

12.1 Romantheorie und Romantypen

Neben dem Bürgerlichen Trauerspiel (→ KAPITEL 10) und dem Geschichtsdrama (→ KAPITEL 11) ist der Roman die dritte literarische Großform, die im Verlauf des 18. Jahrhunderts schrittweise eine grundlegende Neubestimmung erfuhr. Als Gattung ohne antikes Vorbild wurde der Roman bis weit ins 18. Jahrhundert in den einschlägigen Poetologien ignoriert. Erst in der vierten Auflage seines poetologischen Standardwerks *Versuch einer Critischen Dichtkunst* von 1751 widmete Johann Christoph Gottsched dem Roman einige Abschnitte. Bis dahin hatte er ihm nur eine der „untersten Stellen" innerhalb der Gattungshierarchie zugestanden (Alt 2007, S. 293). Während in Frankreich mit Pierre Daniel Huets *Traité de L'Origine des Romans* (*Abhandlung über den Ursprung des Romans*) bereits 1670 eine explizite Poetologie des Romans entwickelt wurde, lag im deutschen Sprachraum erst mit Friedrich von Blankenburgs *Theorie des Romans* (1774) die erste selbstständige theoretische Abhandlung vor.

Poetologien des Romans

Die Neupositionierung der Gattung blieb dabei stets auf Entwicklungen in der konkreten Romanproduktion bezogen: der theoretischen Reflexion ging das literarische Kunstwerk voraus. Immer waren es einzelne, innovative Romane, die als Prototypen zum Anreger eines neuen Paradigmas wurden und die durch Titelgebung, formale Verfahren, immanente poetologische Reflexionen (z. B. in den Vorreden) von England und Frankreich ausgehend mit zeitlicher Verschiebung auch die deutschsprachige Romanlandschaft veränderten. Die aus dem Barockzeitalter überlieferten Romanformen wurden bereits in der Frühaufklärung in eine Reihe von neuen Romantypen transformiert. Dabei wurde vor allem die im 17. Jahrhundert geläufige strikte Trennung in „hohen Roman" (höfisch-historischer Roman, Schäferroman) und „niederen Roman" (Schelmenroman) aufgehoben. Analog zu Christian Thomasius' Programm der Hof-Philosophie (→ KAPITEL 3.1) wurde dabei das den tradierten Romanformen zugrunde liegende höfische Kulturmodell nicht negiert, sondern im Sinne der Aufklärung umgeformt.

Transformation barocker Romanmuster

Im Zuge dieser Transformation entstanden in der Frühaufklärung u. a. folgende Romantypen:

Romantypen der Frühaufklärung

1. Im neuen Typus des politischen Romans (z. B. Christian Weise, *Die drey ärgsten Ertz-Narren in der ganzen Welt*, 1672), der sich zum „aufgeklärten Staatsroman" weiterentwickelt (z. B. Johann Michael von Loen, *Der redliche Mann am Hofe*, 1740; → KAPITEL 3.1), wird z. B. die höfische Tugend der Klugheit, der situationsangemessenen Einschätzung der Lage literarisch reflektiert.

2. Im galanten Roman wird die höfische Tugend der Galanterie propagiert und als notwendige Vorstufe zum moralisch Guten ausgewiesen. Die Galanterie wird als eine intelligente Form des Umgangs mit Affekten durch Ästhetisierung konzipiert und verweist so auf das spätere Programm der Empfindsamkeit.

3. Der satirische Roman hat seine Vertreter in den städtischen Zentren der Frühaufklärung Leipzig und Hamburg. Hierzu gehören Christian Reuters Reiseromansatire *Schelmuffskys warhafftige curiöse und sehr gefährliche Reisebeschreibung zu Wasser und Lande* (1696) oder Christian Friedrich Hunolds (Menantes) satirischer Schlüsselroman über Skandale in der Hamburger Kaufmanns-, vor allem der Kaufmannsgattinengesellschaft (*Satyrischer Roman*, 1726).

Zwei um 1720 publizierte Romane veränderten die Literatur grundlegend und wurden sowohl zu Gründungsdokumenten der europäischen Aufklärung insgesamt als auch zu Modellen für die deutschsprachige Romanproduktion des 18. Jahrhunderts: Daniel Defoes *Robinson Crusoe* (1719) und Montesquieus *Lettres persannes* (*Persische Briefe*, 1721). Beide Romane zogen sofort eine ganze Reihe von Folgewerken nach sich, vom *Sächsischen Robinson* bis zum *Isländischen Robinson*, von den *Marokkanischen Briefen* bis zu den *Briefen eines Hottentotten über die gesittete* Welt (zur Rezeption von *Robinson Crusoe* vgl. Fohrmann 1981, zur Montesquieu-Rezeption vgl. Weißhaupt 1979). Noch 1779 verfassten Johann Karl Wezel und Joachim Heinrich Campe *Robinson*-Adaptionen als Jugendbücher in pädagogischer Absicht. Defoe wie Montesquieu reflektieren in ihren Romanen die zunehmende globale Verflechtung der Welt im 18. Jahrhundert, thematisieren aber unterschiedliche Aspekte dieser Verflechtung: Montesquieu macht sich die Möglichkeit zu Nutze, die eigene Gesellschaft aus der fiktiven Sicht des Fremden zu kritisieren (→ KAPITEL 8.1), bei Defoe geht es um die Abenteuer des kolonialen Erwerbslebens.

Nach Defoes *Robinson* wird der Romantypus der Robinsonade benannt, in dem sich das moderne Subjekt als *homo oeconomicus* konstituiert, d. h. als Subjekt, das sein Leben nach rationalen und kalkulierten Kriterien mit dem Ziel der Maximierung von Lebensqualität selbst in die Hand nimmt. Diese Versuche werden in der Robinsonade nicht mehr wie im barocken Schelmenroman in immer neue Situationen des ständigen Scheiterns überführt, sondern münden jetzt trotz aller Widrigkeiten und Schiffbrüche in die erfolgreiche Karriere in der Welt. Die Welt ist dabei konzipiert als globaler Wirt-

Defoe und Montesquieu

Homo oeconomicus

schaftsraum und offenes Laboratorium: von Ostindien über Westafrika bis nach Brasilien reichen Robinson Crusoes Handelswege. Propagiert wird die Vervollkommnung durch Arbeit, Fleiß und vernünftige Lebensführung. In der Unternehmer-Figur wird der Mensch als Erfinder seines eigenen Lebens statt als Opfer des Schicksals vorgeführt; er ist „alle Zeit über seine Affecten und sein Geld Herr" (*Sächsischer Robinson* 1722/23, S. 13). Den Anspruch auf rationale Lebensführung verdichtet Defoe in einer Szene, in der Robinson, auf die Insel verschlagen, das Für und Wider seiner Lage abwägt, als berechne er die Einnahmen und Ausgaben seiner Buchführung: „Schlimm: Ich bin auf eine schrecklich einsame Insel verschlagen, ohne Hoffnung auf Erlösung. – Gut: Aber ich bin am Leben, ich bin nicht wie alle meine Gefährten ertrunken." (Bd. 1, Kap. 13) Auch auf formaler Ebene findet diese Rationalisierung ihre Entsprechung: Im Vorwort wird der Anspruch formuliert, dass es sich bei dem Roman um einen „echten Tatsachenbericht" („just history of facts") handele, um die vom Helden selbst erzählte Geschichte, für die Defoe lediglich als Herausgeber verantwortlich zeichne.

Defoes Roman hatte zwar katalytische Wirkung auf den deutschen literarischen Markt, weil sich mit der Robinsonade ein neuer, erfolgreicher Romantypus etablierte, allerdings konnte Günter Dammann in seinen grundlegenden komparatistischen Untersuchungen zeigen, dass Defoes Romanmuster nicht einfach übernommen und nachgeahmt, sondern im Gegenteil mit überlieferten literarischen Traditionen vermittelt wurde. Am Beispiel der erfolgreichsten deutschsprachigen Robinsonade, Johann Gottfried Schnabels *Wunderliche Fata einiger Seefahrer* (1731–43) – bekannt geworden unter dem Titel *Insel Felsenburg* –, zeigt Dammann, wie das Schema von Defoe mit Elementen der Staatsutopie sowie Wunder- und Rätselgeschichten kombiniert wird (vgl. Dammann 1997, 2004).

Robinsonade

Schnabels Insel Felsenburg

Entsprechend des unterschiedlichen Hintergrunds der Autoren ergeben sich auch verschiedene Romankonzeptionen – Defoe ist Bürger der aufstrebenden Kolonialmacht England, Schnabel reist als Wundarzt mit vermieteten hannoverschen Truppen durch die verschiedenen europäischen Kriegsgebiete von Holland bis Polen und erlebt so Globalisierung gleichsam ‚von unten'. Seine *Insel Felsenburg* erscheint als Sammellager ausgestoßener Existenzen aus verschiedenen deutschen Kleinstaaten und Provinzen: vom Kapitän Wolfgang aus der Mark Brandenburg über den Flussmüller Krätzer aus Mulda und den Mechaniker Plager aus Augsburg bis hin zum Posamentier Harkert aus der Ober-Lausitz. Sie alle eint neben der Erfahrung, aus zerrütteten Familienverhältnissen zu stammen, vor allem das rigorose Bekenntnis zum lutheranischen Staatswesen, das sie in der neuen Welt errichten wollen. Im Gepäck haben sie daher „zweihundert Stück deutsche, hundert Stück englische Bibeln", sowie „vierhundert Gesang- und Gebetsbücher" (Teil I, S. 39).

12.2 Zwischen Empfindsamkeit und Empfindsamkeitskritik

Empfindsamer Briefroman

Mit seinem literarischen Erstlingswerk *Pamela or Virtue Rewarded* (*Pamela oder die belohnte Tugend*, 1740) begründete der Engländer Samuel Richardson das Paradigma des empfindsamen Briefromans. In Form von Briefen schildert er aus der Sicht des 15-jährigen Dienstmädchens Pamela Andrews, wie sie den Nachstellungen durch den vornehmen Sohn des Hauses so lange standhält, bis dieser ihr einen Heiratsantrag macht. Ursprünglich als Anleitung zum Briefschreiben für auf dem Land lebende Damen geplant, hat Richardson mit dem Roman einen Nerv der Zeit getroffen. Durch die Briefform gelang es ihm, die Abenteuer- und Handlungszentriertheit bisheriger Romane durch die innere Geschichte der Heldin zu ersetzen. Richardson situierte die Handlung im Erfahrungsraum der Leserinnen, thematisierte Standeskonflikte zwischen einer bürgerlichen Protagonistin und einem höhergestellten Verführer und lieferte so zahlreiche Identifikationsangebote, die durch die psychologisch genaue Beobachtung und die empfindsame, „natürliche" Sprache der Briefe noch unterstützt werden. Am Ende steht die „belohnte Tugend", d. h. der Ausgleich zwischen Empfindung und Moral, der zum Generalthema der Empfindsamkeit wurde.

Komischer Roman als Empfindsamkeitskritik

Von Anfang an als direkte kritische Reaktion auf Richardsons Romane gedacht, verfasste Henry Fielding ab 1741 seine Werke. Gegenüber den empfindsam-moralisierenden Romanen Richardsons bezeichnet er sich in der Vorrede zu seinem berühmtesten Werk *The History of Tom Jones, A Foundling* (*Die Geschichte des Tom Jones, eines Findlings*, 1749) als Begründer einer „neuen literarischen Provinz", die er als „prosai-comi-epic writing" umschreibt. Aus der Sicht eines auktorialen Erzählers, der das Geschehen reflektierend und ironisierend begleitet, schildert Fielding Alltagsszenen aus dem Londoner Stadtleben und liefert so ein Gesellschaftspanorama. Bewusst nennt er seine Romane bereits im Titel „Geschichte" (*History*) und definiert sie so als eine Fiktion mit dem Anspruch auf Wahrscheinlichkeit („invention"). Der „komische Roman" im Sinne Fieldings ist eigentlich ein protorealistischer Gesellschaftsroman oder ein Nationalroman, wie der zeitgenössische Terminus lautet.

Die in England mit Richardson und Fielding angelegte Parallelstruktur aus empfindsamem und empfindsamkeitskritischem Roman reproduzierte sich in der deutschen Literatur mit zeitlicher und thematischer Verschiebung. Der empfindsame Roman fand seine deutsche Entsprechung zunächst vor allem in der Gattung des Bürgerlichen Trauerspiels, das Lessing in direkter Anknüpfung an Richardson konzipierte (→ KAPITEL 10.2), während Christian Fürchtegott Gellerts *Leben der schwedischen Gräfinn von G**** (1747/48) für lange Zeit der einzige Roman im neuen Stil blieb. Und auch Gellerts Roman enthält noch zahlreiche Motive und Elemente des galanten Romans: die Handlung verläuft raumgreifend quer durch Europa und die Liebenden werden durch alle möglichen Paarkonstellationen (Dreiecks- und Vierecksbeziehungen, Geschwisterliebe) und Verwicklungen (Motive der Prinzenintrige, des Giftmordes) geführt. Zudem ist Gellerts *Schwedische Gräfinn* kein Briefroman.

Empfindsamer Roman in Deutschland

Erst um 1770 entstanden auch in Deutschland die ersten empfindsamen Briefromane. Formal und inhaltlich am nächsten kommt dem englischen Muster Sophie von La Roches *Fräulein von Sternheim* (1771). In dem anonym erschienenen und von Christoph Martin Wieland herausgegebenen Werk sind psychologische Genauigkeit der Beobachtung, individualisierende Charakterzeichnung, Erziehung zur Zärtlichkeit und zur Tugend in ein bis dahin nicht erreichtes stimmiges Verhältnis gesetzt. Als erste Autorin eines empfindsamen Briefromans wurde La Roche zum Vorbild weiblicher Autorschaft für viele empfindsam-moralische Frauenromane der Spätaufklärung von Friederike Unger (*Julchen Grünthal*, 1784) bis Wilhelmine Karoline von Wobeser (*Elisa oder das Weib wie es seyn sollte*, 1795).

Die beiden neben Sophie von La Roches *Fräulein Sternheim* heute noch bekanntesten deutschen Romane dieser Periode sind dagegen keine empfindsamen Romane, sondern vielmehr literarische Reflexionen des Kulturmodells der Empfindsamkeit. Christoph Martin Wielands *Geschichte des Agathon* (1766) und Johann Wolfgang Goethes *Die Leiden des jungen Werther* (1774) stellen auf je unterschiedliche Weise sowohl inhaltlich wie formal eine Kritik des empfindsamen Romans dar.

Empfindsamkeits-kritik

Wieland macht in seiner *Geschichte des Agathon* das Generalthema der Empfindsamkeit, den Ausgleich zwischen Gefühl und Moral, zum Gegenstand der Reflexion. Der Titelheld wird als empfindsamer Idealist vorgeführt, dem in einer typischen Wieland'schen Schwärmer-

Wielands *Agathon*

kritik durch den materialistischen Philosophen Hippias und die edle Hetäre Danae vorgeführt wird, dass der Mensch immer zugleich ein geistiges und körperliches Wesen ist und dass alle Moralisierungen, die dies verkennen, ins Leere laufen müssen (→ KAPITEL 6.3). Formal führt Wieland mit einer ironisierenden Erzählinstanz und einer Polyperspektivität, die unterschiedliche Positionen nicht zu Gunsten einer Wahrheit auflöst, Elemente ein, mit deren Hilfe er seinen Roman zugleich zum philosophischen Essay über die Probleme der Empfindsamkeit machen und seinem Text eine empfindsamkeitskritische Komponente einschreiben kann. Ausdrücklich nennt er seinen Roman in Anlehnung an Fielding eine „Geschichte" und meint damit ein literarisches Experiment, das wie die zeitgleiche pragmatische Geschichtsschreibung der Aufklärung nach einsehbaren Ursache-Wirkungs-Verhältnissen konstruiert ist (vgl. Engel 1993). Michael Hofmann schlägt deshalb vor, Wielands *Agathon* als „pragmatisch-anthropologischen Roman" und damit als Weiterentwicklung des empfindsamen Romans zu lesen (Hofmann 1999, S. 136).

Goethes *Werther* Auch Johann Wolfgang Goethes erster Roman *Die Leiden des jungen Werther* (1774) ist kein empfindsamer Roman, sondern vielmehr eine Fallstudie über die zeitgenössische Mode der Empfindsamkeit und deren Folgen, wenngleich das Werk seinen großen Erfolg weitestgehend der Fehlrezeption als empfindsamer, nachzuahmender Liebesroman verdankt. In Form von Briefen wird die Zerstörungsgeschichte eines empfindsamen Menschen vorgeführt, der für seine übersteigerten Gefühle kein Gegenüber mehr findet und schließlich in der Ausweglosigkeit und im Selbstmord endet. *Werther* ist nicht nur eine unglückliche Liebesgeschichte, sondern ebenso die Darstellung eines missglückten Vergesellschaftungsprozesses, denn in seinen Briefen äußert Werther vielfältigen Protest gegen die Gesellschaft: etwa gegen bürgerliches Karrieredenken („Sieh, ich kann das Menschengeschlecht nicht begreifen, das so wenig Sinn hat, um sich so platt zu prostituieren", Brief vom 24. Dezember 1771), gegen die Standesschranken (im Zusammenhang mit einem höfischen Bankett vergisst er z. B., „daß wir Subalternen nicht hineingehören", Brief vom 15. März 1772), und vor allem gegen die Moralgebote der Kirche (er vergöttert die verheiratete Frau, die er liebt, bewusst als einzige Heilige). Ein christliches Begräbnis wird Werther dementsprechend am Ende auch verweigert: „Handwerker trugen ihn, kein Geistlicher hat ihn begleitet." (Schlusssatz)

Radikale Subjektivierung Formal lehnt Goethe seinen *Werther* zwar an den empfindsamen Briefroman an, subjektiviert diese Form aber so radikal, dass sie ihre ursprüngliche Funktion verliert: Statt der Verständigung über Fragen des Gefühls und der Moral, die sich an einen (expliziten oder impliziten) Adressaten richtet und somit dialogisch angelegt ist, entwickelt Goethes Roman ausschließlich einen Ich-Bericht und wird zum Tagebuchroman oder Monodrama.

In direktem Kontrast zu Werthers Gefühlsschwelgerei steht die nüchterne Sachlichkeit des Herausgeberberichts im zweiten Teil, der dem Geschehen den Anschein der Tatsächlichkeit gibt. Verstärkt wird dieser quasi-dokumentarische Charakter durch die Adaption des in der Presse der Zeit diskutierten Selbstmordes aus Liebe des 25-jährigen Karl Wilhelm Jerusalem in Wetzlar. Quasi-dokumentarischer Charakter

Neben Jean-Jacques Rousseaus *Confessions* (*Bekenntnisse*, 1780) wird *Werther* zum wichtigsten Vorbild für säkulare autobiografische Romane, in denen die gesellschaftliche Wirklichkeit über den Spiegel eines sie erlebenden (oder vielmehr erleidenden) Subjekts und dessen psychische Deformationen dargestellt wird.

Werther war für Goethe ein Publikumserfolg, den er mit keinem seiner späteren Werke wiederholen konnte. Es ist der erste deutschsprachige Roman der Literaturgeschichte, der europaweite Wirkung erzielt hat, der in beinahe alle europäischen Sprachen übersetzt wurde und mit dem die deutsche Literatur den im 18. Jahrhundert immer wieder herbeigesehnten Anschluss an europäische Standards erreichte. „Wertheriaden", also Romane in Anlehnung an Goethes Muster, entstanden nicht nur im deutschen Sprachraum, sondern besonders in England, wo *Werther* zum Paradigma der Psychopathologie des modernden Subjekts wurde und eine Synthese mit dem Schauerroman einging: so ist Goethes Roman die erste Lektüre des monströsen Titelhelden in Mary Shelleys *Frankenstein* von 1818 (vgl. Scherpe 1970). „Wertheriaden"

In den zeitgenössischen *Werther*-Debatten im deutschen Sprachraum scheidet sich der Kulturbetrieb in unterschiedliche Fraktionen: *Werther*-Debatten
1. Die Theologen erkannten in dem Roman eine blasphemische Rechtfertigung des verantwortungslosen Hedonismus, der keine Moral und kein Jenseits kennt. In einem Johann Melchior Goeze zugeschriebenen Kommentar zu einer Rezension heißt es etwa:
    „Und was ist zuletzt das Ende von diesem Liede? dieses: lasset uns essen und trinken und fröhlich seyn, wir können sterben wenn wir wollen. Ohngefähr sind wir geboren, und ohngefähr fahren wir wieder dahin, als wären wir nie gewesen." (Goeze 1775 in: Goethe 2000, S. 137)
Im gleichen Blatt fordert Goeze dann auch zum Verbot des Romans wegen vermeintlicher Verherrlichung des Selbstmordes auf:

> „Da das Sprüchwort eine völlig gegründete Wahrheit ist: *daß*
> *derjenige, der sein eigen Leben nicht achtet, allezeit der Herr*
> *über das Leben eines andern sey*; so haben Obrigkeiten und
> Regenten die allergrößeste Ursach, auf Schriften aufmerksam
> zu seyn, welche der unbesonnenen und brausenden Jugend den
> Grundsatz: *daß die Vorstellung, daß sie diesen Kerker verlassen*
> *können, wenn sie wollen, ein süsses Gefühl der Freyheit sey,*
> einzuflössen suchen." (Goeze 1775 in: Goethe 2000, S. 138)

2. Traditionellere Aufklärer wie Friedrich Nicolai sehen durch den
   vermeintlich verherrlichten übersteigerten Subjektivismus das Modell einer aufklärerischen Vergesellschaftung und einer nützlichen,
   auf gesellschaftliche Wirksamkeit ausgerichteten Literatur in Gefahr. Um dem entgegenzutreten, schreibt Nicolai in seiner *Wer-*
   ther-Parodie *Freuden des jungen Werther* (1775) nicht nur den
   Schluss zum „happy end" um, sondern bettet den gesamten Roman obendrein ein in das Gespräch zweier potenzieller Leser aus
   dem städtischen Publikum, welche die mögliche Wirung der
   Werther-Lektüre reflektieren.
3. In den Kreisen der Empfindsamkeit und des Sturm und Drang
   wird der Roman dagegen identifikatorisch als Ausdruck eines ge-
   nialischen Subjekts gefeiert.

12.3 Empirisierung und Popularisierung

Tendenzen des spätaufklärerischen Romans

Die zwei bestimmenden Tendenzen der Gattungsentwicklung des Romans in der Spätaufklärung lassen sich als Empirisierung und Popularisierung beschreiben. Beide stehen in einem wechselseitigen Spannungsverhältnis zueinander. Während in den anspruchsvolleren
Romanen das Empiriegebot zu einer Überwindung vereinfachender
Rationalisierungen und Moralisierungen führt, entsteht zugleich ein
ganzes Spektrum populärer und trivialer Romane unterschiedlichster
Genres, die häufig gerade durch die Harmonisierung widersprüchli-
cher Erfahrungen gekennzeichnet sind.

Empiriegebot

Genaue Beobachtung und Detailtreue in der Darstellung sind für
alle avancierteren spätaufklärerischen Romane ein wichtiger Anspruch (vgl. Heinz 1996). Der Roman wird auch insofern ‚realisti-
scher', als zeitgenössische Stoffe behandelt werden und ein Gesell-
schaftsporträt mit Protagonisten aller Stände gezeichnet wird. Das
‚gute Ende' und die direkte moralische Botschaft erscheinen als nicht
mehr adäquate literarische Ausdrucksweisen, stattdessen werden die

Brüche, Widersprüche und Desillusionierungen betont. Ein signifikantes Leitmotiv des spätaufklärerischen Romans ist der gedemütigte Held. Als Täter treten dabei zumeist die selbsternannten Sittenwächter der Gesellschaft auf: Theologen, Pfarrer, pietistische Sektenführer oder sogar – wie in Karl Philipp Moritz' *Andreas Hartknopf* (1786) – vermeintlich aufklärerische Pädagogen.

Am Beispiel der Romane von Karl Philipp Moritz und Johann Karl Wezel lässt sich diese Tendenz der Empirisierung verdeutlichen. Beide knüpfen so unterschiedlich wie direkt an die mit *Agathon* und *Werther* vorgegebenen literarischen Möglichkeiten des Romans an. Moritz beruft sich in *Anton Reiser. Ein psychologischer Roman* (1785–90) nicht nur auf Goethes *Werther* als „Grundbuch", sondern radikalisiert auch die Goethesche Fallstudie zum „psychologischen Roman", in dem mit wissenschaftlichem Anspruch die Deformationen des eigenen Selbst in einer feindseligen Gesellschaft analysiert werden. Der Charakter des *Anton Reiser* als experimentelle Studie wird durch die Vorabveröffentlichung von Teilen im von Moritz selbst herausgegebenen *Magazin zur Erfahrungsseelenkunde* (1783ff.) deutlich: Anton Reiser ist nur ein Fall neben anderen, realen Fallbeispielen. Gemäß dem Motto des *Magazins*, darin nur „Fakta, und kein moralisches Geschwätz" (Moritz 1986, S. 8) zu liefern, gilt auch für den Roman ein striktes Empiriegebot. Die jüngsten Quellenfunde von Christof Wingertszahn zu Moritz' kleinbürgerlich-pietistischer Herkunft lassen erkennen, dass die Schilderungen in *Anton Reiser* weitgehend auf autobiografischen Erfahrungen beruhen (vgl. Wingertszahn 2002).

Psychologischer Roman

Immer werden im Roman die psychischen Deformationen Reisers in Bezug zu ihren gesellschaftlichen Bedingungen gesetzt, wobei es vor allem die vermeintlich banalen und „kleinscheinenden" Umstände sind, die Moritz hervorhebt. Durch den Zufall der Geburt an das unterste Ende der Gesellschaft versetzt, habe Reiser „von Kindheit auf zu wenig eigene Existenz" gehabt (Moritz 2005ff., Bd. 1, S. 125, 353), und deprimierend wie sein Leben verläuft, endet auch der Roman:

Psychologie und gesellschaftliche Umstände

> „Im Grunde war es das Gefühl der durch bürgerliche Verhältnisse unterdrückten Menschheit, das sich seiner hiebei bemächtigte, und ihm das Leben verhaßt machte – er mußte einen jungen Edelmann unterrichten, der ihn dafür bezahlte, und ihm nach geendigter Stunde auf eine höfliche Art die Thüre weisen konnte, wenn es ihm beliebte – was hatte er vor seiner Geburt verbrochen, daß er nicht auch ein Mensch geworden war, um den sich eine Anzahl

anderer Menschen bekümmern, und um ihn bemüht seyn müssen – warum erhielt er gerade die Rolle des Arbeitenden und ein andrer des Bezahlenden? – Hätten ihn seine Verhältnisse in der Welt glücklich und zufrieden gemacht, so würde er allenthalben Zweck und Ordnung gesehen haben, jetzt aber schien ihm alles Widerspruch, Unordnung, und Verwirrung." (Moritz 2005ff., Bd. 1, S. 312)

Didaktische Intention

Bei allem Anti-Moralismus gibt Moritz den didaktischen Anspruch an Literatur nicht auf: Ausdrücklich bemerkt er in der Vorrede zum vierten Teil, dass der Roman „vielleicht nicht unnütze und nicht unbedeutende Winke" sowohl für „Lehrer und Erzieher" als auch für „junge Leute" enthalte (Moritz 2005ff., Bd. 1, S. 326).

Autobiografischer Roman

Anton Reiser markiert eine neuartige Form des autobiografischen Schreibens und löst die traditionellen Erweckungs-, Erlösungs- oder Rechtfertigungsgeschichten in der pietistischen Tradition von Adam Bernds *Eigener Lebensbeschreibung über die ‚Leibes und Gemüthsplagen'* (1738) bis Heinrich Jung-Stillings *Jugend* (1777) ab. Zusammen mit dem französischen Vorbild von Jean-Jacques Rousseaus *Confessions* (*Bekenntnisse*, 1780) steht Moritz' *Reiser* exemplarisch für eine ganze Reihe Autobiografien an der Schnittstelle von Roman und Lebensbeschreibung in der Spätaufklärung, zu denen z. B. Salomon Maimons Emigrationsgeschichte eines polnischen Juden gehört (*Lebensgeschichte*, 1793; → KAPITEL 4.3).

Satirischer und komischer Roman

In direkter Anknüpfung und in brieflicher Auseinandersetzung mit Wieland setzt Johann Karl Wezel in seinen Romanen unterschiedliche Aspekte des satirischen und des komischen Romans in der Tradition Fieldings und Wielands fort. Mit dem Untertitel seines Werkes *Belphegor, oder die wahrscheinlichste Geschichte unter der Sonne* (1776) spielt Wezel direkt auf Wielands satirischen Roman *Die Abderiten. Eine sehr wahrscheinliche Geschichte* (1774–80; überarbeitete Ausgabe als *Geschichte der Abderiten*, 1781) an, steigert die Satire aber zum Desillusionierungsroman in der Tradition von Voltaires *Candide ou L'optimisme* (*Candide oder der Optimismus*, 1759). So wie dort der frühaufklärerische Optimismus in Gestalt von Leibniz' Theorem „der besten aller Welten" satirisch dekonstruiert wird, so wird bei Wezel dem empfindsam-schwärmerischen Belphegor im Romanverlauf mit aller Gewalt sein Idealismus ausgetrieben. Symbolisiert wird dies in der zunehmenden körperlichen Verstümmelung der Hauptfigur. Als Motto ist dem Roman bezeichnenderweise das Hobbes'sche „bellum omnium contra omnes" („Krieg aller gegen alle") vorangestellt.

Mit *Herrmann und Ulrike. Ein komischer Roman* (1780) schafft Wezel am ehesten so etwas wie einen deutschen Nationalroman oder Gesellschaftsroman in der Tradition Fieldings. Die Handlung ist in der deutschen Gegenwart des 18. Jahrhunderts an wechselnden Schauplätzen situiert, die Nebenfiguren liefern ein Panorama aller Stände. Erzählt wird die nicht standesgemäße Liebe zwischen dem Sohn eines einfachen Steuereinnehmers und einer Baronesse, die am Ende durch Erhebung des Mannes in den Beamtenstand legitimiert wird. Vergleichbare Entwicklungen des satirischen und komischen Romans zum Nationalroman lassen sich in Friedrich Nicolais Berlin-Roman *Das Leben und die Meinungen des Herrn Magister Sebaldus Nothanker* (1773–76) und in Theodor Gottlieb Hippels Königsberg-Roman *Lebensläufe nach aufsteigender Linie* (1778–81) aufzeigen.

Nationalroman

Mehr noch als in allen anderen Phasen der Aufklärung ist bei der literaturwissenschaftlichen Beschäftigung mit dem späten 18. Jahrhundert die gattungsspezifische Zwischenstellung des Romans zwischen Unterhaltungskultur und Kunstform zu beachten. In den heutigen literaturgeschichtlichen Kanon geht nur ein Bruchteil der rund 3 400 im späten 18. Jahrhundert erscheinenden Romantitel ein (vgl. Sangmeister 1998, S. 7; Bibliografie bei Weber / Mithal 1983), und die Werke, die heute noch bekannt sind, sind andere als diejenigen, die damalige Leserschichten erreichten. In seiner einschlägigen Studie über den spätaufklärerischen Bestsellerautor August Lafontaine (*Von der Vergänglichkeit des Ruhmes*, 1998) gibt Dirk Sangmeister einen Forschungsüberblick über die in der Rezeptionsforschung zur Populärliteratur entwickelten Methoden. Anhand von Kriterien wie den Katalogen der Leihbibliotheken, der Zahl der Raubdrucke sowie der Rezensionen und Besprechungen lässt sich ein Bild der Rezeptionsformen spätaufklärerischer Romanliteratur entwickeln. Heute unbekannte oder ungelesene Autoren wie August Lafontaine, Carl Gottlob Cramer oder Christian Heinrich Spieß erreichten demnach weit größere zeitgenössische Leserschichten als heute bekannte Autoren wie Wieland, Wezel, Moritz, Goethe oder Jean Paul (vgl. Sangmeister 1998, S. 283). Und von ‚großen‘ Autoren wie etwa Schiller sind es gerade die heute eher als abseitig angesehenen Werke wie *Der Geisterseher* (1787–89), die ein breiteres Publikum erreichten.

Rezeptionsforschung zur Populärliteratur

Die quantitative Produktionssteigerung zog auch eine Ausdifferenzierung der Romangenres nach sich, wobei sich einige Felder charakterisieren lassen, die auch heute noch die Trivialkultur dominieren (sex, crime, adventure, mystery, lovestory). So äußerte sich das ge-

Genres des Trivialromans

steigerte Interesse an Übersinnlichem und Mystischem in den Schauererromanen sowie den Gespenster- und Geistergeschichten: neben Schillers *Geisterseher* steht für dieses Genre z. B. Christian Heinrich Spieß' *Die Geheimnisse der alten Egipzier. Eine wahre Zauber- und Geistergeschichte des 18. Jahrhunderts* (1798). Eng mit dem Genre des Schauerromans verbunden waren die zahllosen Ritterromane, Räuberpistolen, Kriminalromane und empfindsam-moralisierenden Liebesromane. In diesem Feld der Unterhaltungsliteratur traten nun auch verstärkt Autorinnen hervor, wie z. B. Friederike Helene Unger, Karoline Wobeser, Theres Huber und Benedikte Naubert. Und schließlich fehlten auch erotisch-pornografische Romane nicht ganz, auch wenn es ein deutsches Pendant zu De Sade oder Mirabeau nicht gegeben hat. Für dieses Genre steht besonders der unter dem Pseudonym Althing publizierende Christian August Fischer (*Der Geliebte von Eilftausend Mädchen*, 1804).

Trivial oder populär? Eine strikte Trennung zwischen dem Trivialroman und dem Roman mit ernsthaftem literarischen Anspruch, der zugleich populär sein will, ist für das 18. Jahrhundert so wenig möglich wie für den heutigen Buchmarkt. Vielmehr bewegten sich alle spätaufklärerischen Autoren in diesem Spannungsfeld, weil sie populär im Sinne von publikumswirksam sein wollten, ohne trivial zu werden. In diesem Anspruch auf Popularität unterscheidet sich die Literatur der Spätaufklärung von der Literatur der Weimarer Klassiker, die sich ab den 1790er-Jahren zunehmend vom Publikum abwendeten.

Fragen und Anregungen

- Aus welchen Gründen erfährt die Gattung Roman im Zeitalter der Aufklärung eine Aufwertung und woran lässt sich dies festmachen?

- Nennen Sie einige Romantypen der Frühaufklärung und erläutern Sie, inwiefern sich diese von den überlieferten Romantypen des 17. Jahrhunderts unterscheiden.

- In welchem Sinn lässt sich Daniel Defoes *Robinson Crusoe* als Gründungsdokument moderner Subjektivität verstehen und wie spiegelt sich dies in den deutschen Robinsonaden?

- Inwiefern stehen Empfindsamkeit und Empfindsamkeitskritik im deutschen Roman um 1770 in einem Spannungsverhältnis?

- Mit welchen Methoden lässt sich das Rezeptionsverhalten von Romanlesern erforschen und welche Erkenntnisse lassen sich daraus für literarische Kanonisierungsprozesse ableiten?

Lektüreempfehlungen

- **Johann Wolfgang Goethe: Die Leiden des jungen Werthers** [1774], in: ders., Sämtliche Werke. Briefe, Tagebücher und Gespräche, hg. v. Friedmar Apel u. a, Frankfurt a. M. 1985ff., Bd. 8, S. 9–268.

  Quellen

- **Sophie von La Roche: Geschichte des Fräulein von Sternheim** [1771], München 1992.

- **Karl Philipp Moritz: Anton Reiser. Ein psychologischer Roman** [1785–90], in: ders., Sämtliche Werke. Kritische und kommentierte Ausgabe, hg. v. Anneliese Klingenberg u. a., Tübingen 2005ff., Bd. 1.

- **Johann Gottfried Schnabel: Insel Felsenburg** [1731–43], Nachdruck in 3 Bänden, Frankfurt a. M. 1997.

- **Johann Karl Wezel: Herrmann und Ulrike** [1780], in: ders., Gesamtausgabe in acht Bänden, hg. v. Klaus Manger u. a., Heidelberg 1997ff., Bd. 3.

- **Christoph Martin Wieland: Geschichte des Agathon** [1766], in: ders., Werke in zwölf Bänden, hg. v. Klaus Manger u. a., Frankfurt a. M. 1986ff., Bd. 3.

- **Günter Dammann: Johann Gottfried Schnabel, Insel Felsenburg,** Nachdruck in 3 Bänden, Bd. 3: Anhang, Frankfurt a. M. 1997. *Umfassende Studie zum Entstehungskontext sowie zu aktuellen Deutungsperspektiven.*

  Forschung

- **Manfred Engel: Der Roman der Goethe-Zeit,** Stuttgart 1993. *Enthält ein ausführliches Kapitel zum pragmatischen Roman der Aufklärung.*

- **Jutta Heinz: Wissen vom Menschen und Erzählen vom Einzelfall. Untersuchungen zum anthropologischen Roman der Spätaufklärung,** Berlin 1996. *Grundlegende Studie, die eine umfangreiche*

Wissenschaftsgeschichte der Anthropologie im 18. Jahrhundert so-wie neun Fallstudien zum anthropologischen Roman enthält, u. a. zu Christoph Martin Wieland und Johann Karl Wezel.

- **Romantheorie. Texte vom Barock bis zur Gegenwart**, hg. v. Hartmut Steinecke und Fritz Wahrenburg, Stuttgart 1999. *Überblick zur Romantheorie mit ausführlicher Bibliografie.*

- **Dirk Sangmeister: August Lafontaine oder Die Vergänglichkeit des Erfolges. Leben und Werk eines Bestsellerautors der Spätauf-klärung**, Tübingen 1998. *Methodisch innovative Studie zu Rezep-tionsformen des spätaufklärerischen Romans. Mit zusammenfas-senden Darstellungen des Forschungsstandes auf dem Gebiet der Rezeptions- und Leseforschung.*

Abbildung 17: Martin Engelbrecht: *Eine Bilderhändlerin* (um 1730)

Der um 1730 entstandene Kupferstich des Augsburger Künstlers und Verlegers Martin Engelbrecht zeigt eine Geschäftsfrau, deren Kleidung ausschließlich aus Druckmedien, vor allem aus großformatigen Stichen und Grafikblättern, zu bestehen scheint. In einem überquellenden Korb sind kleinere Schriften und Bücher untergebracht, womöglich Kalender oder Almanache. Die Bildmotive sind bunt und vielfältig, sie zeigen u. a. Herrscherporträts, aktuelle Ereignisdarstellungen oder Landschaftseindrücke. Die Händlerin wirkt wie eine ,lebende Litfaßsäule' in einer ländlichen Szenerie. Im Bild sind verschiedene Aspekte des Medienkonsums im 18. Jahrhundert gebündelt: Das Bedürfnis nach aktueller Information durch die periodisch erscheinende Presse, die wachsende Bedeutung der Zeitschriften und Zeitungen mit ihren illustrativen Beilagen, die zunehmende Vielfalt der Druckproduktion und die flächendeckende Verbreitung zeitgemäßer Schriften auch im ländlichen Raum.

Der Aufschwung der periodischen Presse gehört zu den grundlegenden kulturhistorischen Prozessen der Aufklärungsepoche. Dieser Vorgang machte sich durch eine enorme quantitative Ausweitung und typologische Vielseitigkeit der drei publizistischen Gattungen Zeitung, Zeitschrift und Intelligenzblatt bemerkbar, welche die unterschiedlichsten Leserkreise anzusprechen vermochten. Sie wirkten als eine Art Medienverbund, der zur Intensivierung der Kommunikation führte. Literaturgeschichtlich bedeutsam war die Herausbildung eigenständiger philologisch-historischer, belletristischer und kritischer Periodika, die einen ständig wachsenden Bedarf an zeitschriftengemäßen literarischen Formen hervorriefen und einen neuen Typus journalistischer Tätigkeit erforderten. Die Literaturkritik fand in der periodischen Presse ihren festen Publikationsort, den sie noch heute innehat. Mit der Gründung neuer Zeitschriften schufen sich oft ganze Autorengruppen Diskussionsforen zur Propagierung ihrer kulturpolitischen Programme, so dass Zeitschriften zu Kristallisationspunkten der literarischen und politischen Debatten der Aufklärung wurden.

13.1 Die periodische Presse

Auf die Frage, welche Publikationsform die Literaturentwicklung des
18. Jahrhunderts am nachhaltigsten beeinflusst und verändert hat,
muss die Antwort eines Aufklärungsforschers eindeutig lauten: die
periodische Presse. Wie kaum ein anderes Druckerzeugnis der Zeit **Kulturelle**
trugen die Periodika zur Etablierung eines literarischen Marktes, zur **Funktionen**
Entstehung eines unabhängigen Schriftstellertypus, zur Verbreitung
gemeinnütziger Kenntnisse, zur Propagierung der aufklärerischen Re-
formprogrammatik sowie zur Verwendung oft journalistisch geprägter
Textgattungen bei. Überdies kann an der Entwicklung des Pressemarktes der Wandel der Aufklärung von einer wissenschaftlich-gelehrten Richtung zu einer literarisch-publizistischen Strömung und
schließlich zu einer nahezu alle Lebensbereiche umfassenden Reformbewegung nachvollzogen werden.

Unter dem Sammelbegriff periodische Presse werden die publizistischen Untergattungen der Zeitung, der Zeitschrift und des Intelli-
genzblattes zusammengefasst. Die hauptsächlich politische Nachrichten verbreitende Zeitung ist durch vier Basiskriterien gekennzeichnet, **Zeitung**
die sie von anderen Druckmedien unterscheidet:
1. regelmäßige Erscheinungsweise (Periodizität),
2. allgemeine Zugänglichkeit (Publizität),
3. inhaltlich-thematische Vielfalt (Universalität) und
4. zeitliche Aktualität (vgl. Wilke 1978, Bd. 1, S. 28f.).
Von diesen Elementen treffen nur die ersten beiden auch auf die Zeit- **Zeitschrift**
schrift zu, die eher von thematischer Spezialisierung und einer besonderen inhaltlichen Programmatik sowie eingeschränkter Aktualität
gekennzeichnet ist. Der Begriff Zeitschrift wurde erstmals 1751 verwendet, den Zeitgenossen waren diese Periodika jedoch zumeist unter
Titeln wie Journal, Nachrichten, Beiträge, Anzeigen, Monatsschrift
oder Magazin bekannt.

Die dritte Pressegattung sind die Intelligenzblätter, worunter Anzei- **Intelligenzblatt**
genzeitungen zu verstehen sind, deren inhaltlicher Kern die Veröffentlichung von geschäftlichen Angeboten, familiären Nachrichten (Ge-
burts-, Ehe-, Todesanzeigen) sowie amtlichen Mitteilungen war und die
im Laufe des 18. Jahrhunderts zunehmend um einen redaktionellen Teil
ergänzt wurden. Die Gattungsbezeichnung verweist auf eine Bedeu-
tungsvariante von Intelligenz im Sinne von Einsichtnahme. Die Gattung
ist eine eigenständige Neuerfindung des 18. Jahrhunderts. Das erste
deutschsprachige Intelligenzblatt, die *Wochentlichen Franckfurter Frag-
und Anzeigungs-Nachrichten*, erschien seit 1722 in Frankfurt am Main.

Expansion der
periodischen Presse

Die Publikationstypen Zeitung und Zeitschrift sind dagegen bereits im 17. Jahrhundert entstanden, erfuhren jedoch im Zeitalter der Aufklärung eine enorme Dynamisierung und Formveränderung. Für die regelmäßig erscheinenden Druckmedien ist dieser Vorgang als „Expansion und Diversifikation der Massenkommunikation" beschrieben worden (Wilke 2000, S. 78). So steigerte sich die Anzahl der Zeitungen von rund 50 Titeln am Jahrhundertbeginn auf mehr als 200 um 1800, für den Zeitschriftenbereich wurden insgesamt mehr als 6 600 Titel im Zeitraum von 1690 bis 1830 nachgewiesen, allein zwischen 1750 und 1800 sind 3 000 Zeitschriftenneugründungen belegt. An Intelligenzblättern zählte man in den 1720er-Jahren zehn, im letzten Jahrzehnt der Epoche schließlich 170 Titel (vgl. Wilke 2000, S. 79, 94, 121).

Diversifikation des
Zeitschriftenwesens

Während die Zeitungspresse in Aufmachung und redaktioneller Gestaltung relativ konstant blieb, erlebte die Gattung der Zeitschrift – parallel zur Ausweitung und Differenzierung des Lesepublikums – eine überaus vielgestaltige typologische Auffächerung. Wechselnde Nutzergruppen, eine schwankende redaktionelle Kontinuität und gesamtkulturelle Strukturveränderungen führten zu einem immensen Titelreichtum bei oft gleichzeitiger extremer Kurzlebigkeit zahlreicher Zeitschriftenprojekte, so dass die Schwerpunkte innerhalb einzelner Sparten sich vielfach rasch verlagerten. Nicht zuletzt aus diesen Gründen gilt die Zeitschrift als das „mobilste Medium, das die Zeit vor der industriellen Revolution kannte" (Raabe 1974, S. 100), die Epoche selbst ist als das „Jahrhundert der Zeitschrift" charakterisiert worden (Wilke 2000, S. 94).

Zeitschriftentypen

Für die Entfaltung der Aufklärung zu einer umfassenden Reformbewegung hatten die folgenden Zeitschriftentypen eine wesentliche Bedeutung:

- gelehrte Journale und Fachzeitschriften (seit 1680)
- historisch-politische Zeitschriften (seit 1690)
- moralische Wochenschriften (seit 1710)
- literarisch-kulturelle Zeitschriften (seit 1730)
- literaturkritische bzw. Rezensionszeitschriften (seit 1730)
- Theaterzeitschriften (seit 1750)
- Frauenzeitschriften (seit 1770)
- Kinder- und Jugendzeitschriften (seit 1770)
- Unterhaltungszeitschriften (seit 1770).

Diese chronologische Auflistung (bezogen nicht auf konkrete Gründungsdaten, sondern auf das jeweilige Entstehungsjahrzehnt) spiegelt drei miteinander verknüpfte Prozesse wider:

1. die fortschreitende Erweiterung des Lesepublikums vom Gelehrten zum Gebildeten,
2. die Spezialisierung und Differenzierung des Zeitschriftenmarktes sowie
3. die kontinuierliche Zunahme literarisch-kultureller Periodika.

Mehr als die Hälfte der rund 6 600 Zeitschriften des 18. Jahrhunderts sind dem wissenschaftlich-gelehrten Bereich zuzuordnen, stark vertreten waren zudem die historisch-politischen und die literarischen Zeitschriften mit jeweils mehr als 400 Titeln.

Innerhalb des gelehrten Kommunikationskreises zeigte sich ein Wandel vom allgemeinwissenschaftlichen, international ausgerichteten Journal zur Spezialzeitschrift für einzelne Fächer, etwa zur Medizin, Botanik oder Physik. Darunter gab es Zeitschriften, die noch heute bestehen, z. B. das Rezensionsblatt *Göttingische Zeitungen von gelehrten Sachen* (seit 1739, ab 1802 *Göttingische gelehrte Anzeigen*). Die historisch-politischen Zeitschriften veröffentlichten Berichte zu europäischen Staatsereignissen, boten aber auch Akteneditionen und Hofklatsch (z. B. *Die Europäische Fama*, 1702–35). Im letzten Drittel des Jahrhunderts gingen sie zur laufenden Kommentierung zeitgeschichtlicher Entwicklungen über, so die *Stats-Anzeigen* (1782–93, mit Vorläufern seit 1774) des Göttinger Historikers August Ludwig Schlözer, der zu den einflussreichsten Publizisten der Aufklärungszeit gehörte. Von 1710 bis 1750 setzte eine Gründungswelle von im weitesten Sinn literarischen Zeitschriften ein, die sich auch in der zweiten Hälfte des Jahrhunderts fortsetzte. Spezielle Publikationsmedien für Frauen und Kinder sowie allgemeine Unterhaltungsblätter entstanden in den 1770er-Jahren. Die erste Frauenzeitschrift einer weiblichen Herausgeberin erschien 1779 (*Für Hamburgs Töchter*, hg. von Ernestine Hofmann), auf wesentlich breitere Resonanz stieß jedoch wenig später die Monatsschrift *Pomona für Teutschlands Töchter* (1783/84, hg. von Sophie von La Roche). Musterbildend für die Kinder- und Jugendzeitschriften wirkte das *Leipziger Wochenblatt für Kinder* (1772–74). Auf die „Bereitstellung abwechslungsreichen Lesestoffs für den Geschmack des Durchschnittspublikums" (Wilke 1978, Bd. 2, S. 179) zielten die Unterhaltungsblätter ab, z. B. das populäre Journal *Olla Potrida* (1778–97, hg. von Heinrich August Ottokar Reichard), dessen spanischer Titel wörtlich „verfaulter Topf" im Sinne von Eintopf bedeutete und dementsprechend die bunte Inhaltsvielfalt des Blattes bezeichnete.

Expansion und Diversifikation des Pressemarktes hatten äußerst nachhaltige Wirkungen auf das gesamte Kulturleben des 18. Jahr-

Gelehrtenjournale

Unterhaltungsblätter

hunderts, insbesondere in medien-, sozial- und literaturgeschichtlicher Hinsicht. Mediengeschichtlich betrachtet führten sie zu einem wachsenden Einflusspotenzial von periodischen Druckwerken auf die literarisch-politische Öffentlichkeit. Die drei Pressegattungen Zeitung, Zeitschrift und Intelligenzblatt bildeten einen Verbund von Informations- und Unterhaltungsmedien, die sich gegenseitig ergänzten, aber auch in Konkurrenz miteinander traten und häufig ganz unterschiedliche Leserkreise ansprachen. Durch diese Intensivierung der Kommunikation wurden die Periodika zu Trägern einer öffentlichen Diskussionskultur, so dass viele literarische und politische Debatten vor allem in Zeitschriften ausgetragen wurden (→ KAPITEL 1.3). In dieser Hinsicht können sie tatsächlich als ein genuines „Medium der Aufklärung" bezeichnet werden (Raabe 1974, S. 103).

Aus sozialgeschichtlicher Perspektive betrachtet führten die Kommerzialisierung der Presse und die Vielfalt der Periodika nicht nur zur Steigerung der Autorenzahl insgesamt (→ KAPITEL 2.2), sondern auch zur Entstehung eines neuen Journalistentyps. Den Sachverhalt etwas verkürzt darstellend ist von der „Geburt des Journalisten in der Aufklärung" gesprochen worden (Martens 1974, S. 84). Genau besehen kann jedoch nur von einer spezifischen Journalistentätigkeit die Rede sein, die während der Aufklärung in der „Periode des schriftstellerischen Journalismus" entstand. Diese Periode erstreckte sich auf die Zeit von 1750 bis 1850 und lässt sich von der vorangegangenen Phase des „korrespondierenden" (1550–1750) und der nachfolgenden Phase des „redaktionellen" Journalismus (seit 1850) abgrenzen (Baumert 1928, S. 17). Mit dem „Typ des Literaten-Journalisten" (Martens 1974, S. 98) sind diejenigen aufklärerischen Autoren gemeint, die oft nebenberuflich als Herausgeber oder Redakteure eine Zeitschrift betreuten, sie teilweise auch im Alleingang schrieben, literarisch-kritische oder unterhaltsame Beiträge lieferten und als Rezensenten über aktuelle Neuerscheinungen berichteten.

Literaturgeschichtlich gesehen hatte der rapide wachsende Bedarf an zeitschriftengemäßen Lesestoffen Auswirkungen auf die Wiederbelebung traditioneller, vorwiegend kleinerer literarischer Formen und journalistischer Textgattungen – etwa Fabel, Satire, Märchen, Brief, Dialog, Anekdote oder Aphorismus, die im Zeitalter der Aufklärung sämtlich eine Hochphase erlebten (→ KAPITEL 9). Zur Verwendung in Zeitschriften geeignet waren auch verschiedene sachliterarische Genres, etwa der Reisebericht (→ KAPITEL 8.3), der Essay (→ KAPITEL 9.3), die lehrhafte Abhandlung, der unterhaltsame Aufsatz, der populärwissenschaftliche Beitrag (→ KAPITEL 5) oder der politische Meinungsartikel.

Nicht zuletzt bot der Publikationstyp Zeitschrift auch die Rahmenbedingung für die Entstehung einer neuen literarischen Gattung: der
kurzen Prosaerzählung, die in den Formvarianten der moralischen,
philosophischen und Kriminalerzählung anzutreffen war (→ KAPI-
TEL 9.2). Überdies setzte sich mit der periodischen Presse die neuartige
Publikationspraxis des Vorabdrucks von Teilstücken aus einem größeren literarischen Werk durch. So veröffentlichte etwa Christoph Martin Wieland einen Großteil seiner Schriften zunächst in der von ihm
herausgegebenen Zeitschrift *Der Teutsche Merkur* (1773–89, fortgeführt bis 1810), den Roman *Geschichte der Abderiten* (1781) sogar
in Fortsetzungen. Umgekehrt trugen die Autoren ihre Zeitschriftenbei-
träge – häufig überarbeitet und aktualisiert – in einzelnen Büchern
oder mehrbändigen Werkausgaben zusammen und bereiteten damit
der Mehrfachverwertung ihrer Literaturprodukte den Boden.

Die Beschäftigung mit den deutsche Zeitschriften des 18. Jahrhunderts wird dadurch erleichtert, dass einerseits die bibliografische Er-
fassung weit fortgeschritten ist (vgl. Kirchner 1969, Böning 1996ff.),
andererseits ein Großteil der einschlägigen Periodika im Mikrofilmfor-
mat einsehbar ist. Zahlreiche Blätter liegen heute auch im Nachdruck
vor. Neuerdings wurde damit begonnen, die wichtigsten Literaturzeitschriften und Rezensionsorgane der Aufklärung online verfügbar zu
halten. Der Textbestand ist in zwei Datenbanken systematisch aus-
gewertet und erschlossen worden (siehe Lektüreempfehlungen).

Quellenbestand und Erschließung

13.2 Literarisch-kulturelle Zeitschriften

Unter literarisch-kulturellen Zeitschriften werden Periodika verstanden, „die literarische Texte aller Art drucken sowie Diskussionsbeiträge zu aktuellen Debatten enthalten" (McCarthy 1999, S. 177). Sie
umfassen in diesem weiten Verständnis sowohl Blätter, die literarische Originalbeiträge veröffentlichen, als auch solche, die literaturhistorische oder -theoretische Abhandlungen, informierende oder kritische Beiträge zum Kulturleben und Rezensionen publizieren (vgl.
Forschungsbibliografie bei Kuhles 1994). Dabei waren in der Anlauf-
phase der Zeitschriftengeschichte von 1680 bis 1710 sehr häufig
Misch- und Übergangsformen sowie eine große Genrevielfalt üblich,
ohne dass sich ein bestimmtes Modell über einen längeren Zeitraum
durchzusetzen vermochte.

Genrevielfalt in der Entstehungsphase

Als erster eigenständiger Gattungstyp gelten die Moralischen Wochenschriften, die auf englische Muster wie *The Tatler* (*Der Schwät-*

zer, 1709–11) und *The Spectator* (*Der Zuschauer*, 1711–14) zurückgingen und zunächst als deutsche Übersetzungen dieser Vorbilder zu erscheinen begannen (*Der Vernünfftler*, 1713/14, hg. von Johann Mattheson). Die Moralischen Wochenschriften nutzten die unterschiedlichsten literarischen Darstellungsmöglichkeiten (etwa Brief, Charakterporträt, Märchen, Satire, Epigramm, Gedicht, lehrhafte Abhandlung) sowie das Prinzip der fiktiven Verfasserschaft, wobei die im Titel repräsentierten Personen vorgeblich die Rolle von Gesamtherausgebern einnahmen. Das entsprach dem Bedürfnis der Autoren, ihre wahre Identität zu verbergen, sowie der kommunikativen Wirkungsabsicht, eine individuelle Leseransprache zu erreichen. Die Wochenschriften waren in ein übergreifendes, auf Moral, Vernunft und Tugend gegründetes Bildungsprogramm für das gehobene Bürgertum eingebunden. Dementsprechend reflektierten sie all jene Fragen, welche die bürgerliche Lebenswelt betrafen: Familie, Haushaltsführung, Umgangsformen, Religion und Frömmigkeit, Lektüre etc. Bis etwa 1760 reichte der Einfluss dieses Zeitschriftentyps, der rund 100 Titel umfasste und dessen bedeutendste Vertreter *Die Discourse der Mahlern* (1721–23, hg. von Johann Jakob Bodmer und Johann Jakob Breitinger), *Der Patriot* (1724–26, hg. von der Patriotischen Gesellschaft in Hamburg), *Die Vernünftigen Tadlerinnen* (1725/26) und *Der Biedermann* (1727–29, beide hg. von Johann Christoph Gottsched) waren.

Um 1730 lassen sich Innovationen in allen drei Gattungen der periodischen Presse feststellen, die im Gesamtergebnis zur Herausbildung einer neuartigen Kulturberichterstattung führten, so dass das Jahr 1731 stark zugespitzt als „Geburtsjahr des deutschen Feuilletons" bezeichnet wurde (Meunier/Jessen 1931, S. 17). Grund hierfür ist vor allem die Einführung der Rubrik Gelehrter Artikel, die das bestehende redaktionelle Angebot um Rezensionen neuerschienener Bücher, allgemeine Kulturnachrichten und unterhaltsam-pädagogische Aufsätze ergänzte. Die Rubrik wurde teilweise zum Diskussionsforum literarischer Streitfragen und aufklärerischer Themen. Für Zeitungen musterbildend war die europaweit geschätzte und auflagenstarke *Staats- und gelehrte Zeitung des Hamburgischen unpartheyischen Correspondenten* (1731–1868, fortgesetzt bis 1934), die etwa Friedrich von Hagedorn und Georg Christoph Lichtenberg zu ihren Autoren zählte. In ähnlicher Weise erweiterten auch die Intelligenzblätter ihr publizistisches Programm mit dem Gelehrten Artikel bzw. thematisch verwandten Beilagen. So erschienen die unter dem Titel *Patrotische Phantasien* (1774–86) gesammelten, literarisch vielseitigen Pro-

Moralische Wochenschriften

Der Gelehrte Artikel

sastücke des Osnabrücker Amtmanns Justus Möser zunächst in dem von ihm redigierten örtlichen Anzeigenblatt.

Mit den *Beyträgen zur critischen Historie der deutschen Sprache, Poesie und Beredsamkeit* (1732–44) schuf Johann Christoph Gottsched den Prototyp der philologisch-kritischen Zeitschrift der Aufklärung. Die *Beyträge* enthielten neben sprach- und literaturgeschichtlichen Abhandlungen auch Buchbesprechungen und Gedichte. Dieser akademisch-gelehrten Zeitschrift ließ Gottsched das auf ein gebildetes Publikum zielende Rezensionsjournal *Neuer Büchersaal der schönen Wissenschaften und freyen Künste* (1745–50, fortgesetzt bis 1762) folgen, das sehr viel universeller und internationaler angelegt war, aktuelle Buchanzeigen aus allen Wissenschaftszweigen bot und zunehmend als Plattform der publizistischen Auseinandersetzung mit der zeitgenössischen Philosophie genutzt wurde. Mitarbeiter und Schüler Gottscheds gründeten noch unter dessen anfänglicher Obhut die Zeitschrift *Belustigungen des Verstandes und des Witzes* (1741–45, hg. von Johann Joachim Schwabe). Sie war ein weitgehend belletristisches Journal, in dem die literarischen Originalbeiträge dominierten und in höchst abwechslungsreicher Formenvielfalt dargeboten wurden. In den späteren Jahrgängen machte sich eine Tendenz zur Abgrenzung gegenüber Gottscheds poetischen und philosophischen Anschauungen bemerkbar, die nicht mehr von allen Beiträgern geteilt wurden.

Aus dem Autorenkreis der *Belustigungen* kamen die Mitarbeiter der *Neuen Beyträge zum Vergnügen des Verstandes und Witzes* (1744–50, hg. von Karl Christian Gärtner u. a., fortgesetzt bis 1757), die nach ihrem Verlagsort oft kurz „Bremer Beiträge" genannt wurden. Diese Zeitschrift hat insofern literaturgeschichtliche Bedeutung erlangt, als sie nicht nur die fortschreitende Ablösung von der Poetik Gottscheds dokumentierte, sondern sich gleichzeitig neuen Tendenzen öffnete (etwa der Empfindsamkeit oder Anakreontik; → KAPITEL 6) und zum hauptsächlichen Publikationsorgan eines festen, in Leipzig ansässigen Schriftsteller- und Freundeszirkels wurde. Dass eine Zeitschrift von einer geselligen Vereinigung getragen und herausgegeben wurde, war zwar schon früher üblich, doch erst im zweiten Drittel des 18. Jahrhunderts wurde auch die Möglichkeit genutzt, ein Periodikum zum Sprachrohr und Diskussionsforum abgrenzbarer literarischer Gruppen mit eigener Programmatik zu machen. Mit der Veröffentlichung der ersten drei Gesänge von Friedrich Gottlieb Klopstocks biblischem Epos *Messias* (1748) erschien in den *Neuen Beyträgen* eine Art Programmdichtung der Empfindsamkeit, die we-

Zeitschriften Gottscheds und seines Kreises

„Bremer Beiträge"

gen ihres neuen lyrischen Tons und aufgrund des selbstbewussten Auftretens des erst 24-jährigen Autors Aufsehen erregte.

Seit 1751 hatte Gotthold Ephraim Lessing die Redaktion des Gelehrten Artikels der *Berlinischen privilegierten Zeitung*, der späteren *Vossischen Zeitung*, übernommen und gab gleichzeitig die monatliche Beilage *Das Neueste aus dem Reiche des Witzes* heraus. Diese Tätigkeit bildete den Auftakt einer Reihe von Zeitschriftengründungen Lessings und seines Freundeskreises. Die langlebigste unter ihnen war die *Bibliothek der schönen Wissenschaften und der freyen Künste* (1757–65, fortgesetzt bis 1805) von Lessing, Moses Mendelssohn und Friedrich Nicolai, in dessen Verlag das Blatt erschien. Mit dieser Zeitschrift lag zum ersten Mal ein Periodikum vor, das sich in einem umfassenden Sinn allen schönen Künsten widmete, so dass auch die Berichterstattung über Malerei, Architektur, Musik und Tanz darin eingeschlossen war. Parallel zur *Bibliothek* gründeten die drei Autoren ein literaturkritisches Rezensionsjournal, die *Briefe, die neueste Literatur betreffend* (1759–65). Zu den Zeitschriften Lessings ist schließlich die *Hamburgische Dramaturgie* (1767–69) zu rechnen, die oft als ein monografisches Werk wahrgenommen wird, tatsächlich jedoch fortlaufend seine Tätigkeit als Dramaturg des Hamburger Nationaltheaters begleitete (→ KAPITEL 3.2). Lessing nutzte die Zeitschrift zur Auseinandersetzung mit der zeitgenössischen Theaterliteratur und zur Darlegung seiner Kunsttheorie.

Ein besonderes Phänomen stellten die Theaterzeitschriften dar, als dessen erstes Muster die kurzlebigen, von Lessing und Christlob Mylius edierten *Beyträge zur Historie und Aufnahme des Theaters* (1750) gelten. Die Rolle und Bedeutung der Theaterjournale für die Herausbildung einer eigenständigen Theaterkultur war lange Zeit unbekannt und ist erst durch neuere Forschungen deutlicher herausgestellt geworden (vgl. Bender 1994ff., Heßelmann 2002). Bemerkenswert ist, dass – den literaturkritischen Journalen entsprechend – Periodika entstanden, die Aufführungskritiken und Schauspielercharakteristiken veröffentlichten und somit zur Diskussion um neue Prinzipien der Schauspielkunst beitrugen.

In den 1770er-Jahren begannen Journale zu erscheinen, die programmatisch sowohl eine inhaltliche Erweiterung vollzogen als auch auf den sich herausbildenden nationalen Literatur- und Sprachraum zielten (→ KAPITEL 3.2) und für die in jüngster Zeit als Oberbegriff die Bezeichnung Kulturzeitschrift vorgeschlagen wurde (Heinz 2003, S. 13). Das erfolgreichste Modell war das von Christoph Martin Wieland im Selbstverlag herausgegebene Periodikum *Der Teutsche Mer-*

Zeitschriften Lessings und seines Kreises

Theaterzeitschriften

Kulturzeitschriften

kur (1773–89, fortgesetzt bis 1810). Die thematische Bandbreite reichte von literarischen Originalbeiträgen bis zu Buchanzeigen, von der Gegenwartschronologie politischer Ereignisse bis zu geistes- und naturwissenschaftlichen Abhandlungen. Diese Vielfalt suchte Wieland durch einen großen Stab an Autoren zu erhalten, zu dem u. a. Georg Forster, Goethe, Herder, Friedrich Heinrich Jacobi, Jakob Michael Reinhold Lenz, Schiller und Johann Karl Wezel gehörten. Gegenüber der sich abzeichnenden Differenzierung innerhalb der politisch-kulturellen Öffentlichkeit nahm der Herausgeber eine weitgehend überparteiliche, wenngleich konsequent aufklärerische Position ein. Ähnlich verfuhr das von Heinrich Christian Boie und Christian Konrad Wilhelm Dohm edierte *Deutsche Museum* (1776–88, fortgesetzt bis 1791), das verschiedenen literarischen Gruppen (Anakreontik, Göttinger Hain, Sturm und Drang) ein Publikationsforum bot. Ergänzt wurde das poetische Angebot durch historisch-politische Beiträge, insbesondere Reiseberichte. Das bedeutendste Presseorgan der deutschen Spätaufklärung war die *Berlinische Monatsschrift* (1783–96, hg. von Friedrich Gedike und Johann Erich Biester, fortgesetzt bis 1811), in dem eine Reihe maßgeblicher Abhandlungen Immanuel Kants erschienen, etwa sein einflussreicher Essay *Beantwortung der Frage: Was ist Aufklärung?* (1784). In zahlreichen Artikeln aus der Feder vorwiegend der Berliner Aufklärer wurde über Pressefreiheit, Justizreformen sowie die Eindämmung von Schwärmertum und Aberglauben diskutiert.

Die öffentliche Debatte politisch-kultureller Themen wurde im Verlauf des 18. Jahrhunderts zum Kennzeichen der schöngeistigen Zeitschriften. Sie spiegeln somit den „Prozeß der Ausdifferenzierung" des literarischen Lebens in verschiedene programmatische Richtungen (Spätaufklärung, Weimarer Klassik, Frühromantik) wider, dessen „Produkte und Motoren" (Kall 2004, S. 395) sie waren und der sie zu Kristallisationspunkten der kulturellen Auseinandersetzung machte.

Zeitschriften als Kristallisationspunkte

13.3 Literaturkritik

Formen literaturkritischen Schreibens hat es in der gesamten Frühen Neuzeit gegeben. Dennoch galt es bis in die 1980er-Jahre als „Konsens der Forschung", dass die „moderne Literaturkritik [...] in der Aufklärung" entstanden sei (Berghahn 1985, S. 10), oder – in einer anderen Variante – dass Christian Thomasius im Jahre 1688 mit den *Monats-Gesprächen* (bis 1690) „die erste Zeitschrift in deutscher

Positionen der Forschung

Sprache" gegründet habe, die „literarische Kritik enthält" (Woitkewitsch 1970, Sp. 658). In dieser Sichtweise wurde Literaturkritik vor allem als Buchkritik in Zeitschriften verstanden. Dagegen hat der Literaturhistoriker Herbert Jaumann die These vertreten, dass zwischen 1690 und 1720 die frühneuzeitliche „Vielfalt literaturkritischer Schreibweisen, Schreibgenres, Publikationsorte und Zwecke reduziert, konzentriert, zumindest neu formiert" worden sei, was mit Blick auf das seitdem dominierende „publizistische Genre" der Rezension zu einer „reglementierten Langeweile" geführt habe (Jaumann 1995, S. 23, 298).

Modellwechsel der Literaturkritik
Versucht man, beide Positionen zusammenzuführen, so ließe sich sagen, dass um 1700 ein Modellwechsel der Literaturkritik stattgefunden hat, der zwar eine Reduktion der Genrevielfalt kritischer Schreibweisen nach sich zog, gleichzeitig jedoch die Buchbesprechung in der periodischen Presse zu einer festen, medial verankerten Institution machte. Die entscheidenden Prozesse sind die Umstellung der Berichterstattung auf eine aktuelle und regelmäßig Begleitung der neuen Literaturproduktion sowie die Kanalisierung der Buchkritik im expandierenden Zeitschriftenmarkt. Die ehemalige Vielseitigkeit der Schreibweisen wird durch die Vielfältigkeit des Rezensionsangebots in den Zeitschriften abgelöst.

Merkmale der aufklärerischen Literaturkritik
Die Besonderheit der aufklärerischen Literaturkritik kann in verschiedenen Funktionsbereichen festgestellt werden:
1. In der philosophisch-ästhetischen Fundierung der Kritik, welche die Urteilsbildung auf vernunftgemäße Bewertungsmaßstäbe verpflichtete,
2. in der literaturdidaktischen Funktionalisierung der Kritik, die kulturpädagogisch und allgemeinbildend wirken wollte, und
3. schließlich in der Weiterentwicklung des Rezensionsjournals zu einem Integrationsmedium gruppenspezifischer Literaturauffassungen.

Beispiele hierfür sind die literaturkritischen Zeitschriften Gottscheds und Lessings, die völlig gegensätzlichen theoretischen Vorstellungen und methodischen Verfahren folgten: Während Gottsched das Einzelwerk daraufhin prüfte, ob es verbindlichen poetischen Regeln folgte und zur rational begründeten Geschmacksbildung beitrug, ging Lessing immer von empirisch gewonnenen Einzelbeobachtungen aus, um daraus allgemeine ästhetische Prinzipien abzuleiten und die gesellschaftlich-moralische Wirkungsweise der Literatur zu erkennen. Les
Polemischer Stil der Kritik
sing fand zudem zu einem besonderen Stil der Kritik, der persönliche Polemik und satirische Schärfe nicht ausschloss, sondern als Mittel

des vor den Augen der Öffentlichkeit kontrovers geführten literarischen Streits begriffen wurde. Exemplarisch hierfür ist das 17. Stück aus den *Briefen, die neueste Literatur betreffend* vom 16. Februar 1759, in dem Lessing seine Auseinandersetzung mit Gottsched zuspitzt:

> „,Niemand', sagen die Verfasser der Bibliothek [*der schönen Wissenschaften und der freyen Künste*], ,wird leugnen, daß die deutsche Schaubühne einen großen Teil ihrer ersten Verbesserung dem Herrn Professor Gottsched zu danken habe.' Ich bin dieser Niemand; ich leugne es gerade zu. Es wäre zu wünschen, daß sich Herr Gottsched niemals mit dem Theater vermengt hätte. Seine vermeinten Verbesserungen betreffen entweder entbehrliche Kleinigkeiten, oder sind wahre Verschlimmerungen." (Lessing 1985ff., Bd. 4, S. 499)

Neben den literarisch-kulturellen Zeitschriften, zu deren Publikationsprogramm in der Regel Buchanzeigen und Literaturkritik gehörten, nahmen die enzyklopädisch ausgerichteten großen Rezensionsjournale eine maßgebliche Stellung in der Berichterstattung über Neuerscheinungen des Buchmarktes ein. Universell angelegt und vom aufklärerischen Gründungsimpuls der Universität geprägt erschienen seit 1739 die *Göttingischen Zeitungen von gelehrten Sachen*, für die z. B. allein die Göttinger Professoren Albrecht von Haller rund 9 000 und Abraham Gotthelf Kästner mehr als 3 500 Bücher rezensierten. Als „führende Literaturzeitung der Aufklärung" (Wilke 1978, Bd. 2, S. 88) galt die von Friedrich Nicolai herausgegebene *Allgemeine Deutsche Bibliothek* (1765–92, fortgesetzt bis 1805), in der rund 60 000 Titel aller Wissensbereiche angezeigt wurden. Nicolai stand mit nahezu 150 Autoren – darunter den für ihr Fachgebiet bedeutendsten Gelehrten – in Kontakt, die für das Blatt Beiträge lieferten. Wie in allen Rezensionszeitschriften des 18. Jahrhunderts erschienen die Besprechungen anonym, um persönliche Anfeindungen auszuschließen und eine unvoreingenommene Beurteilung zu ermöglichen. Eine Konkurrenz erwuchs dem Nicolai'schen Unternehmen mit der *Allgemeinen Literatur-Zeitung* (*ALZ*, 1785–1832, hg. von Christian Gottfried Schütz, fortgesetzt bis 1849), die nahezu täglich erschien und den Prinzipien der Vollständigkeit, Unparteilichkeit und Anonymität verpflichtet war. Der *ALZ* gelang es, durch inhaltliche Offenheit, einen gefälligen Ton der Kritik und eine moderne typografische Gestaltung auch Leser außerhalb der gelehrten Welt anzusprechen.

Rezensionsjournale

Fragen und Anregungen

- Charakterisieren Sie die Hauptmerkmale der drei Pressegattungen Zeitung, Zeitschrift und Intelligenzblatt.

- Welche grundlegenden Prozesse kennzeichnen die Entwicklung des Zeitschriftenwesens im 18. Jahrhundert?

- Beschreiben sie die Wirkungen der periodischen Presse auf die Literatur- und Mediengeschichte der Aufklärungszeit.

- Nennen Sie die verschiedenen Entwicklungsphasen der literarisch-kulturellen Zeitschriften.

- Welche Verbindung besteht zwischen Literaturkritik und Zeitschriftengeschichte?

Lektüreempfehlungen

Quellen
- **Deutsche Zeitschriften des 18. und 19. Jahrhunderts.** Mikrofiche-Volltext-Verfilmung von über 400 Zeitschriften und Zugriff auf diese Textedition über elektronische Indizes auf CD-ROM, Teillieferung 1–5 mit Supplement, Hildesheim 1994–2000. *Umfasst 587 Zeitschriften, darunter über 130 literarische, theaterkritische und unterhaltende Journale, mehr als 50 allgemeinwissenschaftliche Periodika (Intelligenzblätter, Rezensionsorgane) sowie rund 40 historisch-politische Zeitschriften.*

- **Retrospektive Digitalisierung wissenschaftlicher Rezensionsorgane und Literaturzeitschriften des 18. und 19. Jahrhunderts aus dem deutschen Sprachraum,** Projekt der Universitätsbibliothek Bielefeld. Web-Adresse: http://www.ub.uni-bielefeld.de/diglib/aufklaerung/zeitschriften.htm. *Enthält zur Zeit über 50 komplett digitalisierte Zeitschriften; wird laufend ergänzt.*

- **Index deutschsprachiger Zeitschriften 1750–1815,** Projekt der Akademie der Wissenschaften zu Göttingen. Web-Adresse: http://www.gbv.de/gsomenu. *Inhaltliche Erschließung von rund 100 000 Einzelartikeln aus 195 Zeitschriften.*

- **Systematischer Index zu deutschsprachigen Rezensionszeitschriften des 18. Jahrhunderts,** Projekt der Akademie der Wissenschaften zu Göttingen, Web-Adresse: http://idrz18.adw-goettingen.gwdg.de. *Erfasst rund 70 000 Rezensionen aus 65 Zeitschriften.*

- Hans Mayer (Hg.): Deutsche Literaturkritik, Bd. 1: Von Lessing bis Hegel (1730–1830), Frankfurt a. M. 1978. *Bietet kommentierte literatur- und theaterkritische Texte von Johann Christoph Gottsched (1732) bis zu Georg Forster (1791).*

- Ernst Fischer / Wilhelm Haefs / York-Gothart Mix (Hg.): Von Almanach bis Zeitung. Ein Handbuch der Medien in Deutschland 1700–1800, München 1999. *Umfassendes Handbuch mit Beiträgen zu allen Gattungen der periodischen Presse.*

  Forschung

- Sylvia Heudeker: Modelle literaturkritischen Schreibens. Dialog, Apologie, Satire vom 17. bis zur Mitte des 18. Jahrhunderts, Tübingen 2005. *Neue Untersuchung zur Frühgeschichte der literaturkritischen Praxis von 1660 bis 1750.*

- Peter Uwe Hohendahl (Hg.): Geschichte der deutschen Literaturkritik (1730–1980), Stuttgart 1985. *Nach wie vor die umfangreichste, jedoch erst 1730 einsetzende Darstellung zur deutschsprachigen Literaturkritik im 18. Jahrhundert in sozialgeschichtlicher Perspektive.*

- Wolfgang Martens: Die Botschaft der Tugend. Die Aufklärung im Spiegel der deutschen moralischen Wochenschriften, Stuttgart 1968. *Standardwerk zur einflussreichsten Zeitschriftengattung des frühen 18. Jahrhunderts.*

- Jürgen Wilke: Literarische Zeitschriften des 18. Jahrhunderts (1688–1789), Bd. 1–2, Stuttgart 1978. *Grundlagenwerk, das Porträts von über fünfzig Zeitschriften mit Inhaltscharakteristik sowie Hinweisen zu den Herausgebern und Mitarbeitern enthält.*

- Jürgen Wilke: Grundzüge der Medien- und Kommunikationsgeschichte. Von den Anfängen bis ins 20. Jahrhundert, Köln 2000. *Übersicht zur Medienentwicklung des 18. Jahrhunderts (S. 78–154) im Rahmen einer Gesamtdarstellung.*

14 Wirkungsgeschichte

Abbildung 18: Max Horkheimer/Theodor W. Adorno: *Dialektik der Aufklärung*. Titelblatt der Erstausgabe (1947)

Max Horkheimers und Theodor W. Adornos „Dialektik der Aufklärung", geschrieben im Jahr 1944 im amerikanischen Exil und in einer erweiterten Fassung erschienen 1947 im Amsterdamer Querido Verlag, hat die Wirkungsgeschichte der Aufklärung entscheidend geprägt. Dabei geht es den beiden Autoren angesichts des Zusammenbruchs aller aufklärerischen Werte inmitten des vermeintlich zivilisierten Europas zunächst gar nicht um die historische Epoche der Aufklärung, sondern um eine Diagnose ihrer eigenen Zeit. Sie legen einen denkbar weiten Begriff von Aufklärung im Sinne von Rationalisierung zugrunde, den sie von Homers „Odyssee" bis hin zur amerikanischen Kulturindustrie des 20. Jahrhunderts verfolgen. Das 18. Jahrhundert kommt nur am Rande vor. Dennoch hat die Studie in den 1970er- und 80er-Jahren eine ganze Reihe von historischen Untersuchungen inspiriert, die dann wiederum neue Erkenntnisse über die Aufklärung als Epoche begründet haben. Somit ist das Buch ein prominentes Beispiel für die doppelte Bedeutung des Begriffs „Aufklärung".

Der Begriff kann die Epoche der Aufklärung bezeichnen, d. h. einen kulturgeschichtlich bestimmbaren Zeitabschnitt im 18. Jahrhundert. Er kann aber auch einen Prozess oder ein Projekt meinen, der an keine bestimmte historische Zeit gebunden ist und sich durch Merkmale wie Säkularisierung, Verwissenschaftlichung, Technisierung oder auch Demokratisierung bestimmen lässt. Seit Immanuel Kants Definition der Aufklärung von 1784 sowohl als das „Jahrhundert Friederichs" (im Sinne der Epoche) als auch als „Ausgang des Menschen aus seiner selbstverschuldeten Unmündigkeit" (im Sinne eines unabgeschlossenen Projekts; Kant 1974, S. 15, S. 9), hat die Doppelstruktur des Aufklärungsbegriffes auch seine Wirkungsgeschichte geprägt. Obwohl die Literaturgeschichte in erster Linie den Anspruch hat, die Aufklärung als Epoche zu untersuchen, waren es doch besonders die Auseinandersetzungen um den Projektbegriff der Aufklärung, die sowohl zu Ideologisierungen als auch zu Anregungen der literaturgeschichtlichen Untersuchungen geführt haben.

14.1 Die Geschichtlichkeit literaturgeschichtlicher Kategorien

Entgegen der positivistischen Unterstellung, dass man es in der Literaturgeschichte nur mit den ‚reinen Quellen', dem historisch Gegebenen (lateinisch *positum*), zu tun habe, sind ihre Gegenstände nie unabhängig von der Geschichte ihrer Rezeption zu bestimmen. Die Wirkungsgeschichte prägt unser Vorverständnis, unsere Vorurteile und Stereotype wie auch unsere literarischen Wertungen. Legt man sich über dieses mit dem untersuchten Gegenstand untrennbar verbundene Vorverständnis keine Rechenschaft ab, wirken die überlieferten Stereotype unbewusst weiter. Immer sind es auch die jeweiligen Gegenwartsinteressen, welche die Beschäftigung mit einer literaturgeschichtlichen Epoche prägen. Die Epoche der Aufklärung ist darin nicht unterschieden von anderen historischen Phänomenen – der Gegenwartsbezug ist lediglich gesteigert durch ihren unabgeschlossenen Charakter. Abhängig davon, wie man sich im Verlauf der Wirkungsgeschichte seit dem 19. Jahrhundert zum Projekt der Aufklärung stellte, wurde auch die Epoche beschrieben und bewertet.

Seit ihren Anfängen war die deutsche Literaturgeschichtsschreibung Teil einer Erinnerungskultur im Dienste nationaler Identitätskonstruktion. Nicht nur wurden die literarischen Werke verstanden als Ausdruck einer nationalen deutschen Kultur. Auch die Entstehung und Ausrichtung der wissenschaftlichen Disziplinen Germanistik und Literaturgeschichte sind untrennbar verbunden mit der Nationenbildung (vgl. Fohrmann 1989). In diesem Rahmen wurde auch der Stellenwert der Epoche der Aufklärung bestimmt. Als paradigmatischer Ausdruck deutschen Nationalgeistes galten während des gesamten 19. Jahrhunderts übereinstimmend die Weimarer Klassiker Goethe und Schiller sowie die Philosophie Kants. Im weiteren Verlauf kamen der Deutsche Idealismus und die Romantik hinzu. Die Aufklärung wurde in diesen Konstruktionen bestenfalls als Vorstufe angesehen, lediglich Gotthold Ephraim Lessing wurde in den Kanon aufgenommen. Erst vor diesem Hintergrund werden die Unterschiede der deutschen Aufklärungsrezeption im Vergleich etwa zu Frankreich, aber auch zu England, deutlich. Die Gründungsepochen einer klassischen Nationalliteratur liegen dort mit dem Elisabethanischen Zeitalter in England um 1600 und dem Klassischen Zeitalter (*âge classique*) in Frankreich um 1700 zeitlich früher. Während die Aufklärung dort als Fortsetzung und Vollendung dieser Gründungsepochen gilt, stellt sich die Rezeptionsgeschichte der Aufklärung im deutschen Sprachraum viel gebrochener dar.

Über die einzelnen Etappen und Stufen der Wirkungsgeschichte kann man sich an Hand des von Holger Dainat und Wilhelm Voßkamp herausgegebenen Sammelbandes *Aufklärungsforschung in Deutschland* informieren (vgl. Dainat / Voßkamp 1999). Im folgenden werden exemplarisch zwei ausgewählte Paradigmen dargestellt, die im gesamten 19. und weiten Teilen des 20. Jahrhunderts das Vorverständnis des Aufklärungsbegriffes entscheidend geprägt haben und bis heute fortwirken: auf der einen Seite das zivilisationskritische Paradigma, auf der anderen Seite – häufig in kritischer Absicht dagegen gerichtet – Rehabilitierungsversuche der Aufklärung. Diese schematische Gegenüberstellung darf jedoch nicht darüber hinwegtäuschen, dass sich innerhalb der beiden Paradigmen jeweils sehr unterschiedliche Positionen finden.

Zwei Paradigmen der Wirkungsgeschichte

14.2 Aufklärungs- und Zivilisationskritik

Zeitgenössische Polemik

Viele Wertungen der späteren Wirkungsgeschichte sind schon in den polemischen Debatten zwischen Aufklärern, Romantikern, Klassikern und Idealisten um 1800 angelegt: in Goethes und Schillers Spott über Spätaufklärer wie Friedrich Nicolai im *Xenien*-Streit (1796) oder in den Polemiken von Friedrich und August Wilhelm Schlegel etwa gegen Christoph Martin Wieland oder Nicolai im *Athenäum* (1798–1800) (vgl. Dahnke / Leistner 1989). Die beiden frühesten Historisierungen der Aufklärung zu einer geschichtlichen Epoche durch Johann Gottlieb Fichte und Georg Wilhelm Friedrich Hegel stehen im unmittelbaren Zusammenhang mit diesen Debatten.

Zivilisations- und Aufklärungskritik bei Fichte

Fichte, der ab 1799 zum Schlegel-Kreis gehörte, steht mit seinem Pamphlet *Friedrich Nicolai's Leben und sonderbare Meinungen* (1801) noch mitten in diesen polemischen Auseinandersetzungen und ergreift Partei für die Aufklärungskritiker. Er erklärt Nicolai stellvertretend für die gesamte Aufklärung zu einem Beispiel der „absoluten Oberflächlichkeit und totalen Seichtigkeit" (Fichte 1988, S. 407). In seinen Vorlesungen zu den *Grundzügen des gegenwärtigen Zeitalters*, die er im Winter 1804 / 05 öffentlich in Berlin gehalten hat, erweitert Fichte seine Aufklärungskritik dann zu einer umfassenden Zivilisationskritik. In einem geschichtsphilosophischen Überblick von den Anfängen der Menschheitsgeschichte im „Stand der Unschuld" bis zu ihrem vermeintlichen Ende im „Stand der vollendeten Rechtfertigung" beschreibt er die Aufklärung als das in seinen letzten Zügen liegende „gegenwärtige Zeitalter", das als „Stand der vollendeten Sündhaftigkeit" charakterisiert ist. Die Aufklärung habe alle Traditionen abgeschafft und lasse stattdessen „durchaus nichts als seiend und bindend gelten [...], als dasjenige, was man verstehe und klärlich begreife". An die Stelle der Traditionen seien die Prinzipien der Nützlichkeit, des Egoismus und der bloßen Verständlichkeit getreten. Gegenüber dieser nur „negativen" Aufklärung sei es erst dem Idealismus vorbehalten, den Stand der Sündhaftigkeit zu überwinden (Fichte 1997, S. 81, 90, 150). Nur knapp zwei Jahre später, in seinen *Reden an die deutsche Nation* (1806/07) nationalisiert Fichte dieses geschichtsphilosophische Schema: nun stilisiert er die Überwindung des „Standes der Sündhaftigkeit" zum spezifisch deutschen Auftrag.

Wie Fichte knüpft auch Hegel in seinen *Vorlesungen über die Geschichte der Philosophie* (1819ff.) an die unmittelbaren Debatten am Ende der Aufklärungsepoche an. Er bezieht sich auf den Spinoza-Streit im Anschluss an Lessings Tod im Jahr 1780 (→ KAPITEL 4.2) und schreibt hierbei Friedrich Heinrich Jacobi die Rolle eines Überwinders der Aufklärung zu. Insgesamt kommt Hegel zu einer kritischen Bewertung der Aufklärung. Zwar erkennt er an, dass man sich im Verlauf des 18. Jahrhunderts durch die Rezeption des französischen und englischen Empirismus der trockenen Form und der „steife[n] Pedanterie" der deutschen Schulphilosophie entledigt habe. Zugleich aber sei diese Öffnung aus dem „Geiste des Auslandes" (Hegel 2003, Bd. 20, S. 308) mit dem Preis der gesteigerten Seichtigkeit, Geistlosigkeit und Plattheit bezahlt worden.

Aufklärungskritik bei Hegel

„Die deutsche Aufklärung, welche ohne Geist mit verständiger Ernsthaftigkeit und dem Prinzip der Nützlichkeit die Ideen bekämpfte, streifte zunächst die Methode der Wolffischen Philosophie ab, behielt aber das Flache ihres Inhalts und brachte auch die Metaphysik zur letzten Leerheit herunter, bis Jacobi unerwartet an einen ganz anderen Gehalt der Philosophie [...] wieder erinnerte." (Hegel 2003, Bd. 20, S. 310)

Das gleiche gilt nach Hegel auch für die Bereiche der Literatur und Kunst. Hegel gesteht den Autoren der Aufklärung zwar zu, dass sie Literatur und Kunst überhaupt erst zu Gegenständen der Philosophie gemacht haben, wirft ihnen aber vor, dass sie dabei letztlich auf der Stufe der „Dürftigkeit" und des „seichten Geschwätzes" stehen geblieben seien:

„Dürftigkeit der Poesie"

„Nicolai, Mendelssohn, Sulzer und dergleichen philosophierten vorzüglich auch über den Geschmack und die schönen Wissenschaften; denn die Deutschen sollten auch eine schöne Literatur und Kunst erhalten. Allein sie gerieten damit nur an die letzte Dürftigkeit des Ästhetischen – Lessing hatte es ein seichtes Geschwätze genannt – wie im ganzen die Gedichte Gellerts, Weisses, Lessings nicht viel weniger in die letzte Dürftigkeit der Poesie versanken." (Hegel 2003, Bd. 20, S. 309)

Die Motive der Aufklärungskritik in Klassik, Romantik und Idealismus werden in der zweiten Hälfte des 19. Jahrhunderts von der geistesgeschichtlichen Germanistik aktualisiert, die von Wilhelm Dilthey begründet wird. Von seiner Antrittsvorlesung 1867 *Die dichterische und philosophische Bewegung in Deutschland 1770–1800* bis hin zu seinem Hauptwerk *Das Erlebnis und die Dichtung* von 1905 entwickelt Dilthey seine höchst einflussreiche These von einer spezifisch „deutschen Bewegung", die in der Romantik ihren krönenden Abschluss finde.

Während Dilthey Aufklärer wie Leibniz oder Lessing noch in die „deutsche Bewegung" einbezieht, verschiebt sich diese Klassifizierung im weiteren Verlauf zunehmend: bei Germanisten wie Herman Nohl, Rudolf Unger oder Hermann August Korff wird der Irrationalismus Anfang des 20. Jahrhunderts zum deutschen Wesensmerkmal erklärt und dementsprechend die Aufklärung als ‚undeutsch' abgetan. Die „deutsche Bewegung" wird zum deutschen Sonderweg.

So setzt Rudolf Unger eine „große geistes- und literargeschichtliche Zäsur zwischen Aufklärung und Sturm und Drang" an. Demnach gehört es zum „Grundbestand unserer modernen geistesgeschichtlichen Erkenntnis", dass sich mit dem Sturm und Drang „in schärfstem prinzipiellen Gegensatz zur Aufklärung [...] jene mächtige irrationalistische Bewegung" durchsetzt, die „die gesamte Epoche des ‚deutschen Idealismus' trägt und dem ganzen deutschen Geistesleben des 19. Jahrhunderts, trotz aller zumeist aus den westlichen Nachbarländern herüberwirkenden neurationalistischen und positivistischen Gegenströmungen [...] das unterscheidende Gepräge aufdrückt" (Unger 1925/26, S. 67f.).

Hermann August Korff, dem das Verdienst zukommt, das grundlegende Werk zur Voltaire-Rezeption in Deutschland verfasst zu haben (Korff 1917), vertritt in seinem geistesgeschichtlichen Hauptwerk *Der Geist der Goethezeit* (1923ff.) die These, dass dieser „Geist" in einem „neu geformten Irrationalismus" und damit „im Widerspruche zu dem Geiste der Aufklärung" bestehe (Korff 1923, S. 25, 35ff.) Korff aktualisiert dabei die Auffassung von der Kunstfremdheit bzw. -feindlichkeit der Aufklärung, die mit ihrer Verstandes- und Rationa-

Marginalien (linke Spalte):

Diltheys These der „deutschen Bewegung"

Irrationalismus

Aufwertung des Sturm und Drang

Kunstfeindschaft der Aufklärung

litätsorientierung nur eine „verkümmerte Blüte an dem Baume der Weltliteratur" sei (Korff 1923, S. 27). Dagegen sei „Erlösung durch die Gnade der Kunst" (Korff 1923, S. 45) erst möglich durch die Befreiung von der „Herrschaft des Rationalismus und Realismus", denn erst nach dieser Befreiung „befähigen wir uns zu einem tieferen Weltverständnis, das da anfängt, wo der Verstand des aufgeklärten Menschen endet." (Korff 1929, S. 548)

Schon in den 1920er-Jahren sind also alle Elemente angelegt, die in der nationalistischen und nationalsozialistischen Literaturgeschichtsschreibung nur noch zugespitzt werden. So erklärt Benno von Wiese die Aufklärung zu einer „Zeit der äußeren und inneren Abhängigkeit, des Einflusses, der Überfremdung" (von Wiese 1941, S. 241), und Fritz Martini sieht in der Überwindung der Aufklärung die Gründungstat „eines deutschen Eigenseins im Raume der europäischen Kultur" (Martini 1937, S. 344). In dem Pamphlet *Deutsche Nation in Gefahr* (1932) von Hans Naumann sind alle geläufigen Feindbilder der Aufklärungs- und Zivilisationskritik zu einer „Schar apokalyptischer Reiter" versammelt, die über das „deutsche Volkstum" hereingebrochen sei:

> „Denn seit es mit der Aufklärung des 18. Jahrhunderts wie eine Krankheit über Deutschland kam und seitdem dann besonders im 19. Jahrhundert Kapitalismus und Proletariat, Marxismus und wirtschaftliche Weltanschauung, Überbevölkerung, politisches Massenbewußtsein und Maschinenzeitalter erwachten, alle miteinander aufs engste verschwistert und keines ohne die anderen denkbar, eine wirkliche Schar apokalyptischer Reiter, seitdem ist es langsam zu einer Auflösung und schließlich zu einer namenlosen Katastrophe in dem ständisch und kulturell so schön gegliederten Aufbau des deutschen Volkstums gekommen." (Naumann 1932, S. 29)

In der Nachkriegszeit war das zivilisations- und aufklärungskritische Paradigma unter anderen Vorzeichen weiter wirksam. Seit den 1970er-Jahren wurde es in Westdeutschland vor allem als Wissenschafts- und Technikkritik reformuliert, wobei zumindest eine konservative und eine postmoderne Spielart zu unterscheiden sind. Für beide Richtungen sind die wissenschaftlich-technischen Fortschrittsutopien der Aufklärung fragwürdig geworden. Nicht die intendierte Emanzipation der Menschheit sei das Ergebnis der Aufklärung, sondern das Umschlagen der Vernunft in Herrschaft und Intoleranz. Schon in den Titeln der Arbeiten von Odo Marquard (*Schwierigkeiten mit der Geschichtsphilosophie*, 1974) oder Hermann Lübbe (*Traditionsverlust und Fortschrittskrise. Sozialer Wandel als Orientierungsproblem*,

[Marginalien:]

Nationalsozialistische Literaturgeschichte

Nachkriegszeit

Konservative Aufklärungskritik

Postmoderne

1974) sind diese Thesen aus einer fortschrittsskeptischen, konservativen Perspektive ausgesprochen. Auch in der Postmoderne wurde die Aufklärung auf der Basis eines entgrenzten Projekt- oder Prozessbegriffes kritisiert. Aufklärung wurde mit Moderne gleichgesetzt und wahlweise bestimmt als Herrschaft des szientifischen, wissenschaftlich-technischen Weltbildes, als Logozentrismus (d. h. als Herrschaft des Begriffs) oder als Eurozentrismus. Gegen den vermeintlichen Vernunftuniversalismus der Aufklärung wurden das „Andere der Vernunft" (Böhme / Böhme 1981) oder sogar die „Kehrseite der Vernunft" (Denneler 1996) ins Spiel gebracht: etwa die Gefühle, der Körper, die Pluralität von Lebensentwürfen und Kulturen. Die postmoderne Aufklärungskritik wurde zumeist mit der Intention einer kritischen Selbstreflexion auf die Grenzen der Aufklärung, also im Sinne einer erweiterten Aufklärung vorgebracht (vgl. Hofmann 1999, S. 1–17). Sowohl die konservative als auch die postmoderne Aufklärungskritik haben durch ihre Auseinandersetzung mit den vermeintlichen Einseitigkeiten des Projektbegriffes der Aufklärung eine ganze Reihe von Forschungen zum 18. Jahrhundert zur Folge gehabt, in denen gezeigt wurde, dass eine skeptische Selbstkritik der Aufklärung im Namen des „Anderen der Vernunft" selbst schon Teil des literarischen Diskurses zumindest in der Spätaufklärung war.

14.3 Rehabilitierungen der Aufklärung

Vormärz,
Junges Deutschland,
Junghegelianer

In Abgrenzung zur Tradition der Aufklärungskritik wird in der kulturgeschichtlichen Epoche des Vormärz, d. h. in der Zeit zwischen 1815 und 1848, in kritischer Auseinandersetzung mit restaurativen und romantischen Tendenzen an die emanzipatorischen Aspekte der Aufklärung erinnert. In der literarischen Bewegung des Jungen Deutschland, bei Heinrich Laube, Ludolf Wienbarg, Karl Ferdinand Gutzkow oder Theodor Mundt, werden die literarischen Leistungen des 18. Jahrhunderts gewürdigt. Hier finden die Jungdeutschen eine Auffassung von ‚engagierter Literatur' vorgeprägt, welche ihrer eigenen Intention entspricht, die idealistische Trennung in ‚hohe Kunst' und Gebrauchsliteratur aufzuheben. Wie die Aufklärer bevorzugen auch sie öffentlichkeitswirksame literarische Genres und Medien wie Flugschriften, Reportagen, Reiseliteratur oder das Feuilleton. Wie die Jungdeutschen auf dem Gebiet der Literatur, so knüpfen die Junghegelianer auf dem Gebiet der Philosophie an die Aufklärung an. Vor allem die Religionskritik des 18. Jahrhunderts findet bei Autoren wie

David Friedrich Strauss, Arnold Ruge, Max Stirner oder Ludwig Feuerbach ihre Fortsetzung (vgl. Pepperle/Pepperle 1985). Zu Recht hat man den Vormärz aus diesen Gründen auch als Phase einer „Zweiten Aufklärung" bezeichnet (Rosenberg 1999, S. 16).

Exemplarisch für diese Bezugnahme und zugleich originell ist Heinrich Heines Darstellung der Epoche in seiner *Geschichte der Religion und Philosophie in Deutschland* (1834/35). Heine würdigt die Leistungen der Aufklärung als Fortsetzung der Reformation und erzählt eine Befreiungsgeschichte von religiösen Dogmen, die von Baruch de Spinoza über Lessing bis zu Kant reicht. So sei Spinozas Absage an einen christlichen oder jüdischen Schöpfergott und seine Gleichsetzung von Gott und Natur zur „verborgene[n] Religion Deutschlands" geworden. Lessing wird bei Heine zum direkten Nachfolger Martin Luthers: „seit Luther hat Deutschland keinen größeren und besseren Mann hervorgebracht als Gotthold Ephraim Lessing". Kant schließlich wird das Verdienst zugesprochen, durch die Widerlegung der Gottesbeweise in der *Kritik der reinen Vernunft* das theologische Weltbild gestürzt zu haben: „Gott ist nach Kant [...] nichts anders als eine Erdichtung", die „durch eine natürliche Illusion entstanden" ist. Dies sei in seiner Bedeutung auf ideellem Gebiet nur zu vergleichen mit der Absetzung des Königs durch die französischen Revolutionäre auf dem Gebiet des Politischen (Heine 1997, S. 69, 83, 100, 93).

> **Heine und die Aufklärung**

Neben Lessing oder Kant würdigt Heine auch sonst vernachlässigte oder als „seicht" abgetane Autoren. So erinnert er an Christian Wolffs engagierte Rolle im Hallenser Pietismusstreit (→ KAPITEL 4.1) und spricht Moses Mendelssohn für das Judentum die gleiche Bedeutung zu wie Luther für das Christentum: „Wie Luther das Papsttum, so stürzte Mendelssohn den Talmud". Selbst den später viel gescholtenen Friedrich Nicolai verteidigt Heine halb ironisch als einen „Märtyrer der Vernunft", der „sich in der Hauptsache durchaus nicht irrte." (Heine 1997, S. 82, 80, 78) Vor allem aber hebt Heine die Bedeutung der Popularphilosophen hervor, also die Bedeutung jener Aufklärer, die an der Grenze zwischen Belletristik und Philosophie tätig waren:

> **Rehabilitierung der Popularphilosophie**

> „Sie hatten kein bestimmtes System, sondern nur eine bestimmte Tendenz. Sie gleichen den englischen Moralisten in ihrem Stil und in ihren letzten Gründen. Sie schreiben ohne wissenschaftlich strenge Form, und das sittliche Bewußtsein ist die einzige Quelle ihrer Erkenntnis. Ihre Tendenz ist ganz dieselbe, die wir bei den französischen Philanthropen finden. In der Religion sind sie Ratio-

nalisten. In der Politik sind sie Weltbürger. [...] Was Talent betrifft, so mögen wohl Mendelssohn, Sulzer, Abbt, Moritz, Garve, Engel und Biester als die ausgezeichnetsten genannt werden. Moritz ist mir der liebste. Er leistete viel in der Erfahrungsseelenkunde. Er war von einer köstlichen Naivität, wenig verstanden von seinen Freunden. Seine Lebensgeschichte ist eins der wichtigsten Denkmäler jener Zeit." (Heine 1997, S. 81)

Zum Vormärz gehört auch Georg Gottfried Gervinus, dessen *Geschichte der poetischen Nationalliteratur der Deutschen* (1835ff.) in mehreren Auflagen und mit wechselnden Titeln die bürgerlich-liberale Literaturgeschichtsschreibung des 19. Jahrhunderts prägte. Auch Gervinus passt die Aufklärung in ein nationales Identitätskonstrukt ein. Allerdings nimmt er eine andere Wertung vor als Fichte oder die Geistesgeschichte: Die Aufklärung gilt Gervinus als eine anzueignende Tradition, die den Ausgangspunkt einer bürgerlichen Nationalliteratur bildet. Während die Literatur des 16. und 17. Jahrhunderts noch ganz „in den Händen der bevorrechteten Stände war, unter Geistlichen und Adel", sei sie im 18. Jahrhundert zur Angelegenheit der ganzen Nation geworden (Gervinus 1835ff., Bd. 4, S. 7).

Neben der Studie von Gervinus ist Hermann Hettners *Literaturgeschichte des 18. Jahrhunderts* (1856–70) die wichtigste bürgerlich-liberale Epochendarstellung. Hettner behandelt in seiner auch heute noch lesenswerten Darstellung die Aufklärung nicht nur in ihren Beziehungen zwischen England (I. Teil), Frankreich (II. Teil) und Deutschland (III. Teil), sondern er betrachtet die Epoche auch in der Gesamtheit ihrer Phasen und Erscheinungsformen. Dabei bezieht er auch die Frühaufklärung sowie alle Künste ein: neben der Literatur auch die Musik und die Bildende Kunst.

Wesentliche Dokumente der bürgerlich-liberalen Literaturgeschichtsschreibung der Aufklärung sind zudem maßgebliche Einzelstudien wie Theodor Danzels Biografien zu Gottsched (*Gottsched und seine Zeit*, 1848) und Lessing (*Lessing. Sein Leben und seine Werke*, 1850–54) oder Karl Rosenkranz' zweibändige Diderot-Monografie (*Diderots Leben und Werke*, 1866).

Als eine der frühesten literaturgeschichtlichen Untersuchungen zur Aufklärung auf Basis der von Marx und Engels entwickelten historisch-materialistischen Methode gilt Franz Mehrings *Lessing-Legende* (1893). Wie die bürgerlich-liberalen Autoren deutet auch Mehring die Aufklärung insgesamt als eine emanzipatorische Epoche. Allerdings kritisiert er die Gleichsetzung von Aufklärung mit dem absolutistischen Zeitalter Friedrichs II., die seit Kant geläufig war, die

Seitenrand:
Bürgerlich-liberale Literaturgeschichtsschreibung

Hermann Hettner

Einzelstudien

Marxistische Literaturgeschichte

vor allem aber im Zweiten Deutschen Reich unter der Führung Preußens (1871–1918) zur ideologischen Legitimationsformel abgesunken war. Dagegen macht Mehring darauf aufmerksam, dass ein Aufklärer wie Lessing zeit seines Lebens gegen preußischen Despotismus und Untertanengesinnung gekämpft hat. Mehrings Studie steht am Anfang einer Tradition marxistischer Aufklärungsforschung, die über Georg Lukacs bis zu Werner Krauss, also bis in die zweite Hälfte des 20. Jahrhunderts, reicht. Beide, Lukacs und Krauss, setzten sich mit der zivilisationskritischen Abwertung der Epoche auseinander, die sich in der literaturgeschichtlichen Periodisierung, vor allem in der Trennung von Aufklärung und Sturm und Drang äußerte. Dagegen verteidigen sie einen weiten Aufklärungsbegriff, der den Sturm und Drang umfasst und dessen Ideen weit über das 18. Jahrhundert hinausweisen (vgl. Lukacs 1954, Krauss 1963). Diese positive Bezugnahme auf die Aufklärung in der marxistischen Literaturgeschichtsschreibung führte unter anderem dazu, dass in der DDR eine lebendige Aufklärungsforschung existierte, die wichtige Impulse auch in Richtung Bundesrepublik lieferte.

In der Zeit der Weimarer Republik suchte man in der Epoche der Aufklärung vor allem Vorformen demokratischer Traditionen; man interessierte sich für Themen wie Volkskultur, Popularisierung oder den Kampf um die Gleichberechtigung der Geschlechter. In diesem Zusammenhang entstanden z. B. die Studien von Marianne Thalmann zum *Trivialroman des 18. Jahrhunderts* (1923) oder von Christine Touaillon zum *Deutschen Frauenroman des 18. Jahrhunderts* (1919). Auch die Untersuchung von Paul Schwartz zum Widerstand des aufgeklärten preußischen Beamtentums gegen das Religions- und Zensuredikt und die damit verbundene gegenaufklärerische Politik des preußischen Königs Friedrich Wilhelm II. zielt darauf ab, eine Tradition der Zivilcourage und der Zivilgesellschaft neben dem sprichwörtlichen preußischen Untertanengeist aufzuzeigen (vgl. Schwartz 1925). **Weimarer Republik**

In kritischer Auseinandersetzung mit der geistesgeschichtlichen Germanistik werden innovative sozial- und kulturgeschichtliche Ansätze verfolgt (vgl. Voßkamp 1993). So entwickelt Fritz Brüggemann eine Methodik der kulturgeschichtlichen Kontextualisierung der Aufklärungsliteratur (vgl. Brüggemann 1926) und macht mit seinen Sammeleditionen in der Reihe *Deutsche Literatur in Entwicklungsreihen* außerdem die Texte fast vergessener Autoren wie Christian Thomasius, Christian Weise, Barthold Heinrich Brockes, Albrecht von Haller, Johann Christoph Gottsched, Friederike Caroline Neuber oder Johann Gottfried Schnabel einer breiteren Leserschaft (wieder) zugäng- **Sozial- und Kulturgeschichte** lich (vgl. Brüggemann 1928ff.). Hans Gerth sucht in den städtischen Aufklärungszirkeln die Wurzeln toleranten und liberalen Denkens und zeigt, wie erstmals auch Außenseiter, Sonderlinge und Randgruppen literaturfähig wurden (vgl. Gerth 1935).

Philosophie der Aufklärung

Auch Ernst Cassirers Standardwerk zur *Philosophie der Aufklärung* (1930) wird nur vor dem zeitgeschichtlichen Hintergrund seiner Entstehung verständlich. Cassirer macht gegen eine verkürzende aufklärungskritische Deutung auf das historische, empirische und ästhetische Denken im 18. Jahrhundert aufmerksam. Gegen die Ideologie des vermeintlichen spezifisch deutschen Irrationalismus versucht er so, die Modernität der Aufklärung aufzuzeigen.

Germanistik der 1970er-Jahre

Die genannten Studien aus der Weimarer Republik haben ihre innovative Wirkung erst mit zeitlicher Verzögerung entfalten können und wurden zumeist erst von der Germanistik der 1970er-Jahre wieder aufgenommen. Im Kontext von Gesellschaftsmodernisierung und Studentenbewegung wurde auch hier die Aufklärung als anzueignende Tradition der deutschen Geschichte wiederentdeckt und man knüpfte methodisch an den sozialgeschichtlichen Ansatz, thematisch an Fragen der Popularkultur, der Randgruppen- oder der Geschlechterforschung an. Ein Beispiel für dieses Erkenntnisinteresse ist die Jakobiner-Forschung, in der die Revolutions-Begeisterung nicht nur im deutschen Sprachraum, sondern europaweit untersucht wurde (vgl. zusammenfassend Schlott 1999). Zugleich als eine Zwischenbilanz der vielfältigen Forschungen dieser Zeit wie auch als Auftakt zu einer sozialgeschichtlich perspektivierten Literaturgeschichtsschreibung erschienen um 1980 die ersten Bände der drei großen Sozialgeschichten der deutschen Literatur von Rolf Grimminger (1980), Horst Albert Glaser (1980) und Viktor Žmegač (1979) bezeichnenderweise zur Epoche der Aufklärung.

14.4 Forschungsperspektiven

Erweiterung des Forschungsspektrums

Nach 1989 haben die Auseinandersetzungen zwischen Aufklärungskritik und identifikatorischer Anknüpfung zunächst an ideologischer Intensität verloren, dafür aber an Quantität der Einzelforschungen gewonnen. Viele der Argumente der Aufklärungskritik sind in die Untersuchungen zum 18. Jahrhundert selbst integriert worden und haben eigenständige Forschungsprogramme hervorgebracht. So wird in der seit einigen Jahren fest im akademischen Betrieb etablierten Forschungsrichtung der literarischen Anthropologie gezeigt, dass das

Körperliche, das Unbewusste, das Melancholische, Skeptische und Pessimistische bereits in den Quellen der Spätaufklärung selbst zu finden ist (→ ASB KOŠENINA). Im Forschungsprogramm „Aufklärung und Esoterik" wird das ganze Gebiet von gegenaufklärerischen, ‚obskurantistischen' Geheimgesellschaften zum Gegenstand gemacht und damit gerade das ‚Jenseits der Aufklärung' in den Blick gerückt (vgl. Borgstedt 2004, S. 90–99). Schließlich entstand in den letzten Jahren eine Reihe von interdisziplinär ausgerichteten Studien zur Wissenschaftsgeschichte der Aufklärung (vgl. z. B. Pott 2002, Vogl 1999).

Auch der sozialgeschichtliche Ansatz, der in der Postmoderne bereits als vermeintlich veraltet verabschiedet wurde, ist mit mediengeschichtlichen Methoden (etwa in den Studien Holger Bönings zum Zeitschriftenwesen und in seiner Bibliographie der Volksaufklärung, vgl. Böning 2004) und neuen Formen der sozialgeschichtlichen Netzwerkforschung – z. B. über Geselligkeitsformen, Kommunikationswege und Medien (vgl. z. B. Zaunstöck / Meumann 2003) – inzwischen wieder lebendig und fruchtbar. *Mediengeschichte*

Die aktuellen Tendenzen und Methoden der internationalen und interdisziplinären Aufklärungsforschung – etwa der Kulturtransferforschung, Komparatistik, regionale Kulturraumforschung, Gender Studies (→ ASB SCHÖSSLER) oder globalgeschichtliche Forschungen – zeigen die Vielfalt ganz unterschiedlicher Ausformungen von Aufklärung (vgl. Goodman 1994, Nussbaum 2003). *Interdisziplinäre Aufklärungsforschung*

Dass „mit dem Beginn des 21. Jahrhunderts [...] die Zeiten einer lebhaften Aufklärungsforschung vorbei" seien, wie Rainer Baasner jüngst vermutete (Baasner 2006, S. 20), erscheint angesichts dessen als voreilige Absage an den eigenen Gegenstand. Im Gegenteil – gerade die großen Herausforderungen des beginnenden 21. Jahrhunderts, die Rückkehr religiöser Fundamentalismen ebenso wie die globale Aufgabe der Transformation traditioneller Industriegesellschaften in technik-basierte und demokratische Wissensgesellschaften, sprechen für eine unverminderte Aktualität des Projekts Aufklärung und seiner Wurzeln im 18. Jahrhundert.

Fragen und Anregungen

• Erläutern Sie die Unterschiede zwischen dem Epochen-Begriff und dem Projektbegriff der Aufklärung und diskutieren Sie, inwiefern beide die literaturgeschichtliche Beschäftigung mit der Aufklärung geprägt haben.

- Inwiefern unterscheidet sich die Bestimmung des Verhältnisses von Aufklärung und dem Beginn einer klassischen Nationalliteratur in der deutschen Literaturgeschichtsschreibung von der in der französischen oder englischen?

- Erläutern Sie am Beispiel der Einordnung von Phasen wie der Frühaufklärung oder dem Sturm und Drang die Geschichtlichkeit literaturgeschichtlicher Kategorien.

- Inwiefern haben sich Epochen wie der Vormärz oder auch Teile der Kultur der 1970er-Jahre als „zweite Aufklärung" verstanden?

- Nennen Sie neuere Tendenzen der Aufklärungsforschung.

Lektüreempfehlungen

Quellen
- **Fritz Brüggemann (Hg.): Die Anfänge des bürgerlichen Trauerspiels in den fünfziger Jahren**, Leipzig 1934. *Richtungsweisende Einleitung zur sozial- und kulturgeschichtlichen Einordnung einer zentralen Gattung der Aufklärung.*

- **Ernst Cassirer: Die Philosophie der Aufklärung** [1930], Hamburg 2003. *Grundlegende Darstellung wichtiger ideengeschichtlicher Tendenzen der Aufklärung aus der Sicht eines Philosophen der Weimarer Republik.*

- **Heinrich Heine: Zur Geschichte der Religion und Philosophie in Deutschland** [1834/35], Stuttgart 1997. *Lesenswerte, ursprünglich für das französische Publikum verfasste populärwissenschaftliche Darstellung der deutschen Aufklärung aus dem Vormärz.*

- **Hermann Hettner: Geschichte der deutschen Literatur im achtzehnten Jahrhundert** [1856–70], Bd. 1–2, Berlin/Weimar 1979. *Umfangreichste Darstellung und Einordnung der Aufklärungsliteratur aus der Sicht der bürgerlich-liberalen Literaturgeschichtsschreibung des 19. Jahrhunderts.*

- **Franz Mehring: Die Lessing-Legende. Eine Rettung** [1893], Frankfurt a. M. 1972. *Frühes Beispiel der historisch-materialistischen Aufklärungsforschung.*

- Angela Borgstedt: **Das Zeitalter der Aufklärung**, Darmstadt 2004.   Forschung
*Neueste Überblicksdarstellung zu Problemfeldern und inter-
disziplinären Perspektiven der Aufklärungsforschung.*

- Holger Dainat / Wilhelm Voßkamp (Hg.): **Aufklärungsforschung in
Deutschland**, Heidelberg 1999. *Darstellung der Wirkungsgeschichte aus germanistischer Sicht mit Einzeluntersuchungen zu den jeweiligen Etappen im 19. und 20. Jahrhundert.*

- Helmut Peitsch: **Georg Forster. A History of His Critical Reception**,
New York 2001. *Beispiel für eine Einzeluntersuchung zur wider-
spruchsvollen Rezeptionsgeschichte eines zentralen Autors der
deutschen Aufklärung.*

- Peter Pütz: **Die deutsche Aufklärung**, Darmstadt 1978, 4., überarbeitete und erweiterte Auflage 1991. *Standardwerk zur Forschungsgeschichte (in der erweiterten, bislang letzten 4. Auflage bis
zur Postmoderne); Diskussion zentraler geistesgeschichtlicher, kulturgeschichtlicher und sozialgeschichtlicher Studien.*

15 Serviceteil

15.1 Allgemeine bibliografische Hilfsmittel

Laufende Bibliografien

- Internationale Bibliographie zur deutschen Klassik 1750–1850, Folge 1ff., Weimar u. a. 1960ff. *Verzeichnet Editionen und Forschungsliteratur zu allen literarischen Strömungen des erfassten Zeitraums, nicht nur zur Klassik. Ausführlicher personalbibliografischer Teil.*

- The Eighteenth Century. A current bibliography (seit 2004: The Eighteenth Century Current Bibliography), New York 1971ff. *Internationale Bibliografie.*

Sach- und Personenlexika

- Lexikon der Aufklärung. Deutschland und Europa, hg. v. Werner Schneiders, München 1995. – Taschenbuchausgabe: München 2001. *Enthält Sachartikel zu allen Aspekten der Aufklärungsepoche, es fehlen jedoch einige wichtige literaturgeschichtliche Stichworte.*

- Dictionnaire européen des lumières. Publié sous la direction de Michel Delon, Paris 1997. – Engl. Übersetzung: Encyclopedia of the Enlightenment, Vol. 1–2, Chicago 2001. *Präzise Informationen vor allem zur französischen Aufklärung.*

- Encyclopedia of the Enlightenment. Editor in Chief: Alan Charles Kors, Vol. 1–4, Oxford 2003. *Umfangreichstes Nachschlagewerk zur Epoche.*

- Biographische Enzyklopädie der deutschsprachigen Aufklärung, hg. v. Rudolf Vierhaus und Hans Erich Bödeker, München 2002. *Enthält Kurzbiografien zu über 1 100 der Aufklärung zugerechneten Personen.*

Zeitschriften und Periodika

- Lessing Yearbook, ed. for the Lessing Society, Bd. 1ff., Detroit u. a. 1969ff. *Älteste Spezialzeitschrift zur Literatur des 18. Jahrhunderts mit umfangreichem Rezensionsteil.*

- **Das achtzehnte Jahrhundert.** Mitteilungen (seit 1998: Zeitschrift) der Deutschen Gesellschaft für die Erforschung des 18. Jahrhunderts, Heft 1ff., Bremen u. a. 1977ff. *Wichtigstes Periodikum der deutschsprachigen Aufklärungsforschung.*

- **Aufklärung.** Interdisziplinäre Halbjahresschrift (seit 2001: Jahrbuch) zur Erforschung des 18. Jahrhunderts und seiner Wirkungsgeschichte, Heft 1ff., Hamburg 1986ff. *Bietet in jedem Band Beiträge zu fest umgrenzten Themenschwerpunkten.*

- **Berliner Aufklärung. Kulturwissenschaftliches Jahrbuch,** hg. v. Ursula Goldenbaum und Alexander Košenina, Bd. 1ff., Hannover 1999ff. *Aufsatzsammlungen aus verschiedenen Disziplinen zur Berliner Aufklärung.*

Literaturgeschichten

- **Geschichte der deutschen Literatur vom 18. Jahrhundert bis zur Gegenwart,** hg. v. Viktor Žmegač, Bd. 1, Teil 1–2, Königstein / Ts. 1979, 4. unveränderte Auflage Weinheim 1996. *Solide informierende Darstellung zum literaturgeschichtlichen Zeitraum von 1670–1848.*

- Deutsche Literatur. Eine Sozialgeschichte, Bd. 4: Zwischen Absolutismus und Aufklärung: Rationalismus, Empfindsamkeit, Sturm und Drang. 1740–86, hg. v. Ralph-Rainer Wuthenow, Reinbek bei Hamburg 1980. *Sozialgeschichtlich orientierte Epochencharakteristik in 20 Einzelbeiträgen.*

- Hansers Sozialgeschichte der deutschen Literatur vom 16. Jahrhundert bis zur Gegenwart, Bd. 3: Deutsche Aufklärung bis zur Französischen Revolution 1680–1789, hg. v. Rolf Grimminger, München / Wien 1980. – Taschenbuchausgabe: München 1984. *Umfassendes Handbuch, dessen knapp 100-seitige, vom Herausgeber verfasste Einleitung noch immer die beste Einführung in die Literatur der Aufklärung bietet.*

- Geschichte der deutschen Literatur von den Anfängen bis zur Gegenwart. Begründet von Helmut de Boor und Richard Newald, Bd. 6: Sven Aage Jørgensen / Klaus Bohnen / Per Øhrgaard: Aufklärung, Sturm und Drang, frühe Klassik. 1740–89, München 1990. – Paperbackausgabe: München 1999. *Kompakte Zusammenfassung mit vorwiegend ideengeschichtlicher Ausrichtung.*

- Geschichte der deutschen Literatur. Kontinuität und Veränderung. Vom Mittelalter bis zur Gegenwart, hg. v. Ehrhard Bahr, Bd. 2: Von der Aufklärung bis zum Vormärz, Tübingen 1988, 2. vollständig überarbeitete und erweiterte Auflage Tübingen 1998. *Kurze, an den wichtigsten Autoren orientierte Darstellung.*

15.2 Forschungsinstitutionen und Web-Adressen

- **Aufklärungsforschung im Netz.** Ein Angebot des Forschungszentrums Europäische Aufklärung in Potsdam, Web-Adresse: http://www.uni-potsdam.de/u/fea. *Hinweise auf elektronische Ressourcen zur internationalen Aufklärungsforschung.*

- **Interdisziplinäres Zentrum für die Erforschung der Europäischen Aufklärung** der Martin-Luther-Universität Halle-Wittenberg in Halle / Saale, Web-Adresse: http://www.izea.uni-halle.de. *Forschungszentrum mit regelmäßigem Tagungsprogramm und Spezialbibliothek.*

- **Klassik Stiftung Weimar mit Goethe-Schiller-Archiv, Herzogin Anna Amalia Bibliothek, Goethe-Nationalmuseum und Schillers Wohnhaus in Weimar sowie dem Schiller-Museum in Bauerbach,** Web-Adresse: http://www.klassik-stiftung.de. *Forschungs- und Studienstätte zur deutschen Literatur von 1750 bis 1830 mit vielfältigen musealen Angeboten.*

- **Freies Deutsches Hochstift und Frankfurter Goethe-Museum** in Frankfurt am Main, Web-Adresse: http://www.goethehaus-frankfurt.de. *Forschungseinrichtung mit Handschriftenarchiv, insbesondere zur deutschen Literatur von 1740 bis 1840, und Goethe-Museum.*

- **Deutsches Literaturarchiv Marbach mit Schiller-Nationalmuseum und Deutscher Schillergesellschaft** in Marbach am Neckar, Web-Adresse: http://www.dla-marbach.de. *Größtes deutsches Literaturarchiv mit umfangreichen Handschriften- und Buchbeständen zur deutschen Literatur seit der Aufklärung.*

15.3 Werkausgaben, Periodika und Institutionen zu einzelnen Autoren

Barthold Heinrich Brockes (1680–1747)

Kritische Ausgabe
- Werke, hg. v. Jürgen Rathje, Bd. 1ff., Dresden 2007ff. *Auf sieben Bände geplante kritische und kommentierte Gesamtausgabe der literarischen Schriften und Übersetzungen.*

Reprintausgabe
- Irdisches Vergnügen in Gott. Bestehend in physicalisch- und moralischen Gedichten (Nachdruck der Ausgabe Hamburg 1721–48), Bd. 1–9, Bern 1970. *Reprint von Brockes' Hauptwerk, dem unterschiedliche Auflagen der Einzelbände zugrunde liegen.*

Georg Forster (1754–1794)

Historisch-kritische Ausgabe
- Werke. Sämtliche Schriften, Tagebücher, Briefe, hg. v. der Deutschen Akademie der Wissenschaften zu Berlin u. a., Bd. 1–18, Berlin 1958–2003. *Maßgebliche, 20 Bände umfassende historisch-kritische Gesamtausgabe, die bis auf das Register und die Bibliografie vollständig vorliegt.*

Studienausgabe
- Werke in vier Bänden, hg. v. Gerhard Steiner, Frankfurt a. M. 1967–70. – Taschenbuchausgabe: Bd. 1 (*Reise um die Welt*, 1778–80), Frankfurt a. M. 1983, 7. Auflage 2004. *Kommentierte Studienausgabe mit umfangreicher Auswahl aus allen Werkbereichen.*

Schriftenreihe
- Georg-Forster-Studien, hg. im Auftrag der Georg-Forster-Gesellschaft, Bd. 1ff., Berlin u. a. 1997ff.

Institutionen
- Arbeitsstelle Forster-Ausgabe der Berlin-Brandenburgischen Akademie der Wissenschaften in Berlin, Web-Adresse: http://www.bbaw.de.

- Georg-Forster-Gesellschaft in Kassel, Web-Adresse: http://www.georg-forster-gesellschaft.de.

Christian Garve (1742–1798)

Reprintausgabe
- Gesammelte Werke (Nachdrucke der Ausgaben von 1772–1830), hg. v. Kurt Wölfel, Bd. 1–16, Hildesheim u. a. 1985–99. – Online-Ausgabe: http://www.olmsonline.de (Zugriff über

Bibliotheken). *Reprintausgabe der Erstdrucke ohne editorische Erläuterungen, die auch in einer Online-Version zur Verfügung steht.*

Christian Fürchtegott Gellert (1715–1769)

* **Gesammelte Schriften. Kritische, kommentierte Ausgabe,** hg. v. Bernd Witte, Bd. 1–7, Berlin / New York 1988–2007. *Umfassend kommentierte Gesamtausgabe.*

  Historisch-kritische Ausgabe

* **Briefwechsel. Kritische Gesamtausgabe,** hg. v. John F. Reynolds, Bd. 1–4, Berlin / New York 1983–96. *Kommentierte Ausgabe von Gellerts Briefwechsel aus dem Zeitraum 1740–66.*

  Briefe

* **Werke,** hg. v. Gottfried Honnefelder, Bd. 1–2, Frankfurt a. M 1979. *Nützliche, jedoch unkommentierte Leseausgabe.*

  Leseausgabe

* **Gellert-Forschungsstelle** der Heinrich-Heine-Universität Düsseldorf, Web-Adresse: http://www.phil-fak.uni-duesseldorf.de/germ2/gellert.

  Institutionen

* **Gellert-Museum** in Hainichen, Web-Adresse: http://www.gellert-museum.de.

Salomon Gessner (1730–1788)

* **Sämtliche Schriften in drei Bänden** (Nachdruck der Ausgabe Zürich 1762–72), hg. v. Martin Bircher, Zürich 1972–74. *Unkommentierte Nachdruckausgabe mit Materialien zur Entstehungsgeschichte im Anhang.*

  Reprintausgabe

* **Idyllen. Kritische Ausgabe,** hg. v. E. Theodor Voss, Stuttgart 1973, 3., durchgesehene und erweiterte Auflage, Stuttgart 1988. *Kritische Edition von Gessners Hauptwerk mit umfangreichen Text- und Sacherläuterungen.*

  Kritische Einzelausgabe

Johann Wolfgang Goethe (1749–1832)

* **Werke,** hg. im Auftrag der Großherzogin Sophie von Sachsen, Abt. I: Werke, Bd. 1–55. Abt. II: Naturwissenschaftliche Schriften, Bd. 1–13. Abt. III: Tagebücher, Bd. 1–15. Abt. IV: Briefe, Bd. 1–50 (Nachdruck der Ausgabe Weimar 1887–1919), Tokyo / Tübingen 1975. – Nachtrags-Bde. 1–3 zu Abt. IV, hg. v. Paul Raabe, München 1990. – Taschenbuchausgabe: Bd. 1–146, München 1990. *Als „Weimarer Ausgabe" oder „Sophien-Aus-*

  Historisch-kritische Ausgabe

gabe" bezeichnete historisch-kritische Edition mit dem größten Textbestand.

- **Sämtliche Werke. Briefe, Tagebücher und Gespräche. Abt. I:** Sämtliche Werke, hg. v. Friedmar Apel u. a., Bd. 1–27. Abt. II: Briefe, Tagebücher und Gespräche, hg. v. Karl Eibl u. a., Bd. 1–12, Frankfurt a. M. 1985–99. *Die „Frankfurter Ausgabe" ist die umfangreichste kommentierte Edition von Goethes Schriften.*

- **Sämtliche Werke nach Epochen seines Schaffens.** Münchner Ausgabe, hg. v. Karl Richter u. a., Bd. 1–21, München 1985–98. *Die kommentierte „Münchner Ausgabe" gliedert den Textbestand nach der Entstehungszeit der Werke.*

- **Werke. Hamburger Ausgabe in vierzehn Bänden,** hg. v. Erich Trunz, Hamburg 1948–64. – Vollständige Neubearbeitung: München 1981. – Überarbeitete Nachauflagen einzelner Bände. *Die „Hamburger Ausgabe" gilt als Prototyp der modernen Studienausgaben und wird vor allem wegen ihrer literaturgeschichtlichen Erläuterungen geschätzt.*

- **Goethe-Handbuch,** hg. v. Bernd Witte u. a., Bd. 1–4 mit Register-Bd., Stuttgart/Weimar 1996–98. – Supplement-Bd. 1ff., Stuttgart/Weimar 2005ff. – Paperback-Ausgabe: Stuttgart/Weimar 2004. *Enthält Interpretationsartikel zu allen Werken sowie ein nützliches zweibändiges Personen-, Sach- und Begriffsregister zu Goethe und seiner Zeit.*

- **Goethe-Jahrbuch,** hg. im Auftrag des Vorstandes der Goethe-Gesellschaft (mit wechselnden Titeln), Bd. 1ff., Weimar u. a. 1880ff. *Mit einer laufenden Bibliografie der Goethe-Editionen und der Forschung.*

Johann Christoph Gottsched (1700–1766)

- **Ausgewählte Werke,** hg. v. Joachim Birke und Phillip M. Mitchell, Bd. 1–12, Berlin/New York 1968–95. *Umfangreichste kommentierte und kritische Neuausgabe der Werke Gottscheds.*

- **Briefwechsel. Unter Einschluß des Briefwechsels von Luise Adelgunde Victorie Gottsched. Historisch-kritische Ausgabe,** im Auftrag der Sächsischen Akademie der Wissenschaften zu Leipzig hg. v. Detlef Döring und Manfred Rudersdorf, Bd. 1ff., Berlin/New York 2007ff. *Auf 25 Bände geplante Gesamtausgabe.*

- **Arbeitsstelle zur Edition des Gottsched-Briefwechsels** an der   Institution
  Sächsischen Akademie der Wissenschaften zu Leipzig,
  Web-Adresse: http://www.saw-leipzig.de.

Luise Adelgunde Victorie Gottsched (1713–1762)

- **Die Lustspiele der Gottschedin**, hg. v. Reinhard Buchwald und   Teilsammlung
  Albert Köster, Bd. 1–2, Leipzig 1908/09. *Abdruck von fünf eigenen
  Komödien und fünf Übersetzungen mit knappem Nachwort.*

- **Die deutsche Schaubühne** hg. v. Johann Christoph Gottsched   Reprintausgabe
  (Nachdruck der Ausgabe Leipzig 1741–45), mit einem Nachwort
  von Horst Steinmetz, Bd. 1–6, Stuttgart 1972. *Enthält fünf
  Originalwerke und sieben Übersetzungen der Autorin.*

- **Die Pietisterey im Fischbein-Rocke. Komödie**, hg. v. Wolfgang   Einzelausgabe
  Martens, bibliographisch ergänzte Ausgabe, Stuttgart 1996.
  Kommentierte Ausgabe des bekanntesten Stückes der Autorin.

- **„Mit der Feder in der Hand". Briefe aus den Jahren 1730–1762**,   Briefe
  hg. v. Inka Kording, Darmstadt 1999. *Folgt der zeitgenössischen
  Briefausgabe von 1771/72 mit ausführlichen Kommentaren.*

Albrecht von Haller (1708–1788)

- **Gedichte**, hg. und eingel. v. Ludwig Hirzel, Frauenfeld 1882. –   Kritische Ausgabe
  Studienausgabe: Bd. 1–2, Frauenfeld/Leipzig 1917. *Noch immer
  wichtige kritische Ausgabe mit einer 500-seitigen Biografie Hallers.*

- **Versuch Schweizerische Gedichte** (Nachdruck der 11. vermehrten   Reprintausgabe
  und verbesserten Ausgabe Bern 1777), Hildesheim u. a. 2006.
  *Nachdruck der letzten zu Lebzeiten Hallers erschienenen Gedicht-
  sammlung.*

- **Die Alpen und andere Gedichte**, Auswahl und Nachwort von   Einzelausgaben
  Adalbert Elschenbroich, Stuttgart 1994. *Knapp kommentierte
  Leseausgabe.*

- **Forschungsprojekt Albrecht von Haller** der Universität Bern,   Institution
  Web-Adresse: http://www.haller.unibe.ch.

Johann Gottfried Herder (1744–1803)

- **Sämtliche Werke**, hg. v. Bernhard Suphan, Bd. 1–33 (Nachdruck   Gesamtausgabe
  der Ausgabe Berlin 1877–1913), Hildesheim 1967/68. *Bisher*

vollständigste ältere Werkausgabe in uneinheitlicher editorischer Gestaltung mit knappen Kommentaren.

Kritische Ausgaben • **Werke in zehn Bänden,** hg. v. Martin Bollacher u. a., Frankfurt a. M. 1985–2000. *Aktuelle, umfassend kommentierte kritische Ausgabe.*

• **Werke,** hg. v. Wolfgang Pross, Bd. 1–3, München / Wien 1984–2002. *Repräsentative Auswahl mit detaillierten Kommentaren.*

Briefe • **Briefe. Gesamtausgabe 1763–1803,** unter Leitung von Karl-Heinz Hahn hg. v. den Nationalen Forschungs- und Gedenkstätten der klassischen deutschen Literatur in Weimar (Goethe- und Schiller-Archiv) u. a., Bd. 1–12, Weimar 1977–2005. *Die Ausgabe ist im Textbestand (Bd. 1–9) abgeschlossen und wird durch Kommentar-bände ergänzt.*

Jahrbuch • **Herder-Jahrbuch. Studien zum 18. Jahrhundert,** hg. v. der International Herder Society, Bd. 1ff., Columbia / SC u. a. 1992ff.

Institution • **International Herder Society** (mit wechselndem Sitz), Web-Adresse: http://www.johann-gottfried-herder.net.

Friedrich Gottlieb Klopstock (1724–1803)

Historisch-kritische Ausgabe • **Werke und Briefe. Historisch-kritische Ausgabe.** Hamburger Klopstock-Ausgabe, begründet von Adolf Beck u. a., hg. v. Horst Gronemeyer u. a. Abt. I: Werke. Abt. II: Briefe. Abt. III: Addenda, Berlin / New York 1974ff. *Auf 40 Bände geplante, mit modernsten editorischen Verfahren arbeitende historisch-kritische Ausgabe.*

Leseausgabe • **Ausgewählte Werke,** hg. v. Karl August Schleiden, München 1962, 4. Auflage in 2 Bänden München 1981. *Kommentierte Lese-ausgabe mit umfangreicher Auswahl aus allen Teilen des Gesamt-werkes.*

Institutionen • **Arbeitsstelle der Hamburger Klopstock-Ausgabe** an der Staats- und Universitätsbibliothek Carl von Ossietzky, Hamburg, Web-Adresse: http://www.sub.uni-hamburg.de.

• **Klopstockhaus** in Quedlinburg, Web-Adresse: http://www.quedlinburg.de.

Sophie von La Roche (1731–1807)

- **Geschichte des Fräuleins von Sternheim**, hg. v. Barbara Becker-Cantarino, bibliographisch ergänzte Ausgabe, Stuttgart 1997. *Bewährte Edition des 1771 erschienenen bekanntesten Romans der Autorin.* Einzelausgabe

- **Jenseits der „Sternheim". Die unbekannteren Werke der Sophie von La Roche** (Nachdrucke der Ausgaben 1783–1806), hg. v. Heike Menges. Abt. I–II, Bd. 1–23, Karben 1992–98. *Reprintausgabe der Romane, Erzählbände und Reiseberichte der Autorin.* Reprintausgaben

- **Pomona für Teutschlands Töchter** (Nachdruck der Ausgabe Speyer 1783/84), hg. mit einem Vorwort von Jürgen Vorderstemann, Bd. 1–4, München 1987. *Nachdruck der von La Roche herausgegebenen und fast komplett allein verfassten Zeitschrift.*

- **Museum Sophie La Roche** – Literarische Gedenkstätte, Bönnigheim, Web-Adresse: http://www.boennigheim.de. Institution

Jakob Michael Reinhold Lenz (1751–1792)

- **Werke in zwölf Bänden.** Faksimiles der Erstausgaben seiner zu Lebzeiten selbständig erschienenen Texte, hg. v. Christoph Weiß, St. Ingbert 2001. *Nachdrucke der Erstausgaben aus dem Zeitraum 1769 bis 1780.* Reprintausgabe

- **Werke und Briefe in drei Bänden**, hg. v. Sigrid Damm, München/Wien 1987. – Taschenbuchausgabe: Frankfurt a. M. 1992 und 2005. *Einzige umfassende und kommentierte Werkausgabe.* Studienausgaben

- **Werke**, hg. v. Friedrich Voit, Stuttgart 1992. *Studienausgabe mit den wichtigsten Werken und theoretischen Schriften.*

- **Lenz-Jahrbuch. Sturm und Drang-Studien**, Bd. 1ff., St. Ingbert 1991ff. Jahrbuch

- **Forschungsstelle J. M. R. Lenz** an der Universität Mannheim, Web-Adresse: http://www.jacoblenz.de. Institution

Gotthold Ephraim Lessing (1729–1781)

- **Sämtliche Schriften**, hg. v. Karl Lachmann, (Nachdruck der 3., auf's neue durchgesehenen und vermehrten Auflage, besorgt Historisch-kritische Ausgabe

durch Franz Muncker, Bd. 1–23, Stuttgart u. a. 1886–1924),
Berlin 1968 und 1979. *Ältere Standardausgabe mit dem größten
Textbestand, ohne Kommentierung.*

Studienausgaben

- **Werke und Briefe in zwölf Bänden,** hg. v. Wilfried Barner u. a.,
  Frankfurt a. M. 1985–2003. *Umfangreichste neuere Werkausgabe, ausführlich kommentiert, mit Quellen- und Wirkungs-
  dokumenten.*

- **Werke,** in Zusammenarbeit mit Karl Eibl u. a. hg. v. Herbert G.
  Göpfert, Bd. 1–8, München 1970–79. *Wohldurchdachte Auswahlausgabe, textkritisch ediert und sorgfältig kommentiert.*

Handbücher und
Jahrbuch

- **Wilfried Barner u. a.: Lessing. Epoche, Werk, Wirkung,** München
  1975, 6. Auflage München 1998. *Umfassendes und praktisches
  Arbeitsbuch zu Lessings Werken mit literatursoziologischem
  Ansatz.*

- **Monika Fick: Lessing-Handbuch. Leben, Werk, Wirkung,**
  Stuttgart / Weimar 2000, 2. durchgesehene und ergänzte Auflage
  2004. *Chronologisch angelegtes Nachschlagewerk zu Lessings
  Schriften mit Textanalysen und Darstellung aktueller Forschungspositionen.*

- Lessing Yearbook (→ 15.1 ZEITSCHRIFTEN UND PERIODIKA).

Institutionen

- **Lessing-Akademie** Wolfenbüttel, Web-Adresse:
  http://www.lessing-akademie.de.

- **Lessing-Museum** in Kamenz, Web-Adresse:
  http://www.lessingmuseum.de.

Georg Christoph Lichtenberg (1742–1799)

Historisch-kritische
Ausgabe

- **Gesammelte Schriften. Historisch-kritische und kommentierte
  Ausgabe,** hg. v. der Akademie der Wissenschaften zu Göttingen
  und der Technischen Universität Darmstadt, Bd. 1ff., Göttingen
  2005ff. *Umfassend angelegte Edition, die bis 2020 vorliegen und
  sämtliche Schriften Lichtenbergs einschließlich des Nachlasses
  erfassen soll.*

Briefe

- **Briefwechsel,** im Auftrag der Akademie der Wissenschaften zu
  Göttingen hg. v. Ulrich Joost und Albrecht Schöne, Bd. 1–5,
  München 1983–2004. *Mustergültig kommentierte und
  erschlossene Briefausgabe.*

- **Schriften und Briefe**, hg. v. Wolfgang Promies, Bd. 1–4, Kommentarbd. 1–2, München 1967–92. *Gut kommentierte, neuere Auswahlausgabe, die bis zum kompletten Erscheinen der Gesammelten Schriften (siehe oben) Bestand haben wird.*   Studienausgabe

- **Lichtenberg-Jahrbuch**, hg. im Auftrag der Lichtenberg-Gesellschaft, Bd. 1ff., Saarbrücken u. a. 1988ff.   Schriftenreihen

- **Lichtenberg-Studien**, hg. v. Stefan Brüdermann und Ulrich Joost, Bd. 1ff., Göttingen 1989ff.

- **Lichtenberg-Gesellschaft** in Darmstadt, Web-Adresse: http://www.lichtenberg-gesellschaft.de.   Institutionen

- **Lichtenberg-Arbeitsstellen** an der Niedersächsischen Staats- und Universitätsbibliothek Göttingen sowie an der Technischen Universität Darmstadt, Web-Adressen: http://www.sub.uni-goettingen.de, http://www.tu-darmstadt.de.

Moses Mendelssohn (1729–1786)

- **Gesammelte Schriften. Jubiläumsausgabe**, in Gemeinschaft mit Fritz Bamberger u. a. hg. v. Ismar Elbogen u. a., fortgeführt durch Alexander Altmann und Eva J. Engel, Bd. 1–27, Berlin u. a. 1929–2006. Teilnachdruck: Stuttgart 1971–74. *Historisch-kritische Standardausgabe aller hebräischen und deutschen Texte.*   Historisch-kritische Ausgabe

- **Mendelssohn-Studien. Beiträge zur neueren deutschen Kultur- und Wirtschaftsgeschichte**, hg. v. der Mendelssohn-Gesellschaft, Bd. 1ff., Berlin 1972ff.   Schriftenreihe

- **Mendelssohn-Archiv** der Staatsbibliothek zu Berlin – Preußischer Kulturbesitz, http://staatsbibliothek-berlin.de.   Institutionen

- **Mendelssohn-Gesellschaft** in Berlin, Web-Adresse: http://www.mendelssohn-gesellschaft.de.

Karl Philipp Moritz (1756–1793)

- **Sämtliche Werke. Kritische und kommentierte Ausgabe** der Berlin-Brandenburgischen Akademie der Wissenschaften, hg. v. Anneliese Klingenberg, Albert Meier, Conrad Wiedemann und Christof Wingertszahn, Bd. 1ff., Tübingen 2005ff. *Auf 13 Bände angelegte*   Historisch-kritische Ausgabe *erste kritische Gesamtedition der Werke, Briefe und Aktendokumente, von der bisher zwei Bände vorliegen.*

Studienausgabe

• **Werke in zwei Bänden**, hg. v. Heide Hollmer und Albert Meier, Frankfurt a. M. 1997–99. – Taschenbuchausgabe: Bd. 1, Frankfurt a. M. 2006. *Derzeit umfangreichste kommentierte Auswahlausgabe.*

Institution

• **Karl-Philipp-Moritz-Arbeitsstelle** an der Berlin-Brandenburgischen Akademie der Wissenschaften, Web-Adresse: http://www.bbaw.de.

Friedrich Nicolai (1733–1811)

Gesamtausgabe

• **Sämtliche Werke, Briefe, Dokumente. Kritische Ausgabe mit Kommentar**, hg. v. Phillip M. Mitchell u. a., Bd. 1ff., Bern u. a. 1991ff. *Auf 34 Bände geplante kommentierte Ausgabe, von der zurzeit sechs Teile vorliegen.*

Reprintausgabe

• **Gesammelte Werke**, hg. v. Bernhard Fabian und Marie Luise Spieckermann, Bd. 1–20, Hildesheim u. a. 1985–2001. *Unkommentierte Sammelausgabe der Werke, die als Reprints der Originalausgaben von 1753 bis 1810 präsentiert werden.*

Friedrich Schiller (1759–1805)

Historisch-kritische Ausgaben

• **Werke. Nationalausgabe**, begr. v. Julius Petersen, hg. im Auftrag der Stiftung Weimarer Klassik und des Schiller-Nationalmuseums Marbach v. Norbert Oellers, Bd. 1–42, Weimar 1943–2006. *Diese grundlegende historisch-kritische Standardausgabe ist bis auf zwei noch fehlende Bände abgeschlossen, Bd. 23–40 umfasst den Briefwechsel.*

• **Sämtliche Werke. Berliner Ausgabe**, hg. v. Hans-Günther Thalheim u. a., Bd. 1–10, Berlin 1980–2005. *Historisch-kritische Ausgabe, die den Erstdrucken mit Schillers handschriftlichen Marginalien folgt.*

Studienausgaben

• **Werke und Briefe in zwölf Bänden**, hg. v. Otto Dann u. a., Frankfurt a. M. 1988–2002. *Umfangreichste kritische Ausgabe mit ausführlichem Kommentar.*

• **Sämtliche Werke**, auf der Grundlage der Textedition von Herbert G. Göpfert hg. v. Peter-André Alt, Albert Meier und Wolfgang

Riedel, Bd. 1–5, München 2004. – Taschenbuchausgabe: München 2004. *Beste erschwingliche kommentierte Ausgabe, die in einer Neubearbeitung aktualisiert und erweitert wurde.*

- **Schiller-Handbuch**, hg. v. Helmut Koopmann, Stuttgart 1998. *Handbuch mit übergreifenden Artikeln zu allen Aspekten des Schiller'schen Werkes.*

  Handbücher und Jahrbuch

- **Schiller-Handbuch. Leben, Werk, Wirkung**, hg. v. Matthias Luserke-Jaqui, Stuttgart / Weimar 2005. *Bietet Einzelartikel zu über 60 Werken Schillers.*

- **Jahrbuch der deutschen Schillergesellschaft**, Bd. 1ff., Stuttgart u. a. 1957ff.

Johann Gottfried Schnabel (1692–vor 1760)

- **Insel Felsenburg, wunderliche Fata einiger Seefahrer** (Nachdruck der Ausgabe Nordhausen 1731–43), mit einem Nachwort von Günter Dammann, Bd. 1–3, Frankfurt a. M. 1997. *Bietet den vollständigen Text des Romans im Faksimile mit einem materialreichen Kommentarband.*

  Einzelausgaben

- **Insel Felsenburg**, hg. v. Volker Meid und Ingeborg Springer-Strand, mit Ludwig Tiecks Vorrede zur Ausgabe von 1828, Stuttgart 2002. *Enthält den ersten Teil des ursprünglich vierbändigen Werkes.*

- **Schnabeliana. Beiträge und Dokumente zu Johann Gottfried Schnabels Leben und Werk und zur Literatur und Geschichte des frühen 18. Jahrhunderts,** hg. im Auftrag der Johann-Gottfried-Schnabel-Gesellschaft, Bd. 1ff., St. Ingbert 1995ff.

  Schriftenreihe

- **Johann-Gottfried-Schnabel-Gesellschaft** in Stolberg / Harz, Web-Adresse: http://www.schnabel-gesellschaft.de.

  Institution

Johann Karl Wezel (1747–1819)

- **Gesamtausgabe in acht Bänden. Jenaer Ausgabe**, hg. v. Klaus Manger u. a., Bd. 1ff., Heidelberg 1997ff. *Von der auf acht Bände geplanten Ausgabe liegen bisher drei Teile vor.*

  Gesamtausgabe

- **Wezel-Jahrbuch. Studien zur europäischen Aufklärung**, hg. v. der Johann-Karl-Wezel-Gesellschaft, Bd. 1ff., Hannover 1998ff.

  Jahrbuch

- **Johann-Karl-Wezel-Gesellschaft** in Sondershausen, Web-Adresse: http://www.wezelgesellschaft.de.vu.

  Institution

Christoph Martin Wieland (1733–1813)

Historisch-kritische Ausgabe

- **Gesammelte Schriften,** hg. v. der Deutschen Kommission der Preußischen Akademie der Wissenschaften u. a. Abt. I: Werke, Bd. 1–4, 6–15, 17–18, 20–23. Abt. II: Übersetzungen, Bd. 1–4, 9–10 (Nachdruck der Ausgabe Berlin 1909–76), Hildesheim 1986 / 87. *Historisch-kritische Ausgabe, die aufgrund der langen Entstehungszeit jedoch Fragment geblieben ist.*

Briefe

- **Briefwechsel,** hg. v. der Deutschen Akademie der Wissenschaften u. a., Bd. 1–20, Berlin 1963–2007. *Grundlegende, umfassend kommentierte Gesamtausgabe.*

Reprintausgabe

- **Sämtliche Werke** (Nachdruck der Ausgabe letzter Hand, Leipzig 1794–1811), hg. v. der Hamburger Stiftung zur Förderung von Wissenschaft und Kultur, Wieland-Archiv Biberach und Hans Radspieler, Bd. 1–39 sowie Supplement-Bd. 1–6 in 14 Bdn., Hamburg 1984. *Nachdruck der letzten, noch von Wieland selbst betreuten umfassenden Werkausgabe.*

Studienausgaben

- **Werke,** hg. v. Fritz Martini und Hans Werner Seiffert, Bd. 1–5, München 1964–68. *Einzige abgeschlossene, in der Textauswahl repräsentative Studienausgabe mit reichhaltigen Sacherläuterungen.*

- **Werke in Einzelausgaben,** hg. v. Jan Philipp Reemtsma, Nördlingen u. a. 1985ff. *Kontinuierlich erscheinende Ausgabe mit bisher elf Bänden.*

- **Werke in zwölf Bänden,** hg. v. Klaus Manger u. a., Bd. 1ff., Frankfurt a. M. 1986ff. *Von der auf zwölf Bände geplanten, ausführlich kommentierten Ausgabe sind bisher drei Bände erschienen.*

Schriftenreihe

- **Wieland-Studien. Aufsätze, Texte und Dokumente, Diskussion, Berichte, Bibliographie,** hg. v. Wieland-Archiv Biberach, Bd. 1ff., Sigmaringen u. a. 1991ff.

Institutionen

- **Wieland-Museum mit Wieland-Archiv,** Biberach an der Riß, Web-Adresse: http://wieland-museum.de.

- **Wielandgut Oßmannstedt mit Wieland-Museum,** Web-Adresse: http://www.wielandgut-ossmannstedt.de.

16 Anhang

16.1 Zitierte Literatur

Alt 2007   Peter-André Alt: Aufklärung, 3. aktual. Aufl., Stuttgart 2007.

Aurnhammer 2004   Achim Aurnhammer / Dieter Martin / Robert Seidel (Hg.): Gefühlskultur in der bürgerlichen Aufklärung, Tübingen 2004.

Baasner 2006   Rainer Baasner: Einführung in die Literatur der Aufklärung, Darmstadt 2006.

Bachmann-Medick 2006   Doris Bachmann-Medick: Cultural Turns. Neuorientierungen in den Kulturwissenschaften, Reinbek bei Hamburg 2006.

Bardt 1999   Ulrike Bardt: Literarische Wahlverwandtschaften und poetische Metamorphosen. Die Fabel- und Erzähldichtung Friedrich von Hagedorns, Stuttgart / Weimar 1999.

Baumert 1928   Dieter Paul Baumert: Die Entstehung des deutschen Journalismus. Eine sozialgeschichtliche Studie, München / Leipzig 1928.

Baumgarten 1988   Alexander Gottlieb Baumgarten: Theoretische Ästhetik. Die grundlegenden Abschnitte aus der ‚Aesthetica‘ [1750 / 58], Hamburg 1988.

Bender 1994ff.   Wolfgang F. Bender / Siegfried Bushuven / Michael Huesmann: Theaterperiodika des 18. Jahrhunderts. Bibliographie und inhaltliche Erschließung deutschsprachiger Theaterzeitschriften, Theaterkalender und Theatertaschenbücher, Teil 1–3 in 8 Bdn., München u. a. 1994–2005.

Berghahn 1985   Klaus L. Berghahn: Von der klassizistischen zur klassischen Literaturkritik, in: Peter Uwe Hohendahl (Hg.), Geschichte der deutschen Literaturkritik (1730–1980), Stuttgart 1985, S. 10–75.

Berlin 1976   Isaiah Berlin: Vico and Herder. Two studies in the history of ideas, New York 1976.

Beutel 2006   Albrecht Beutel: Aufklärung in Deutschland, in: Bernd Möller (Hg.), Die Kirche in ihrer Geschichte, Bd. 4, Göttingen 2006.

Böhme / Böhme 1981   Hartmut Böhme / Gernot Böhme: Das Andere der Vernunft, Frankfurt a. M. 1981.

Böning 1996ff.   Holger Böning (Hg.): Deutsche Presse. Biobibliographische Handbücher zur Geschichte der deutschsprachigen periodischen Presse von den Anfängen bis 1815, (bisher:) Bd. 1–3 in 6 Teilbdn., Stuttgart-Bad Cannstatt 1996–2003.

Böning 2004   Holger Böning: Deutsche Presseforschung. Geschichte, Projekte und Perspektiven eines Forschungsinstituts der Universität Bremen; nebst einigen Beiträgen zur Bedeutung der historischen Presseforschung, Bremen 2004.

Borgstedt 2004   Angela Borgstedt: Das Zeitalter der Aufklärung, Darmstadt 2004.

Brenner 1993   Peter J. Brenner: Artikel „Reisebericht", in: Walther Killy (Hg.), Literaturlexikon, Bd. 14, Gütersloh / München 1993, S. 281–287.

Brockes 1999   Barthold Heinrich Brockes: Irdisches Vergnügen in Gott. Naturlyrik und Lehrdichtung, ausgew. und hg. v. Hans-Georg Kemper, Stuttgart 1999.

Brüggemann 1926   Fritz Brüggemann: Literaturwissenschaft als Wissenschaft auf dem Grunde kulturgeschichtlicher Erkenntnis im Sinne Karl Lamprechts, in: Zeitschrift für deutsche Bildung 2, 1926, S. 469–479.

Brüggemann 1928ff. Fritz Brüggemann (Hg.): Deutsche Literatur in Entwicklungsreihen. Sammlung literarischer Kunst- und Kulturdenkmäler, Reihe 15: Aufklärung, Bd. 1–15, Leipzig 1928–1941.

Burke 1980 Edmund Burke: Philosophische Untersuchung über den Ursprung unserer Ideen vom Erhabenen und Schönen [1757], eingel. und hg. v. Werner Strube, Hamburg 1980.

Burke 1996 Peter Burke: Städtische Kultur in Italien zwischen Hochrenaissance und Barock, Frankfurt a. M. 1996.

Cassirer 1998 Ernst Cassirer: Die Philosophie der Aufklärung, Tübingen 1932, Nachdruck Hamburg 1998.

Dahnke / Leistner 1989 Hans-Dietrich Dahnke / Bernd Leistner (Hg.): Debatten und Kontroversen. Literarische Auseinandersetzungen in Deutschland am Ende des 18. Jahrhunderts, Berlin / Weimar 1989.

Dainat / Voßkamp 1999 Holger Dainat / Wilhelm Voßkamp (Hg.): Aufklärungsforschung in Deutschland, Heidelberg 1999.

Dammann 1997 Günter Dammann: Johann Gottfried Schnabel: Insel Felsenburg, Nachdruck in 3 Bänden, Bd. 3: Anhang, Frankfurt a. M. 1997.

Dammann 2004 Günter Dammann (Hg.): Das Werk Johann Gottfried Schnabels und die Romane und Diskurse des frühen 18. Jahrhunderts, Tübingen 2004.

Dann / Oellers / Osterkamp 1995 Otto Dann / Norbert Oellers / Ernst Osterkamp (Hg.): Schiller als Historiker, Stuttgart / Weimar 1995.

Darnton 1996 Robert Darnton: George Washingtons falsche Zähne. Oder noch einmal: Was ist Aufklärung?, München 1996.

Darsow 2000 Götz-Lothar Darsow: Friedrich Schiller, Stuttgart / Weimar 2000.

Denneler 1996 Iris Denneler: Die Kehrseite der Vernunft. Zur Widersetzlichkeit der Literatur in Spätaufklärung und Romantik, München 1996.

Diderot 1968 Denis Diderot: Ästhetische Schriften, hg. v. Friedrich Bassenge, 2 Bde., Frankfurt a. M. 1968.

Diderot 2001a Denis Diderot: Artikel „Eklektizismus", in: Die Welt der Enzyklopädie, ediert von Anette Selg und Rainer Wieland, Frankfurt a. M. 2001, S. 53–57.

Diderot 2001b Denis Diderot: Prospekt der Encyclopédie [1750], in: Die Welt der Enzyklopädie, ediert von Anette Selg und Rainer Wieland, Frankfurt a. M. 2001, S. 464–471.

Doktor / Sauder 1976 Wolfgang Doktor / Gerhard Sauder (Hg.): Empfindsamkeit. Theoretische und kritische Texte, Stuttgart 1976.

Dörfert 1997 Petra Dörfert: Das Hamburgische Nationaltheater (1767–1769). Ein Beitrag zur Theaterwirklichkeit des 18. Jahrhunderts, Marburg 1997.

Eibl 2001 Karl Eibl (Hg.): Themenschwerpunkt „Empfindsamkeit", in: Aufklärung 13, 2001, S. 5–208.

Elias 1969 Norbert Elias: Die höfische Gesellschaft. Untersuchungen zur Soziologie des Königtums und der höfischen Aristokratie, Darmstadt / Neuwied 1969.

Engel 1993 Manfred Engel: Der Roman der Goethe-Zeit, Stuttgart 1993.

Engelsing 1970 Rolf Engelsing: Die Perioden der Lesergeschichte in der Neuzeit. Das statistische Ausmaß und die soziokulturelle Bedeutung der Lektüre, in: Archiv für Geschichte des Buchwesens 10, 1970, Sp. 945–1002.

Fichte 1988   Johann Gottlieb Fichte: Friedrich Nicolai's Leben und sonderbare Meinungen, in: ders., Gesamtausgabe der Bayerischen Akademie der Wissenschaften, hg. v. Reinhard Lauth, Bd. I/7, Stuttgart-Bad Cannstatt 1988, S. 365–458.

Fichte 1997   Johann Gottlieb Fichte: Die Grundzüge des gegenwärtigen Zeitalters, in: ders., Werke, hg. v. Hans Michael Baumgartner u. a., Bd. 2: Schriften zur angewandten Philosophie, Frankfurt a. M. 1997, S. 67–328.

Fick 2004   Monika Fick: Lessing-Handbuch. Leben – Werk – Wirkung, 2., durchges. u. erg. Aufl., Stuttgart 2004.

Fischer-Lichte 1999   Erika Fischer-Lichte: Kurze Geschichte des deutschen Theaters, 2. Aufl., Tübingen/Basel 1999.

Fohrmann 1981   Jürgen Fohrmann: Abenteuer und Bürgertum. Zur Geschichte der deutschen Robinsonaden im 18. Jahrhundert, Stuttgart 1981.

Fohrmann 1989   Jürgen Fohrmann: Das Projekt der deutschen Literaturgeschichte. Entstehung und Scheitern einer nationalen Poesiegeschichtsschreibung zwischen Humanismus und Deutschem Kaiserreich, Stuttgart 1989.

Forst 2003   Rainer Forst: Toleranz im Konflikt. Geschichte, Gehalt und Gegenwart eines umstrittenen Begriffs, Frankfurt a. M. 2003.

Forster 1969   Georg Forster: Ansichten vom Niederrhein, von Brabant, Flandern, Holland, England und Frankreich, im April, Mai und Junius 1790 [1791–94], in: ders., Werke in vier Bänden, hg. v. Gerhard Steiner, Bd. 2, Frankfurt a. M. 1969, S. 367–869.

Fricke 1984   Harald Fricke: Aphorismus, Stuttgart 1984.

Fries/Weimar 1997   Thomas Fries/Klaus Weimar: Artikel „Dialog", in: Klaus Weimar (Hg.), Reallexikon der deutschen Literaturwissenschaft, Bd. 1, Berlin/New York 1997, S. 354–357.

Fulda 1996   Daniel Fulda: Wissenschaft aus Kunst. Die Entstehung der modernen deutschen Geschichtsschreibung 1760–1860, Berlin/New York 1996.

Galle 1983   Roland Galle: Diderot – oder die Dialogisierung der Aufklärung, in: Jürgen von Stackelberg (Hg.), Neues Handbuch der Literaturwissenschaft, Bd. 13: Europäische Aufklärung III, Wiesbaden 1983, S. 209–247.

Garber 1998   Klaus Garber: Stadt und Literatur im alten deutschen Sprachraum. Umrisse der Forschung – Regionale Literaturgeschichte und kommunale Ikonographie – Nürnberg als Paradigma, in: ders. (Hg.), Stadt und Literatur im deutschen Sprachraum der Frühen Neuzeit, Bd. 1, Tübingen 1998, S. 3–89.

Garber/Széll 2005   Klaus Garber/Ute Széll (Hg.): Das Projekt Empfindsamkeit und der Ursprung der Moderne. Richard Alewyns Sentimentalismusforschungen und ihr epochaler Kontext, München 2005.

Garve 1985   Christian Garve: Ueber die öffentliche Meinung, in: ders., Gesammelte Werke, hg. v. Kurt Wölfel, Abt. I/Bd. 5, Breslau 1802, Nachdruck Hildesheim 1985, S. 291–334.

Gellert 1979   Christian Fürchtegott Gellert: Die Biene und die Henne, in: ders., Werke, hg. v. Gottfried Honnefelder, Bd. 1, Frankfurt a. M. 1979, S. 71–73.

Gerth 1935   Hans Gerth: Die sozialgeschichtliche Lage der bürgerlichen Intelligenz um die Wende des 18. Jahrhunderts. Ein Beitrag zur Soziologie des deutschen Frühliberalismus, Diss. Frankfurt a. M. 1935; Neuausg. u. d. T.: Bürgerliche Intelligenz um 1800, Göttingen 1976.

Gervinus 1835ff.   Georg Gottfried Gervinus: Geschichte der poetischen Nationalliteratur der Deutschen, Leipzig 1835–38.

Glaser 1980   Horst Albert Glaser (Hg.): Deutsche Literatur. Eine Sozialgeschichte, Bd. 4: Zwischen Absolutismus und Aufklärung: Rationalismus, Empfindsamkeit, Sturm und Drang 1740–1786, Reinbek bei Hamburg 1980.

Goethe 1998   Johann Wolfgang Goethe: Dichtung und Wahrheit [1811–33], hg. v. Walter Hettche, Stuttgart 1998.

Goethe 2000   Johann Wolfgang Goethe: Die Leiden des jungen Werther. Erläuterungen und Dokumente, hg. v. Kurt Rothmann, Stuttgart 2000.

Goldenbaum 2004   Ursula Goldenbaum: Die öffentliche Debatte in der deutschen Aufklärung 1694–1796. Einleitung, in: dies., Appell an das Publikum. Die öffentliche Debatte in der deutschen Aufklärung 1687–1796, mit Beiträgen v. Frank Grunert u. a., Bd. 1, Berlin 2004, S. 1–118.

Goldenbaum / Košenina 1999ff.   Ursula Goldenbaum / Alexander Košenina (Hg.): Berliner Aufklärung. Kulturwissenschaftliche Studien, Bd. 1–3, Hannover 1999–2007.

Goodman 1994   Dena Goodman: The Republic of Letters. A Cultural History of the French Enlightenment, Ithaca / London 1994.

Gottsched 1967   Johann Christoph Gottsched: Sterbender Cato, hg. v. Horst Steinmetz, Stuttgart 1967.

Gottsched 1968ff.   Johann Christoph Gottsched: Ausgewählte Werke, hg. v. Joachim Birke u. a., Berlin / New York 1968ff.

Gottsched 1972a   Johann Christoph Gottsched: Schriften zur Literatur, hg. v. Horst Steinmetz, Stuttgart 1972.

Gottsched 1972b   Johann Christoph Gottsched (Hg.): Die Deutsche Schaubühne, Leipzig 1741–45, Nachdruck Stuttgart 1972.

Gottsched 1982   Johann Christoph Gottsched: Versuch einer Critischen Dichtkunst, 4. Aufl. Leipzig 1751, Nachdruck Darmstadt 1982.

Griep 1991   Wolfgang Griep: Lügen haben lange Beine, in: Hermann Bausinger / Klaus Beyrer / Gottfried Korff (Hg.), Reisekultur. Von der Pilgerfahrt zum modernen Tourismus, München 1991, S. 131–137.

Grimm 1987   Gunter E. Grimm: Vom Schulfuchs zum Menschheitslehrer. Zum Wandel des Gelehrtentums zwischen Barock und Aufklärung, in: Hans Erich Bödeker / Ulrich Herrmann (Hg.), Über den Prozeß der Aufklärung in Deutschland im 18. Jahrhundert. Personen, Institutionen und Medien, Göttingen 1987, S. 14–38.

Grimminger 1980   Rolf Grimminger (Hg.): Deutsche Aufklärung bis zur Französischen Revolution 1680–1789. Hansers Sozialgeschichte der deutschen Literatur vom 16. Jahrhundert bis zur Gegenwart, Bd. 3., München 1980.

Gruenter 1983   Rainer Gruenter (Hg.): Das weinende Saeculum. Colloquium der Arbeitsstelle 18. Jahrhundert, Gesamthochschule Wuppertal, Universität Münster, Schloß Dyck vom 7.–9. Oktober 1981, Heidelberg 1983.

Guthke 1975   Karl S. Guthke: Grundlagen der Lessingforschung. Neuere Ergebnisse, Probleme, Aufgaben, in: Günter Schulz (Hg.), Zur Lessing-Forschung, Wolfenbütteler Studien zur Aufklärung Bd. 2, Bremen / Wolfenbüttel 1975, S. 10–46.

Habermas 1985   Jürgen Habermas: Exkurs zu Schillers Briefen über die ästhetische Erziehung des Menschen, in: ders., Der philosophische Diskurs der Moderne. Zwölf Vorlesungen, Frankfurt a. M. 1985, S. 59–64.

Habermas 1990   Jürgen Habermas: Strukturwandel der Öffentlichkeit. Untersuchungen zu einer Kategorie der bürgerlichen Gesellschaft [1962]. Mit einem Vorwort zur Neuauflage 1990, Frankfurt a. M. 1990.

Haller 1994   Albrecht von Haller: Die Alpen und andere Gedichte. Auswahl und Nachwort von Adalbert Elschenbroich, Stuttgart 1994.

Harbsmeier 1982   Michael Harbsmeier: Reisebeschreibungen als mentalitätsgeschichtliche Quellen. Überlegungen zu einer historisch-anthropologischen Untersuchung frühneuzeitlicher deutscher Reisebeschreibungen, in: Antoni Mączak / Hans Jürgen Teuteberg (Hg.), Reiseberichte als Quellen europäischer Kulturgeschichte. Aufgaben und Möglichkeiten der historischen Reiseforschung, Wolfenbüttel 1982, S. 1–31.

Hegel 2003   Georg Wilhelm Friedrich Hegel: Werke in 20 Bänden, Redaktion Eva Moldenhauer und Karl-Markus Michel, 4. Aufl., Frankfurt a. M. 2003.

Heine 1997   Heinrich Heine: Zur Geschichte der Religion und Philosophie in Deutschland, Stuttgart 1997.

Heinrich 2004   Gerda Heinrich: „man sollte itzt beständig das Publikum über diese Materie en haleine halten". Die Debatte um die ‚bürgerliche Verbesserung' der Juden 1781–1786, in: Ursula Goldenbaum, Appell an das Publikum. Die öffentliche Debatte in der deutschen Aufklärung 1697–1796, Berlin 2004, Bd. 2, S. 813–895.

Heinz 1996   Jutta Heinz: Wissen vom Menschen und Erzählen vom Einzelfall. Untersuchungen zum anthropologischen Roman der Spätaufklärung, Berlin / New York 1996.

Heinz 2003   Andrea Heinz: Auf dem Weg zur Kulturzeitschrift. Die ersten Jahrgänge von Wielands „Teutschem Merkur", in: dies. (Hg.), „Der Teutsche Merkur" – die erste deutsche Kulturzeitschrift?, Heidelberg 2003, S. 11–36.

Heißenbüttel 1974   Helmut Heißenbüttel: Georg Christoph Lichtenberg – der erste Autor des 20. Jahrhunderts?, in: ders. u. a., Aufklärung über Lichtenberg, Göttingen 1974, S. 76–92.

Hentschel 1999   Uwe Hentschel: Studien zur Reiseliteratur am Ausgang des 18. Jahrhunderts. Autoren, Formen, Ziele, Frankfurt a. M. 1999.

Herder 1985ff.   Johann Gottfried Herder: Werke in zehn Bänden, hg. v. Martin Bollacher u. a., Frankfurt a. M. 1985ff.

Herder 1988   Johann Gottfried Herder: Italienische Reise. Briefe und Tagebuchaufzeichnungen 1788–1789, hg., komm. und mit e. Nachw. vers. v. Albert Meier und Heide Hollmer, München 1988.

Hermand 1998   Jost Hermand: Die deutschen Dichterbünde. Von den Meistersingern bis zum PEN-Club, Köln / Weimar / Wien 1998.

Hermsdorf 1998   Klaus Hermsdorf: Literaturzentren und literarische Regionen, in: Wolfgang Stellmacher (Hg.), Stätten deutscher Literatur. Studien zur literarischen Zentrenbildung 1750–1815, Frankfurt a. M. 1998, S. 11–30.

Heßelmann 2002   Peter Heßelmann: Gereinigtes Theater? Dramaturgie und Schaubühne im Spiegel deutschsprachiger Theaterperiodika des 18. Jahrhunderts (1750–1800), Frankfurt a. M. 2002.

Hettche 2004   Walter Hettche: Geselligkeit im Göttinger Hain, in: Achim Aurnhammer / Dieter Martin / Robert Seidel (Hg.), Gefühlskultur in der bürgerlichen Aufklärung, Tübingen 2004, S. 125–139.

Hilzinger 2002   Sonja Hilzinger u. a.: Kleine literarische Formen in Einzeldarstellungen, Stuttgart 2002.

Hochadel 2003   Oliver Hochadel: Öffentliche Wissenschaft. Elektrizität in der deutschen Aufklärung, Göttingen 2003.

Hofmann 1999   Michael Hofmann: Aufklärung. Tendenzen – Autoren – Texte, Stuttgart 1999.

Hofmann 2003   Michael Hofmann: Schiller. Epoche – Werke – Wirkung, München 2003.

Hofmann 2006   Michael Hofmann (Hg.): Schiller und die Geschichte, München 2006.

Hohendahl 2000 Peter Uwe Hohendahl (Hg.): Öffentlichkeit. Geschichte eines kritischen Begriffs, Stuttgart / Weimar 2000.

Jacobi 1980 Friedrich Heinrich Jacobi: Werke, hg. v. Friedrich Roth und Friedrich Köppen, Leipzig 1812, Nachdruck Darmstadt 1980.

Jaumann 1995 Herbert Jaumann: Critica. Untersuchungen zur Geschichte der Literaturkritik zwischen Quintilian und Thomasius, Leiden / New York / Köln 1995.

Jauß 1970 Hans Robert Jauß: Literaturgeschichte als Provokation, Frankfurt a. M. 1970.

Kall 2004 Sylvia Kall: „Wir leben jetzt recht in Zeiten der Fehde". Zeitschriften des 18. Jahrhunderts als Medien und Kristallisationspunkte literarischer Auseinandersetzung, Frankfurt a. M. 2004.

Kant 1970 Immanuel Kant: Briefe, hg. und eingel. v. Jürgen Zehbe, Göttingen 1970.

Kant 1974 Immanuel Kant: Beantwortung der Frage: Was ist Aufklärung? in: Was ist Aufklärung? Thesen und Definitionen, hg. v. Ehrhard Bahr, Stuttgart 1974, S. 9–17.

Ketelsen 1974 Uwe-K. Ketelsen: Die Naturpoesie der norddeutschen Frühaufklärung. Poesie als Sprache der Versöhnung: alter Universalismus und neues Weltbild, Stuttgart 1974.

Ketelsen 1985 Uwe-K. Ketelsen: Literarische Zentren – Sprachgesellschaften, in: Harald Steinhagen (Hg.), Zwischen Gegenreformation und Frühaufklärung: Späthumanismus, Barock. 1572–1740, Reinbek bei Hamburg 1985, S. 117–137.

Kirchner 1969 Joachim Kirchner: Bibliographie der Zeitschriften des deutschen Sprachgebietes bis 1900, Bd. 1: Die Zeitschriften des deutschen Sprachgebietes von den Anfängen bis 1830, Stuttgart 1969.

Kittsteiner 1998 Heinz-Dieter Kittsteiner: Listen der Vernunft. Motive geschichtsphilosophischen Denkens, Frankfurt a. M. 1998.

Klueting 1993 Harm Klueting (Hg.): Katholische Aufklärung – Aufklärung im katholischen Deutschland, Hamburg 1993.

Kondylis 2002 Panajotis Kondylis: Die Aufklärung im Rahmen des neuzeitlichen Rationalismus [1981], Hamburg 2002.

Kopitzsch 1983 Franklin Kopitzsch: Die Aufklärung in Deutschland. Leistungen, Grenzen, Wirkungen, in: Archiv für Sozialgeschichte 23, 1983, S. 1–21.

Kopitzsch 1990 Franklin Kopitzsch: Grundzüge einer Sozialgeschichte der Aufklärung in Hamburg und Altona, 2., erg. Aufl., Hamburg 1990.

Korff 1917 Hermann August Korff: Voltaire im literarischen Deutschland des 18. Jahrhunderts. Ein Beitrag zur Geschichte des deutschen Geistes von Gottsched bis Goethe, 2 Bde., Heidelberg 1917.

Korff 1923 Hermann August Korff: Der Geist der Goethezeit. Versuch einer ideellen Entwicklung der klassisch-romantischen Literaturgeschichte, 1. Teil: Sturm und Drang, Leipzig 1923.

Korff 1929 Hermann August Korff: Das Wesen der Romantik, in: Zeitschrift für Deutschkunde 43, 1929, S. 545–561.

Koschorke 1999 Albrecht Koschorke: Körperströme und Schriftverkehr. Mediologie des 18. Jahrhunderts, München 1999.

Koselleck 1972 Reinhart Koselleck: Einleitung, in: Otto Brunner / Werner Conze / Reinhard Koselleck (Hg.): Geschichtliche Grundbegriffe. Historisches Lexikon zur politisch-sozialen Sprache in Deutschland, Bd. 1, Stuttgart 1972, S. XIII–XXIII.

Koselleck 1973 Reinhart Koselleck: Kritik und Krise. Eine Studie zur Pathogenese der bürgerlichen Welt [1959], Frankfurt a. M. 1973.

Krauss 1963   Werner Krauss: Über die Konstellation der deutschen Aufklärung, in: ders., Studien zur deutschen und französischen Aufklärung, Berlin 1963, S. 309–400.

Krauss/Kortum 1966   Werner Krauss/Hans Kortum (Hg.): Antike und Moderne in der Literaturdiskussion des 18. Jahrhunderts, Berlin 1966.

Kuhles 1994   Doris Kuhles: Deutsche literarische Zeitschriften von der Aufklärung bis zur Romantik. Bibliographie der kritischen Literatur von den Anfängen bis 1990, Bd. 1–2, München u. a. 1994.

Lämmert 2005   Eberhard Lämmert: Friedrich der Große und die deutsche Literatur, in: Brunhilde Wehinger (Hg.), Geist und Macht. Friedrich der Große im Kontext der europäischen Kulturgeschichte, Berlin 2005, S. 13–22.

Langen 1968   August Langen: Der Wortschatz des deutschen Pietismus, Tübingen 1968.

Leibniz 1993   Gottfried Wilhelm Leibniz' Denkschrift I [1700], in: Hans-Stephan Brather (Hg.), Leibniz und seine Akademie. Ausgewählte Quellen zur Geschichte der Berliner Sozietät der Wissenschaften 1697–1716, Berlin 1993, S. 71–75.

Lenz 1992   Jakob Michael Reinhold Lenz: Werke und Briefe in drei Bänden, hg. v. Sigrid Damm, Frankfurt a M. 1992.

Lenz 2001   Jakob Michael Reinhold Lenz: Werke, hg. v. Friedrich Voit, Stuttgart 2001.

Lessing 1985ff.   Gotthold Ephraim Lessing: Werke und Briefe in 12 Bänden, hg. v. Wilfried Barner u. a., Frankfurt a. M. 1985ff.

Lichtenberg 1967ff.   Georg Christoph Lichtenberg: Schriften und Briefe, hg. v. Wolfgang Promies, Bd. 1–4, Kommentarbd. 1–2, München 1967–92.

Lichtwer 1995   Magnus Gottfried Lichtwer: Der Fuchs, in: Reinhard Dithmar (Hg.), Fabeln, Parabeln und Gleichnisse, Paderborn 1995, S. 229–231.

Lichtwer 2002   Magnus Gottfried Lichtwer: Die Katzen und der Hausherr, in: Manfred Windfuhr (Hg.), Deutsche Fabeln des 18. Jahrhunderts, Stuttgart 2002, S. 43–44.

Lorenz 2000   Otto Lorenz: Artikel „Literarisches Leben", in: Harald Fricke u. a. (Hg.), Reallexikon der deutschen Literaturwissenschaft, Bd. 2, Berlin/New York 2000, S. 438–441.

Lovejoy 1936   Arthur O. Lovejoy: The Great Chain of Being. A Study on the History of an Idea, Cambridge MA 1936.

Lukacs 1954   Georg Lukacs: Die Zerstörung der Vernunft, Berlin 1954.

Luserke 1997   Matthias Luserke: Sturm und Drang. Autoren – Texte – Themen, Stuttgart 1997.

Luserke-Jaqui 2005   Matthias Luserke-Jaqui (Hg.): Schiller-Handbuch. Leben – Werk – Wirkung, Stuttgart 2005.

Maimon 1984   Salomon Maimon: Lebensgeschichte, von ihm selbst erzählt und herausgegeben von Karl Philipp Moritz [1792], neu hg. v. Zwi Batscha, Frankfurt a. M. 1984.

Marino 1995   Luigi Marino: Praeceptores Germaniae. Göttingen 1770–1820, Göttingen 1995.

Martens 1974   Wolfgang Martens: Die Geburt des Journalisten in der Aufklärung, in: Günter Schulz (Hg.), Wolfenbütteler Studien zur Aufklärung, Bd. 1, Bremen/Wolfenbüttel 1974, S. 84–98.

Martini 1937   Fritz Martini: Werden und Wesen der „Deutschen Bewegung", in: Geist der Zeit 15, 1937, S. 342–355, S. 460–473.

Maurer 1999   Michael Maurer: Reisen interdisziplinär. Ein Forschungsbericht in kulturgeschichtlicher Perspektive, in: ders. (Hg.), Neue Impulse der Reiseforschung, Berlin 1999, S. 287–410.

McCarthy 1999   John A. McCarthy: Literarisch-kulturelle Zeitschriften, in: Ernst Fischer / Wilhelm Haefs / York-Gothart Mix (Hg.), Von Almanach bis Zeitung. Ein Handbuch der Medien in Deutschland 1700–1800, München 1999, S. 176–190.

Mendelssohn 1971ff.   Moses Mendelssohn: Gesammelte Schriften. Jubiläumsausgabe, hg. v. Ismar Elbogen u. a., Stuttgart-Bad Cannstatt 1971ff.

Meunier/Jessen 1931   Ernst Meunier / Hans Jessen: Das deutsche Feuilleton. Ein Beitrag zur Zeitungskunde, Berlin 1931.

Mönch 1993   Cornelia Mönch: Abschrecken oder Mitleiden. Das bürgerliche Trauerspiel im 18. Jahrhundert. Versuch einer Typologie, Tübingen 1993.

Möser 1986   Justus Möser: Patriotische Phantasien. Ausgewählte Schriften, Leipzig 1986.

Moravia 1996   Sergio Moravia: Der Aufschwung der Humanwissenschaften im 18. Jahrhundert, in: Fritz-Peter Hager / Daniel Tröhler (Hg.), Pestalozzi – wirkungsgeschichtliche Aspekte, Bern / Stuttgart / Wien 1996, S. 143–164.

Moritz 1986   Gnothi Sauton oder Magazin zur Erfahrungsseelenkunde als ein Lesebuch für Gelehrte und Ungelehrte, hg. v. Karl Philipp Moritz, Berlin 1783–93, Nachdruck Nördlingen 1986.

Moritz 1997   Karl Philipp Moritz: Werke in zwei Bänden, hg. v. Heide Hollmer u. Albert Meier, Frankfurt a. M. 1997.

Moritz 2005ff.   Karl Philipp Moritz: Sämtliche Werke. Kritische und kommentierte Ausgabe, hg. v. Anneliese Klingenberg u. a., Tübingen 2005ff.

Naumann 1932   Hans Naumann: Deutsche Nation in Gefahr, Stuttgart 1932.

Nicolai 1991   Friedrich Nicolai: Das Leben und die Meinungen des Herrn Magister Sebaldus Nothanker [1773–76]. Kritische Ausgabe, hg. v. Bernd Witte, Stuttgart 1991.

Nussbaum 2003   Felicity A. Nussbaum (Hg.): The Global 18th Century, Baltimore / London 2003.

Ortland 2001   Eberhard Ortland: Artikel „Genie", in: Karlheinz Barck u. a. (Hg.), Ästhetische Grundbegriffe. Historisches Wörterbuch in 7 Bänden, Bd. 2, Stuttgart 2001, S. 661–709.

Oz-Salzberger 1995   Fania Oz-Salzberger: Translating the Enlightenment, Ithaca / New York 1995.

Oz-Salzberger 2000   Fania Oz-Salzberger: New Approaches towards a History of the Enlightenment – Can Disparate Perspectives Make a General Picture?, in: Tel Aviver Jahrbuch für deutsche Geschichte 29, 2000, S. 171–182.

Pepperle/Pepperle 1985   Heinz Pepperle / Ingrid Pepperle (Hg.): Die Hegelsche Linke. Dokumente zu Philosophie und Politik im deutschen Vormärz, Leipzig 1985.

Pikulik 1984   Lothar Pikulik: Leistungsethik contra Gefühlskult. Über das Verhältnis von Bürgerlichkeit und Empfindsamkeit in Deutschland, Göttingen 1984.

Pott 2002   Sandra Pott: Medizin, Medizinethik und schöne Literatur. Studien zu Säkularisierungsvorgängen vom frühen 17. bis zum frühen 19. Jahrhundert, Berlin / New York 2002.

Price 1961   Lawrence Marsden Price: Die Aufnahme englischer Literatur in Deutschland 1500–1960, Bern / München 1961.

Prüfer 2002   Thomas Prüfer: Ästhetische Geschichtsphilosophie und die Historisierung der Poetik am Ende des 18. Jahrhunderts, in: Daniel Fulda / Silvia Serena Tschopp (Hg.), Literatur und Geschichte. Ein Kompendium zu ihrem Verhältnis von der Aufklärung bis zur Gegenwart, Berlin / New York 2002, S. 277–297.

Raabe 1974   Paul Raabe: Die Zeitschrift als Medium der Aufklärung, in: Günter Schulz (Hg.), Wolfenbütteler Studien zur Aufklärung, Bd. 1, Bremen / Wolfenbüttel 1974, S. 99–136.

Rees / Siebers 2005 Joachim Rees / Winfried Siebers: Erfahrungsraum Europa. Reisen politischer Funktionsträger des Alten Reichs 1750–1800. Ein kommentiertes Verzeichnis handschriftlicher Quellen, Berlin 2005.

Riedel 1985 Wolfgang Riedel: Die Anthropologie des jungen Schiller. Zur Ideengeschichte der medizinischen Schriften und der Philosophischen Briefe, Würzburg 1985.

Rochow 1999 Christian Erich Rochow: Das bürgerliche Trauerspiel, Stuttgart 1999.

Rohbeck 2004 Johannes Rohbeck: Geschichtsphilosophie. Zur Einführung, Hamburg 2004.

Rosenberg 1999 Rainer Rosenberg: „Aufklärung" in der deutschen Literaturgeschichtsschreibung des 19. Jahrhunderts, in: Dainat / Voßkamp 1999, S. 7–20

Sächsischer Robinson 1722 / 23 Der Sächsische Robinson oder Wilhelm Retchirs, Eines Gebohrnen Sachsens, Wahrhaffte Beschreibung seiner ... Reisen, Leipzig 1722–23, Nachdruck Frankfurt a. M. 1970.

Safranski 2004 Rüdiger Safranski: Friedrich Schiller oder die Erfindung des Deutschen Idealismus, München 2004.

Saint-Lambert 2001 Jean-François de Saint-Lambert: Artikel „Genie", in: Die Welt der Enzyklopädie, ediert von Anette Selg und Rainer Wieland, Frankfurt a. M. 2001, S. 126–129.

Sangmeister 1998 Dirk Sangmeister: August Lafontaine oder Die Vergänglichkeit des Erfolges. Leben und Werk eines Bestsellerautors der Spätaufklärung, Tübingen 1998.

Sauder 1974ff. Gerhard Sauder: Empfindsamkeit, Bd. 1: Voraussetzungen und Elemente, Bd. 3: Quellen und Dokumente, Stuttgart 1974–80.

Sauder 1977 Gerhard Sauder: Anhang, in: Edward Young, Gedanken über die Original-Werke, aus dem Englischen von Hans Ernst von Teubern, Faksimiledruck nach der Ausgabe von 1760, Heidelberg 1977, S. 1–158.

Sauder 1992 Gerhard Sauder: Spielarten der Empfindsamkeit in England, Frankreich und Deutschland, in: Siegfried Jüttner / Jochen Schlobach (Hg.), Europäische Aufklärung(en). Einheit und nationale Vielfalt, Hamburg 1992, S. 106–126.

Sauder 1995 Gerhard Sauder: Artitel „Empfindsamkeit", in: Werner Schneiders (Hg.), Lexikon der Aufklärung. Deutschland und Europa, München 1995, S. 94–95.

Sauder 2003 Gerhard Sauder (Hg.): Theorie der Empfindsamkeit und des Sturm und Drang, Stuttgart 2003.

Scheer 1997 Brigitte Scheer: Einführung in die philosophische Ästhetik, Darmstadt 1997.

Scherpe 1970 Klaus R. Scherpe: Werther und Wertherwirkung. Zum Syndrom bürgerlicher Gesellschaftsordnung im 18. Jahrhundert, Bad Homburg / Berlin / Zürich 1970.

Schiewe 2004 Jürgen Schiewe: Öffentlichkeit. Entstehung und Wandel in Deutschland, Paderborn u. a. 2004.

Schiller 1988ff. Friedrich Schiller: Werke und Briefe in zwölf Bänden, hg. v. Otto Dann u. a., Frankfurt a. M. 1988ff.

Schiller 2004 Friedrich Schiller: Sämtliche Werke in 5 Bänden, hg. v. Peter-André Alt u. a., München 2004.

Schings 1994 Hans-Jürgen Schings (Hg.): Der ganze Mensch. DFG-Symposion 1992, Stuttgart / Weimar 1994.

Schlegel 1975 Friedrich Schlegel: Beiträge zur Geschichte der modernen Poesie und Nachricht von provenzalischen Manuskripten, in: Kritische Friedrich-Schlegel-Ausgabe, hg. v. Ernst Behler u. a., Bd. 3, München 1975, S. 17–37.

Schlott 1999 Michael Schlott: „Politische Aufklärung" durch wissenschaftliche „Kopplungsmanöver". Germanistische Literaturwissenschaft und geschichtswissenschaftliche Jakobinerforschung zwischen 1965 und 1990, in: Dainat/Voßkamp 1999, S. 79–98.

Schöne 1958 Albrecht Schöne: Säkularisation als sprachbildende Kraft. Studien zur Dichtung deutscher Pfarrersöhne, Göttingen 1958.

Schöne 1983 Albrecht Schöne: Aufklärung aus dem Geist der Experimentalphysik. Lichtenbergsche Konjunktive, 2., überarb. Aufl., München 1983.

Schröder 1990 Winfried Schröder: Artikel „Querelle des anciens et des modernes", in: Hans Jörg Sandkühler u. a. (Hg.), Europäische Enzyklopädie zu Philosophie und Wissenschaften, Hamburg 1990, Bd. 3, S. 983–995.

Schulte 2002 Christoph Schulte: Die jüdische Aufklärung. Philosophie, Religion, Geschichte, München 2002.

Schulte 2007 Christoph Schulte: Kant und Mendelssohn oder wie ein preußischer Professor und ein Jude die Aufklärung unterschiedlich verstehen, in: Günther Lottes/Uwe Steiner (Hg.), Immanuel Kant. German Professor and World-Philosopher. Deutscher Professor und Weltphilosoph, Hannover-Laatzen 2007, S. 87–106.

Schulte-Sasse 1980 Jochen Schulte-Sasse: Drama, in Grimminger 1980, S. 423–456.

Schulze 2002 Winfried Schulze: Einführung in die Neuere Geschichte, 4. Aufl., Stuttgart 2002.

Schwartz 1925 Paul Schwartz: Der erste Kulturkampf in Preußen um Kirche und Schule (1788–1798), Berlin 1925.

Sedlarz 2003 Claudia Sedlarz: Ruhm oder Reform? Der „Sprachenstreit" um 1790 an der Königlichen Akademie der Wissenschaften in Berlin, in: Goldenbaum/Košenina 1999ff., Bd. 2, S. 245–276.

Shaftesbury 1981 Anthony Ashley-Cooper, Earl of Shaftesbury: Sämtliche Werke, ausgewählte Briefe und nachgelassene Schriften, übers. und hg. v. Gerd Hemmerich und Wolfram Benda, Stuttgart-Bad Cannstatt 1981.

Spinoza 1994 Baruch de Spinoza: Theologisch-politischer Traktat (Tractatus theologico-politicus) [1670], eingel. u. hg. v. Günter Gawlick, Hamburg 1994.

Steinmetz 1985 Horst Steinmetz (Hg.): Friedrich II., König von Preußen, und die deutsche Literatur des 18. Jahrhunderts. Texte und Dokumente, Stuttgart 1985.

Steinmetz 1996 Horst Steinmetz: Idee und Wirklichkeit des Nationaltheaters: enttäuschte Hoffnungen und falsche Erwartungen, in: Ulrich Herrmann (Hg.), Volk, Nation, Vaterland, Hamburg 1996, S. 141–150.

Stockhorst 2006 Stefanie Stockhorst (Hg.): Themenschwerpunkt „Zeitkonzepte. Zur Pluralisierung des Zeitdiskurses im langen 18. Jahrhundert", in: Das achtzehnte Jahrhundert 30, 2006, Heft 2, S. 157–252.

Stockinger 2005 Claudia Stockinger: Zwischen Mendelssohn und Maimon. Moritz und die jüdische Aufklärung in Berlin, in: Christof Wingertszahn/Ute Tintemann (Hg.), Karl Philipp Moritz in Berlin 1789–1793, Hannover-Laatzen 2005, S. 249–272.

Stockinger 2006 Claudia Stockinger: Der Leser als Freund. Schillers Medienexperiment „Dom Karlos", in: Zeitschrift für Germanistik, Neue Folge 16, 2006, S. 482–503.

Szondi 1973 Peter Szondi: Die Theorie des bürgerlichen Trauerspiels im 18. Jahrhundert, hg. v. Gert Mattenklott, Frankfurt a. M. 1973.

Szondi 1974 Peter Szondi: Poetik und Geschichtsphilosophie I. Antike und Moderne in der Ästhetik der Goethezeit, Frankfurt a. M. 1974.

Ter Nedden 1986 Gisbert Ter Nedden: Lessings Trauerspiele. Der Ursprung der modernen Dramatik aus dem Geist der Kritik, Stuttgart 1986.

Thomasius 1994 Christian Thomasius: Diskurs von der Nachahmung der Franzosen [1687], in: ders., Ausgewählte Werke, hg. v. Werner Schneiders, Bd. 22: Kleine Teutsche Schriften, Hildesheim u. a. 1994, S. 1–70.

Toellner 1971 Richard Toellner: Albrecht von Haller. Über die Einheit im Denken des letzten Universalgelehrten, Wiesbaden 1971.

Trappen 2001 Stefan Trappen: Gattungspoetik. Studien zur Poetik des 16. bis 19. Jahrhunderts und zur Geschichte der triadischen Gattungslehre, Heidelberg 2001.

Unger 1925/26 Rudolf Unger: Moderne Strömungen in der deutschen Literaturwissenschaft, in: Die Literatur 28, 1925/1926, S. 65–69.

Vierhaus 1984 Rudolf Vierhaus: Aufklärung und Reformzeit. Kontinuitäten und Neuansätze in der deutschen Politik des 18. und beginnenden 19. Jahrhunderts, in: Eberhard Weis (Hg.), Reformen im rheinbündischen Deutschland, München 1984, S. 287–301.

Vogl 1999 Joseph Vogl (Hg.): Poetologien des Wissens um 1800, München 1999.

Voßkamp 1993 Wilhelm Voßkamp: Literatursoziologie: Eine Alternative zur Geistesgeschichte? „Sozialliterarische Methoden" in den ersten Jahrzehnten des 20. Jahrhunderts, in: Christoph König/Eberhard Lämmert (Hg.), Literaturwissenschaft und Geistesgeschichte 1910–1925, Frankfurt a. M. 1993, S. 291–303.

Waszek 1988 Norbert Waszek: The Scottish Enlightenment and Hegel's Account of „Civil Society", Dordrecht u. a. 1988.

Weber 2006 Peter Weber: Das literarische Leben Berlins um 1800. Vorüberlegungen zu einem Forschungsprojekt, in: Peter Weber: Literarische und politische Öffentlichkeit. Studien zur Berliner Aufklärung, hg. v. Iwan-Michelangelo D'Aprile und Winfried Siebers, Berlin 2006, S. 13–40.

Weber/Mithal 1983 Ernst Weber/Christine Mithal: Deutsche Originalromane zwischen 1680 und 1780. Eine Bibliographie mit Besitznachweisen, Berlin 1983.

Wegmann 1988 Nikolaus Wegmann: Diskurse der Empfindsamkeit. Zur Geschichte eines Gefühls in der Literatur des 18. Jahrhunderts, Stuttgart 1988.

Weißhaupt 1979 Winfried Weißhaupt: Europa sieht sich mit fremdem Blick. Werke nach dem Schema der „Lettres persanes" in der europäischen, insbesondere der deutschen Literatur des 18. Jahrhunderts, Bd. 1–3, Frankfurt a. M./Bern/Las Vegas 1979.

Wellbery/Ryan/Gumbrecht 2007 David E. Wellbery/Judith Ryan/Hans U. Gumbrecht (Hg.), Eine neue Geschichte der deutschen Literatur, Berlin 2007.

Weyrauch 2006 Erdmann Weyrauch (Bearb.): Wolfenbütteler Bibliographie zur Geschichte des Buchwesens im deutschen Sprachgebiet 1840–1980 (WBB), Datenbankversion, Wolfenbüttel 2006, Web-Adresse: http://dbs.hab.de/wbb.

Wezel 1997ff. Johann Karl Wezel: Gesamtausgabe in acht Bänden, hg. v. Klaus Manger u. a., Heidelberg 1997ff.

Wieland 1967 Christoph Martin Wieland: Werke, hg. v. Fritz Martini und Hans Werner Seiffert, Bd. 3, München 1967.

Wieland 1975 Christoph Martin Wieland: Briefwechsel, hg. v. Hans Werner Seiffert, Berlin 1975.

Wieland 1979 Christoph Martin Wieland: Musarion oder die Philosophie der Grazien [1768], Stuttgart 1979.

von Wiese 1941 Benno von Wiese: Die deutsche Leistung der Aufklärung, in: Gerhard Fricke / Franz Koch / Klemens Lugowski (Hg.), Von deutscher Art in Sprache und Dichtung, Bd. 3, Stuttgart / Berlin 1941, S. 241–269.

Wilke 1978 Jürgen Wilke: Literarische Zeitschriften des 18. Jahrhunderts (1688–1789), Bd. 1–2, Stuttgart 1978.

Wilke 2000 Jürgen Wilke: Grundzüge der Medien- und Kommunikationsgeschichte. Von den Anfängen bis ins 20. Jahrhundert, Köln / Weimar / Wien 2000.

Winckelmann 1965 Johann Joachim Winckelmann: Sämtliche Werke, hg. v. Joseph Eiselein, Donaueschingen 1825–35, Nachdruck Osnabrück 1965.

Winckelmann 1968 Johann Joachim Winckelmann: Kleine Schriften, Vorreden, Entwürfe, hg. v. Walther Rehm, Berlin 1968.

Wingertszahn 2002 Christof Wingertszahn: Anton Reiser und die ‚Michelein'. Neue Funde zum Quietismus im 18. Jahrhundert, Hannover-Laatzen 2002.

Wittmann 1999 Reinhard Wittmann: Geschichte des deutschen Buchhandels, 2., durchges. und erw. Aufl., München 1999.

Woitkewitsch 1970 Thomas Woitkewitsch: Thomasius' „Monatsgespräche". Eine Charakteristik, in: Archiv für Geschichte des Buchwesens 10, 1970, Sp. 655–678.

Zaunstöck / Meumann 2003 Holger Zaunstöck / Markus Meumann (Hg.): Sozietäten – Netzwerke – Kommunikation. Neue Forschungen zur Vergesellschaftung im Jahrhundert der Aufklärung, Tübingen 2003.

Zelle 1987 Carsten Zelle: Angenehmes Grauen. Literaturhistorische Beiträge zur Ästhetik des Schrecklichen im achtzehnten Jahrhundert, Hamburg 1987.

Zelle 1997 Carsten Zelle: Artikel „Aufklärung", in: Klaus Weimar (Hg.), Reallexikon der deutschen Literaturwissenschaft, Bd. 1, Berlin / New York 1997ff., S. 160–165.

Zelle 2004 Carsten Zelle: ‚Vernünftige Ärzte'. Hallesche Psychomediziner in der anthropologischen Wende der Frühaufklärung, in: Walter Schmitz / Carsten Zelle (Hg.), Innovation und Transfer. Naturwissenschaften, Anthropologie und Literatur im 18. Jahrhundert, Dresden 2004, S. 47–62.

Žmegač 1979 Viktor Žmegač (Hg.): Geschichte der deutschen Literatur vom 18. Jahrhundert bis zur Gegenwart, Bd. I / 1: 1700–1848, Königstein/Ts. 1979.

→ ASB

Akademie Studienbücher, auf die der vorliegende Band verweist

ASB KELLER Andreas Keller: Frühe Neuzeit. Das rhetorische Zeitalter, Berlin 2008.

ASB KOŠENINA Alexander Košenina: Literarische Anthropologie, Berlin 2008.

ASB TAUSCH Harald Tausch: Um 1800. Klassisch-romantische Moderne, Berlin 2008.

ASB SCHÖSSLER Franziska Schößler: Einführung in die Gender Studies, Berlin 2008.

Informationen zu weiteren Bänden finden Sie unter www.akademie-studienbuch.de

16.2 Abbildungsverzeichnis

Abbildung 1: *Stammbaum des menschlichen Wissens* (Ausschnitt), aus: Denis Diderot, *Prospekt der Encyclopédie* (1750).

Abbildung 2: Phasen der Aufklärung und ihre Charakterisierung.

Abbildung 3: Debatten der Aufklärung. Zeichnung: Ines Blümel. Grafik-Design. Layout. Illustration, Berlin.

Abbildung 4: Unbekannter Künstler: *Eine ansehnliche Buchhandlung* (Ausschnitt) (1785). Staatsbibliothek zu Berlin.

Abbildung 5: Wandel des Buchmarktes. Anteile der Messeneuheiten in Prozent.

Abbildung 6: Literarisch-kulturelle Zentren der Aufklärung. Zeichnung: Ines Blümel. Grafik-Design. Layout. Illustration, Berlin.

Abbildung 7: Daniel Nikolaus Chodowiecki: *Natur/Afectation* (1780), Ausschnitt aus: ders.: *Natürliche und affektierte Handlungen des Lebens.* Staatsgalerie Stuttgart. Graphische Sammlung.

Abbildung 8: Moritz Daniel Oppenheim: *Lavater und Lessing bei Moses Mendelssohn* (1856). akg-images.

Abbildung 9: Joseph Wright of Derby: *A Philosopher Lecturing on the Orrery* (1762). akg-images.

Abbildung 10: Antoine Watteau: *Fête d'amour* (*Liebesfest*, Ausschnitt) (1718). akg-images.

Abbildung 11: Johann Heinrich Füssli: *Der Künstler, verzweifelnd über der Größe der antiken Trümmer* (1778–80). akg-images.

Abbildung 12: Kupferstich zu Guillaume Raynal/Denis Diderot: *Geschichte beider Indien* (1770ff.). Mit freundlicher Unterstützung der Société Raynal.

Abbildung 13: Johann Rudolf Schellenberg: Kupferstich zu Lichtwers Fabel *Der Fuchs* (1777). Staatsbibliothek zu Berlin.

Abbildung 14: Daniel Nikolaus Chodowiecki: *Häusliche Scene (Entlassung einer Dienstmagd)* (2. Hälfte 18. Jahrhundert). Stiftung Stadtmuseum Berlin.

Abbildung 15: Rembrandt: *Die Nachtwache* (1642). akg-images.

Abbildung 16: Eberhard Siegfried Henne: Titelkupfer aus dem *Taschenbuch für Damen auf das Jahr 1807.*

Abbildung 17: Martin Engelbrecht: *Eine Bilderhändlerin* (um 1730). bpk/Kunstbibliothek, Staatliche Museen zu Berlin/Knud Petersen.

Abbildung 18: Max Horkheimer/Theodor W. Adorno: *Dialektik der Aufklärung.* Titelblatt der Erstausgabe (1947).

(Der Verlag hat sich um die Einholung der Abbildungsrechte bemüht. Da in einigen Fällen die Inhaber der Rechte nicht zu ermitteln waren, werden rechtmäßige Ansprüche nach Geltendmachung abgegolten.)

16.3 Personenverzeichnis

16.4 Glossar

Anakreontik Zwischen 1740 und 1770 häufig praktizierte Lyrikform in der Nachfolge des griechischen Dichters Anakreon. → KAPITEL 6.3

Anekdote Kurze pointierte Geschichte, die einer wirklichen Person nachgesagt wird. Kleine Prosaform der aufklärerischen Gebrauchsliteratur zwischen Biografik und Geschichtsschreibung. Im Wortsinn „Geheimgeschichte" [griech. *anekdotos* = nicht herausgegeben], erzählen Anekdoten halb verbürgte Begebenheiten aus dem Privatleben von Personen des öffentlichen Lebens (vgl. z. B. Friedrich Nicolai: *Anekdoten von König Friedrich dem Zweyten von Preußen*, 1788–1792). → KAPITEL 9.1

Anthropologie Lehre vom Menschen [griech. *anthropos* = Mensch; *logos* = Rede, Wort, Lehre]. Übergreifende Bezeichnung für verschiedene Wissenschaftsfächer, die sich mit der körperlich-geistigen Doppelnatur der Menschen befassen. → KAPITEL 5.3, 12.2, 14.3

Ästhetik Theorie der sinnlichen Wahrnehmung [griech. *aisthesis* = Wahrnehmung, Sinnlichkeit]. Entsteht um 1750 als diejenige wissenschaftliche Disziplin, die sich mit den sinnlichen Erkenntnisvermögen beschäftigt (vgl. z. B. Alexander Gottlieb Baumgarten: *Aesthetica*, 1750). → KAPITEL 6.1

Autobiografie Erzählerische Gattung lebensgeschichtlicher Fakten des Autors [griech. *autos* = selbst; *bios* = Leben; *graphein* = schreiben]. Neben den nicht-fiktionalen Lebensbeschreibungen in der Spätaufklärung vor allem als halbfiktionaler autobiografischer Roman gestaltet. → KAPITEL 12.2, 12.3

Bürgerlichkeit Übergreifende Eigenschaft in den Verhaltensweisen und dem Wertehorizont verschiedener bürgerlicher Schichten. Das in sich differenzierte Bürgertum des 18. Jahrhunderts (Wirtschafts-, Klein- und Bildungsbürgertum) war in Opposition zur Adelswelt durch bestimmte sozialethische Leitideen (Familiensinn, Freundschaft, Geselligkeit, Moralität, Vernunft) und Handlungsmuster (Emanzipationsstreben, Leistungsdenken, Selbstorganisation) gekennzeichnet. → KAPITEL 2, 3

Empirie / Empirismus Auf Erfahrung beruhende, von der Sinneserfahrung ausgehende Erkenntnis [griech. *empeiria* = Erfahrung]. Grundhaltung der Aufklärung gegenüber dem bloßen gelehrten Buchwissen. Als Empirismus seit Mitte des 17. Jahrhunderts von England und Schottland (John Locke, David Hume) ausgehende philosophische Richtung, die vor allem in der deutschen Spätaufklärung rezipiert wird. → KAPITEL 12.3

Empfindsamkeit Literarische Tendenz und kulturelle Strömung innerhalb der Aufklärungsepoche von 1740–70. → KAPITEL 1.2, 6.2

Erhabene, das Grundbegriff der Ästhetik des 18. Jahrhunderts. Gemischte Empfindung des „angenehmen Grauens" im Unterschied zum → Schönen. → KAPITEL 6.1

Esoterik Geheimlehre [griech. *esoteros* = der Innere]; nur für Eingeweihte zugängliches Wissen im Unterschied zum aufklärerischen Anspruch auf allumfassende → Öffentlichkeit. In den Aufklärungs- und Freimaurergesellschaften des 18. Jahrhunderts gab es zahlreiche Mischformen zwischen esoterischer Organisation und öffentlicher Wirksamkeit. → KAPITEL 14.4

Essay Seit 1750 im deutschen Sprachbereich verbreitete Gattung der nicht-fiktionalen Sachprosa, in der in ästhetisch anspruchsvoller Form über ein kulturelles Thema reflektiert wird. → KAPITEL 9.3

Fabel Episch-fiktionale Gattung in Vers- oder Prosaform, in der nicht-menschliche Akteure einen lebensweltlichen Lehrsatz illustrieren. → KAPITEL 9.2

Frühe Neuzeit Geschichtswissenschaftliche Epochenbezeichnung, die zunehmend in literaturgeschichtlichem Sinn für den Zeitraum vom Spätmittelalter bzw. der Reformation bis zur Französischen Revolution (1500–1800) verwendet wird. Als Makro-Epoche die Teilepochen Reformationszeit, konfessionelles Zeitalter (veraltet: „Barock") und Aufklärung umfassend, ist die frühneuzeitliche Literatur bis etwa 1750 vor allem durch rhetorisch-humanistische, akademisch-gelehrte und weitgehend konfessionelle Merkmale gekennzeichnet. → KAPITEL 1.2

Gegenaufklärung Bezeichnung für politisch-publizistische Strömungen seit den 1770er-Jahren, die durch eine destruktive Aufklärungsfeindschaft gekennzeichnet waren. Die Gegenaufklärung ist zu unterscheiden von aufklärungskritischen Tendenzen (z. B. Sturm und Drang), die aufklärerisches Gedankengut teilweise konstruktiv aufgriffen und weiterentwickelten. Die Vertreter der Gegenaufklärung waren eng mit klerikalen und obrigkeitlichen Institutionen (kirchliche Orden, Zensurbehörden) verbunden und arbeiteten in der öffentlichen Auseinandersetzung häufig mit Denunziationen und Verschwörungstheorien (vgl. z. B. *Wiener Zeitschrift*, hg. v. Leopold Alois Hoffmann, 1792–93). → KAPITEL 14.4

Genie Zentrale Kategorie der Ästhetik des 18. Jahrhunderts, die das produktive, schöpferische Vermögen bezeichnet, Neues hervorzubringen (lat.: *ingenium* = das natürlich Angeborene). → KAPITEL 6.1

Geschichtsdrama Dramatische Gattung, in der ein historisch belegtes Ereignis zum Gegenstand der Handlung gemacht wird. → KAPITEL 11

Geschichtsphilosophie Im 18. Jahrhundert neu entstehendes Theoriemodell, in dem die Geschichte als ein von Menschen gemachter, in die Zukunft offener Prozess gedeutet wird. → KAPITEL 7.1

Geschmack Zentrale Kategorie der Ästhetik des 18. Jahrhunderts, die das Vermögen bezeichnet, ästhetische Gegenstände wahrzunehmen und zu beurteilen. → KAPITEL 6.1

Gesellschaftsdrama / Sozialdrama Dramatische Gattung, in der die Akteure als Vertreter oder Typen sozialer Stände vorgeführt werden. → KAPITEL 11.3

Haskala Hebräischer Begriff für die jüdische Aufklärung. → KAPITEL 4.3

Hof Zentrale politische, soziale, wirtschaftliche und kulturelle Institution des frühneuzeitlichen Absolutismus (17.–18. Jahrhundert). Von adliger Lebensführung und repräsentativen Öffentlichkeitsformen (Zeremoniell, Hoffeste, Oper) geprägt, nahm die am Wohnort des Herrschers (Residenzstadt) versammelte höfische Gesellschaft direkten (Hofdichter, Hoftheater, Zensur) oder indirekten (bürgerliche Amtsträger als Autoren, Hofkritik) Einfluss auf die Literatur der Aufklärung (vgl. z. B. Johann Michael von Loen: *Der redliche Mann am Hofe*, 1740). → KAPITEL 3.1

Jakobinismus Bezeichnung für radikaldemokratische Strömungen im Zeitalter der Französischen Revolution, benannt nach dem ersten Versammlungsort im Pariser Kloster Saint Jacques. Der „literarische Jakobinismus" in Deutschland (1790–1806) knüpfte an die demokratisch-revolutionären Grundideen der französischen Richtung (Menschenrechte, Republikanismus, Kosmopolitismus) an. Zu seinen Vertretern zählten u. a. Georg Forster, Georg Friedrich Rebmann und Eulogius Schneider (vgl. z. B. *Argos, oder der Mann mit hundert Augen*, Zeitschrift, 1792–94). → KAPITEL 14.3

Kritik Kommentierende, beurteilende oder bewertende Äußerung zu Texten oder Sachverhalten [griech. *krinein* = scheiden, urteilen]. Aus juristisch-philologischen Ursprüngen zur philosophischen, ästhetischen und sozialen Kritik verallgemeinerte Tätigkeit, die sich in der Aufklärung zu einem wesentlichen Element der wissenschaftlich-literarischen, religiösen und politischen Praxis entfaltete, da alle überlieferten Traditionen und Autoritäten einer kritischen Prüfung im Zeichen der Vernunft unterworfen wurden (vgl. z. B. Johann Christoph Gottsched, *Versuch einer critischen Dichtkunst vor die Deutschen*, 1730; Immanuel Kant, *Kritik der reinen Vernunft*, 1781). → KAPITEL 3, 4.2, 13.3

Kulturtransfer Kommunikativer Austauschprozess zwischen mehreren zumeist national begrenzten Kulturen, der auf besonderen Vermittlungskanälen (u. a. Reisen, Buchmarkt) und Vermittlerfiguren (u. a. Handwerker, Übersetzer) beruht. → KAPITEL 8

Lehrdichtung Gattung zumeist versgebundener nichtfiktionaler Texte zur Vermittlung von Sachwissen, vorwiegend über moralische oder naturkundliche Gegenstände. → KAPITEL 5.1

Mimesis Zentrale Kategorie der Ästhetik und Poetologie des 18. Jahrhunderts [griech. *mimesis* = Nachahmung]. Bezeichnet die an den Leitlinien der Wahrscheinlichkeit und der Möglichkeit orientierte poetische Nachahmung der Vollkommenheiten der schönen und geordneten Natur. Im Zuge der Empfindsamkeit tritt das Nachahmungsgebot in ein zunehmendes Spannungsverhältnis zu Begriffen wie der schöpferischen „Einbildungs-Krafft" (Johann Jakob Bodmer, Johann Jakob Breitinger), der Phantasie und des aus sich selbst heraus schaffenden → Genies. → KAPITEL 6.2, 10.1

Mitleid Zentrale Kategorie der Sozialphilosophie und der Ästhetik der Aufklärung, die das soziale Vermögen der Einfühlung (Empathie) in und des Mitfühlens (Sympathie) mit Anderen umfasst. → KAPITEL 10.2

Nationalliteratur Im 18. Jahrhundert geprägter Begriff für eine Literatur, die Ausdruck und Reflexionsmedium der gesamten Sprachnation (und nicht nur des Hofes) ist. Eng verbunden mit der Nationaltheaterbewegung. → KAPITEL 3.2

Öffentlichkeit Historisch-soziologischer Begriff für die Gesamtheit der Institutionen, Medien und Personen, die dem freien Austausch von Informationen, Meinungen und Normen dienen. Im 18. Jahrhundert entwickelte sich neben und gegen den Öffentlichkeitsraum des → Hofes ein Netz vorwiegend von einem bürgerlichen → Publikum genutzten Kommunikationsformen. → KAPITEL 2.1

Pietismus Mit Beginn des 17. Jahrhunderts entstehende Frömmigkeitsbewegung [lat. *pietas* = Frömmigkeit] innerhalb des Protestantismus, die vor allem in der ersten Hälfte des 18. Jahrhunderts parallel zur Aufklärung weite Verbreitung erfuhr. Der Pietismus war gegen die lutherische Amtskirche gerichtet und durch eine Erneuerung christlicher Lebensformen gekennzeichnet, wozu Verinnerlichung, Selbstbeobachtung und Verschriftlichung religiöser Erfahrungen gehörten. Bevorzugte literarische Ausdrucksmittel waren Autobiografien, Tagebücher und Briefsammlungen (vgl. z. B. Johann Heinrich Jung-Stilling: *Lebensgeschichte*, 1777–1817). → KAPITEL 4.1

Popularphilosophie Philosophische Richtung, die in der zweiten Jahrhunderthälfte praktiziert wurde und die sich nicht nur an die Absolventen von Universitäten, sondern an ein breiteres Publikum richtete. Popularphilosophie ist damit im 18. Jahrhundert ein Gegenbegriff zur → Schulphilosophie. Die deutschen Popularphilosophen orientieren sich zumeist am englischen und französischen → Empirismus und bevorzugen unterschiedliche literarische Formen wie den Dialog oder den → Essay. Enge Wechselbeziehungen bestehen zur Herausbildung der → Ästhetik und der Lebensphilosophie (vgl. z. B. Johann Jakob Engel: *Philosoph für die Welt*, 1775–1800). → KAPITEL 9.3

Publikum Gesamtheit der Adressaten von öffentlich organisierten Kommunikationsprozessen, insbesondere Theater- oder Musikveranstaltungen. Im 18. Jahrhundert weitete sich durch die fortschreitende Alphabetisierung das Publikum [lat. *publicum* = Gemeinwesen, öffentlicher Raum] von kulturellen Ereignissen und Medien stetig aus, so dass ein Netz von vorwiegend für bürgerliche Zuschauer, Zuhörer und Leser gedachten Einrichtungen (Theater, Konzerthäuser, Bibliotheken, Sozietäten, periodische Presse) entstand. → Öffentlichkeit. → KAPITEL 2.2

Publizistik Bezeichnung für die in der periodischen Presse erschienenen informativen, poetischen und kritischen Texte. Die wissenschaftliche, literarische und politische Publizistik entfaltete sich im Zeichen der Aufklärung seit 1680 in verschiedenen Entwicklungsstufen, die zu einer Expansion und einer Differenzierung des Zeitschriften- und Zeitungswesens führten. Dieser Prozess war die Rahmenbedingung für die Wiederbelebung älterer sowie die Entstehung neuer literarischer Formen und journalistischer Textgattungen. → KAPITEL 13

Rationalität / Rationalismus Rationalität oder Vernunft ist einer der wichtigsten Grundbegriffe der Aufklärung, die sich insgesamt durch das Ziel beschreiben lässt, für Problemlagen und Konfliktsituationen vernünftige, rationale Lösungen zu finden. Als Rationalismus wird eine philosophische Richtung der Frühaufklärung bezeichnet, in der vorausgesetzt wird, dass die Welt selbst vernünftig geordnet ist und diese Vernünftigkeit sich in einem philosophischen System abbilden ließe (Baruch de Spinoza, Georg Wilhelm Leibniz, Christian Wolff). Der Rationalismus in diesem engeren Sinn ist nicht mit Aufklärung gleichzusetzen, die genauso in → empiristischen wie auch → kritischen (Immanuel Kant) Ansätzen zum Ausdruck kommt.

Reisebericht Im 18. Jahrhundert sehr verbreitete Gattung der Sachprosa, in der über faktisch durchgeführte Reisen berichtet wird und die seit 1770 einer Tendenz zur Literarisierung unterliegt. → KAPITEL 8.2, 8.3

Roman Literarische Großform in Prosa, die in der Aufklärung eine grundlegende Neubewertung erfährt. → KAPITEL 12

Satire Form der Angriffsliteratur, in der Kritik und Negativität zur Wirklichkeitserkenntnis genutzt werden. Die Bezeichnung „Satire" [lat. *satura* = Allerlei, Vermischtes] verweist sowohl auf die antike Gattungstradition als auch auf eine besondere literarische Schreibweise, die sich vielfältiger Genres bedienen kann (Epigramm, Erzählung, Komödie, Roman). Im 18. Jahrhundert wurde die Satire vorwiegend moralpädagogisch zur Kritik törichter Verhaltensweisen oder zur Klärung wissenschaftlich-literarischer Streitpunkte eingesetzt (vgl. z. B. Christoph Martin Wieland: *Geschichte der Abderiten*, 1781). → KAPITEL 12.1, 12.3

Schöne, das Ästhetischer Grundbegriff, der sich auf die Eigenschaft eines Gegenstandes der Wahrnehmung bezieht. Diese Eigenschaft kann sowohl im Gegenstand selbst begründet werden (objektive Seite des Schönes) oder in der Wirkung auf das wahrnehmende Subjekt (subjektive Seite des Schönen). → KAPITEL 6.1

Schulphilosophie Philosophie, die an den Schulen, d. h. Universitäten gelehrt wird. Im 18. Jahrhundert ist damit zumeist die Philosophie Christian Wolffs gemeint, der zahlreiche Universitätslehrer verbunden waren und durch welche die Entwicklung einer deutschsprachigen philosophischen Terminologie wesentlich geprägt wurde. Gegen den vermeintlichen oder wirklichen bloß akademischen und streng systematischen Charakter der Schulphilosophie grenzt sich die → Popularphilosophie ab, die eine Philosophie für die Welt und für das Leben sein will.

Sturm und Drang Literarische Periode innerhalb der Epoche der Aufklärung, die sich zeitlich durch die Jahre 1770–80 und räumlich durch die Zentren Frankfurt a. M. und Straßburg eingrenzen lässt. In Teilen der germanistischen Literaturgeschichtsschreibung seit dem späten 19. Jahrhundert ideologisch zur Gründungsepoche deutscher Nationalliteratur verklärt. → KAPITEL 1.2, 11.1, 14.2

Trauerspiel, bürgerliches Dramatische Gattung der Tragödie, deren Handlung im Unterschied zur ‚hohen‘ politischen Tragödie im familiären („bürgerlichen") Bereich situiert ist. → KAPITEL 10

Trivialliteratur Bezeichnung für seit den 1770er-Jahren verbreitete Lesestoffe, vorwiegend Romane, die sich an ein breites Publikum wenden und durch eine schematische und klischeehafte Darstellungsweise gekennzeichnet sind. → KAPITEL 12.3

Vernunft → Rationalität.

Versepos Epische Großgattung in gebundener Rede, zeitgenössisch als „Heldengedicht" bezeichnet. Auf antike Muster, insbesondere Homers Epen *Ilias* und *Odyssee*, zurückgehend, gilt das Versepos in der höfischen Repräsentationsliteratur der → Frühen Neuzeit als Leitgattung und wird auch das gesamte 18. Jahrhundert hindurch noch praktiziert. In der Spätaufklärung wird das heroische Versepos durch den → Roman als „bürgerliche Epopee" (Johann Karl Wezel) einerseits sowie durch idyllische, im bürgerlich-häuslichen Alltag situierte Versepen (vgl. z. B. Johann Heinrich Voß: *Luise*, 1783/84; Johann Wolfgang Goethe: *Herrmann und Dorothea*, 1797) abgelöst.

Verserzählung Im 18. Jahrhundert neu entstehende Gattung fiktionaler erzählender Texte in gebundener Rede. → KAPITEL 9.2